河南省文物考古研究院学术文库　乙种第30号
河南考古青年学者文库

弓箭礼仪文化研究

贾一凡　著

文物出版社

图书在版编目（CIP）数据

弓箭礼仪文化研究 / 贾一凡著. -- 北京：文物出版社，2023.10

ISBN 978-7-5010-8221-6

Ⅰ.①弓… Ⅱ.①贾… Ⅲ.①中国式射箭—文化史—研究 Ⅳ.①G852.9

中国国家版本馆 CIP 数据核字（2023）第 195746 号

弓箭礼仪文化研究

著　　者：贾一凡

责任编辑：孙　丹
封面设计：程星涛
责任印制：张　丽

出版发行：文物出版社
社　　址：北京市东城区东直门内北小街2号楼
邮　　编：100007
网　　址：http://www.wenwu.com
经　　销：新华书店
印　　刷：宝蕾元仁浩（天津）印刷有限公司
开　　本：710mm×1000mm　1/16
印　　张：21.75
版　　次：2023年10月第1版
印　　次：2023年10月第1次印刷
书　　号：ISBN 978-7-5010-8221-6
定　　价：190.00元

序

礼仪文化是中华优秀传统文化的重要元素之一，礼仪制度是以和平的方式进行社会管理的新机制，有效减少了斗争与冲突，成为维护社会各方面秩序的道德规范和行为规范，传承至今已经完全浸入中华民族的文化基因。礼仪文化集中反映了中华文明突出的连续性、创新性、统一性、包容性、和平性。通过考古工作，深入研究以礼仪文化为代表的中华优秀传统文化，对于我们担负新的文化使命，以古鉴今，努力建设中华民族现代文明，具有重大的历史和现实意义。

弓箭作为一种实用性的武器，在其发展过程中却演化出了礼仪功能，也就是射礼。射礼是我国传统礼仪的重要组成部分，属古代“六艺”之一。依据文献记载，颛顼时代的方相以射箭的方式驱除疫鬼，可视为射礼的滥觞。至商周时期，射礼作为一种有固定仪节程式的弓矢竞射活动确立下来，其不仅是对射箭技艺的考量，更是在“取象比类”原则下的“由技悟道”，反映出射箭者的仪容体态和道德修养，并以此作为正身修己、品人择士的手段。秦汉以降，射礼的种类减少，仪程也逐渐简化，仅在大型典礼中举行。北宋晚期的《政和五礼新仪》将射礼从军礼划入嘉礼，自此射礼彻底成为礼仪符号，不再具有实际功能。在仪式化的射礼不断发展的同时，弓箭在战争、狩猎中的实用性并没有减弱，而且出现了弩这种杀伤力更强的改良武器。“国之大事，在祀与戎”，弓箭的礼仪性与实用性，正是“祀”与“戎”的共同体现。投壶是春秋时期从射礼衍生出的新礼仪，起初还具有一定的仪节程式，但很快成为社会各阶层喜闻乐见的娱乐活动，与射礼共同组成弓箭礼仪文化。

《弓箭礼仪文化研究》一书通过考古学、历史学、古文字学、文献学等多学科的论证方法，首次对射礼和投壶进行通史性研究，使读者能够通晓射礼和投壶产生、发展及消亡的全过程。特别是第一、二章，对商周时期与射礼相关的甲骨、金文资料的研究着墨最多，并在前人的基础上得出了一些新的见解，还是很能够体现作者的研究功底。另外，对历代投壶器形的研究和附录中射器及其功能的汇总表，图文并茂，可令读者更加直观地了解投壶器形的演变和各种射器的形制与功能，也较为新颖。

贾一凡博士毕业于河南大学历史文化学院考古学专业，2016 年、2020 年分别获得历史学硕士、博士学位，后通过招才引智来到我院（河南省文物考古研究院）工作。贾一凡博士入职不久，便向我提出了出版《弓箭礼仪文化研究》的意向，我也为年轻一代有这样勇于进取的科研工作态度而感到欣慰。近年来，随着河南省夏文化研究中心的成立，特别是我院重塑性改革的推进，我们的事业也迎来了跨越式发展的新时期，需要新一代的考古人快速成长，多出成果、出优秀成果。

文化兴则国运兴，文化强则民族强，没有高度的文化自信，没有文化的繁荣兴盛，就没有中华民族的伟大复兴。河南文物考古工作者，倍感责任重大、使命光荣。同时，也希望更多的年轻人植根于河南这片考古工作的沃土，为深入探索源远流长、博大精深的中华文化贡献自己的力量。

刘海旺

2023 年 9 月

目 录

插图目录

绪　论

弓箭出现于原始社会，其发明与使用具有划时代的意义。恩格斯指出："弓箭对于蒙昧时代，正如铁剑对于野蛮时代和火器对于文明时代一样，乃是决定性的武器。"① 宋兆麟也曾说过："摩尔根把弓箭的发明作为蒙昧时代高级阶段开始的标志，考古学上把它看成是中石器时代的特征之一。"② 随着弓箭在史前社会的生产和生活中使用日益广泛，到夏商周时期，射箭已经成为贵族阶层必须掌握的技能之一。《礼记·内则》记载："成童，舞象，学射御。"郑玄《注》曰："成童谓十五以上。"③ 另外，《周礼·地官·大司徒》记载："六艺：礼、乐、射、御、书、数。"郑玄《注》曰："射，五射之法。"④ 可见，习射是十五岁以上成童的必修课程。随着儒家思想的发展与传播，其倡导的礼仪化的射箭活动逐渐固定下来，成为人们培养品德操守的方法，即为射礼。

《论语·学而》云："礼之用，和为贵，先王之道，斯为美。小大由之，有所不行，知和而和，不以礼节之，亦不可行也。"⑤ 由此可见，"礼"是处理社会公共关系的必要手段，而"和"是社会关系的最佳状态，但"和"依然要受到"礼"的节制，因此，"礼"可以说是商周时期的社会规范和道德规范。将"射"冠以"礼"，即把弓箭从武具变成了"文具"，射箭活动也从对武力的崇拜变为了对礼教的重视，这显然不是一蹴而就的，而是经过从新石器时代晚期到商周时期的漫长发展，才完成从"射"到"礼射"再到"射礼"的转变。

---

① 〔德〕恩格斯著，中共中央马克思恩格斯列宁斯大林著作编译局编译：《家庭、私有制和国家的起源》，北京：人民出版社，2018 年，第 22 页。

② 宋兆麟、黎家芳、杜耀西：《中国原始社会史》，北京：文物出版社，1983 年，第 94 页。

③ （清）阮元校刻：《十三经注疏·礼记正义》，北京：中华书局，1980 年，第 1471 页。

④ （清）阮元校刻：《十三经注疏·周礼注疏》，北京：中华书局，1980 年，第 707 页。

⑤ （清）阮元校刻：《十三经注疏·论语注疏》，北京：中华书局，1980 年，第 2458 页。

第一节 射礼的定义

古籍中虽有关于大射仪、乡射礼的记载，但没有对射礼定义的明确说明。《辞源·寸部》“射礼”条云：“古代贵族男子重武习射，常举行射礼。射礼有四种：将祭择士为大射，诸侯来朝或诸侯相朝而射为宾射，宴饮之射为燕射，卿大夫举士后所行之射为乡射。大射在郊，宾射在朝，燕射在寝，乡射在州序。”[①]《汉语大词典·寸部》“射礼”条云：“古代重武习射，常举行射礼。射礼有大射、宾射、燕射、乡射四种。将祭择士为大射；诸侯来朝或诸侯相朝而射为宾射；宴饮之射为燕射；卿大夫举士后所行之射为乡射。”[②] 两部工具书给出的射礼之定义大同小异，重在表述射礼的分类，对其内涵仅称“重武习射”，若如此说，只体现了“射”，而不见“礼”，因此，以上两条定义并没有将射礼的真正内涵解读出来。

王绍之认为“射礼起源于人类初期的田猎行为，随着社会的不断发展，其实用价值逐渐为审美价值所取代，并演化为一种礼仪形式”[③]。此说虽突出了射礼的仪式性，较“重武习射”准确性大大提高，但只说射礼是从田猎行为发展而来，显然对射礼起源问题的表述过于简单，而且用“实用价值”和“审美价值”的概念来表述射礼亦可商榷。

任慧峰认为，射礼是按一定规则举行的射箭比赛，由狩猎及战争中的军事训练发展而来[④]。这一定义在射礼的来源上不仅提到田猎，也强调了军事，

① 广东、广西、湖南、河南辞源修订组，商务印书馆编辑部：《辞源》（修订本）第二册，北京：商务印书馆，1980 年，第 872 页。

② 汉语大词典编辑委员会、汉语大词典编纂处编纂：《汉语大词典》第二卷，上海：汉语大词典出版社，1988 年，第 1269 页。

③ 王绍之：《西周大射礼研究》，山东师范大学硕士学位论文，2017 年，第 1 页。

④ 任慧峰：《关于先秦射礼的几个问题》，《齐鲁文化研究》第八辑，济南：齐鲁书社，2009 年，第 56 ~ 64 页。

较之前定义更加全面。另外，日本学者小南一郎认为："所谓射礼，就是遵照一定的规范所进行的弓矢竞技。但是，关于这种仪礼形式的弓矢竞技的起源，至今只流行狩猎是其起源的论说。……我认为在作为弓矢竞技的射礼的背景中，应该能看到其所包含的宗教意义。"① 日本学者所下的定义突出了宗教意义的特点，又将射礼定义进一步丰富。除此之外，还有"集射箭、礼教和娱乐于一体的弓矢竞技活动"②，"对射箭活动进行礼仪化和规范化的礼仪程式"③ 等论述，这些定义皆言中射礼的某一个或几个方面，表述了射礼具有固定的仪式或规则，但对射礼的起源有着不同的看法。

袁俊杰的《两周射礼研究》一书，对射礼所下定义为："射礼是中国古代社会上层按照一定的仪节规程举行的弓矢竞射礼和举行仪式的象征性的射箭礼仪，按其内涵和外延，指两周贵族平时的射礼练习、正式举行的有一定仪节规程的射箭比赛、举行仪式的巫术性射箭和其他礼典的射箭礼仪，包括战争与田猎中的射箭礼仪，但不包括军事和田授中的射敌、射猎等一般射箭活动。"④ 此说较之其他定义更加丰富和完整，除了强调射礼的"仪节规程"外，又言明射礼的参与者仅限于古代的权贵阶级，另外，不仅综合表述了射礼源自军事、田猎、巫术等方面，而且明确指出军事活动和狩猎活动等一般射猎不在射礼范围之内。

综上所述，射礼的定义应该囊括有关射礼的各个方面，重点强调射礼仪节规程的固定性和参与者身份的特殊性，要表达射礼起源的综合性与复杂性，同时要明确射礼的礼仪性，并非所有射箭活动均可归入射礼。因此，袁俊杰为射礼所下定义最为全面，本书以此定义为基础展开论述。

---

① 〔日〕小南一郎著，秦晓丽译：《论射的礼仪化过程——以辟雍礼仪为中心》，宋镇豪主编：《西周文明论集》，北京：朝华出版社，2004 年，第 182 ~ 183 页。

② 赵红红：《先秦射礼研究》，浙江大学硕士学位论文，2009 年，第 1 页。

③ 章秀霞、齐航福、曹建墩：《花东子卜辞与殷礼研究》，北京：中华书局，2017 年，第 282 页。

④ 袁俊杰：《两周射礼研究》，北京：科学出版社，2013 年，第 2 页。

第二节 射礼的分类

关于射礼的分类，文献记载与甲骨文、金文材料既有吻合之处，可互相印证，也有传世文献无记载、需要靠出土文献作为补充的情况。目前传世的礼书，多成书于东周时期，因此，研究商代射礼需以甲骨卜辞为主，以金文、文献记载为辅；研究西周射礼则以金文资料为主，以文献记载为辅；研究东周以后的射礼则当以文献为主，辅之以出土器物上有关射礼的图案，画像砖、石以及传世的书画等。本书依据古代射礼的性质与源流，将其分为田猎射、巫射、武射、文射和风俗射五大类。

一 田猎射

田猎射是与田猎活动相关，或从田猎活动发展而来的射礼，包括弋射、泽射、余射和子射四种。

1. 弋射

弋射即射猎完整的活体飞鸟，其相关记载尽在《周礼》。《周礼·夏官·司弓矢》载："矰矢、茀矢用诸弋射。……田弋，充笼箙矢，共矰矢。"① 矰矢、茀矢较轻，可缚着绳索，用来射获以大雁为主的活体飞鸟。箙是一种用竹子编制的器皿，用来盛放矰矢。大雁在古人的生活中有重要意义，如《仪礼·士婚礼》记载："昏礼，下达纳采，用雁。"郑玄《注》曰："用雁为挚者，取其顺阴阳往来。"② 大雁是候鸟，古人认为其知时节，有信

① （清）阮元校刻：《十三经注疏·周礼注疏》，北京：中华书局，1980年，第856页。
② （清）阮元校刻：《十三经注疏·仪礼注疏》，北京：中华书局，1980年，第961页。

图 0－1　（东汉）收获弋射画像砖
（作者摄于中国国家博物馆）

义，是作为信物的不二之选。因此，弋射源于对飞鸟的射猎，具有较强的原始性。（图 0－1）

2. 泽射

泽射是在水泽中或水泽附近举行的射礼。商代晚期的作册般铜鼋铭文记载了商王在洹河之泮举行射礼的史事，铜鼋造型写实，背甲被四支箭矢贯穿，是殷商射礼的重要物证。西周早中期的井鼎（《殷周金文集成》[①] 02720）、遹簋（《集成》04207）、公姞鬲（《集成》00753）铭文记载了周王和王后在䧅池、大池和旻池举行的渔礼。古代捕鱼应有弋、射之法，陈梦家认为："王渔于大池，其方法是渔（网、钓）或射（射、弋），其所获是水中之鱼或水上之禽。"[②] 日本学者白川静认为，辟雍大池是竞射的地方，在此举行渔礼，不

① 中国社会科学院考古研究所：《殷周金文集成》，北京：中华书局，2007 年。下文简称《集成》。

② 陈梦家：《西周铜器断代》，北京：中华书局，2004 年，第 145 页。

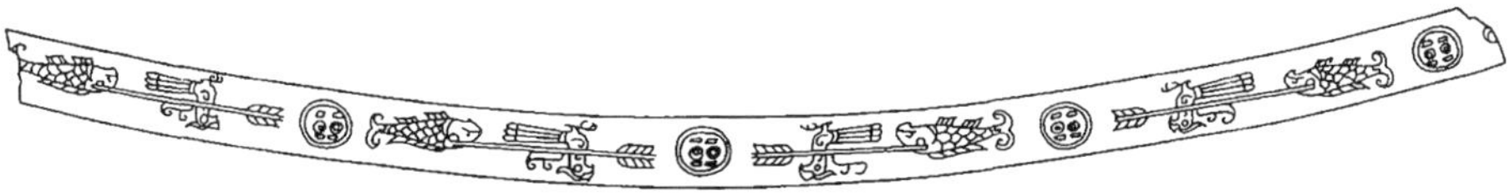

图 0－2 （商）射鱼纹金冠带纹饰线图

（采自成都市文物考古研究所：《成都金沙遗址Ⅰ区“梅苑”东北部地点发掘一期简报》，《成都考古发现》，北京：科学出版社，2002 年，第 100 页）

排除即射鱼之礼①。刘雨同样认为：“‘矢鱼’、‘射鱼’、‘乎鱼’大概是一回事，也是射礼的内容之一。”② 由此可知，泽射即水泽之射，主要是射水生生物，应是古时从渔猎活动中发展而来的射礼。（图 0－2）

3. 余射

余射即射余获，“获”指射猎获得的猎物，“余获”就是余下的猎物。因此，射余获也称“余射”，是在四时田猎与四时祭祀之后举行的，为确定祭祀者在祭典上的次序和牺牲的分配而进行的竞射活动。这种射礼出现的时间应当很早，《尚书大传》记载，四时田猎，天子用猎物三十只，余下的猎物用作与士众在射宫习射，或祭祀结束后，将余下的猎物陈列在水泽之旁，然后天子与卿大夫共同对其行射。田猎活动中没有射得猎物的人，可以通过余射获得猎物；在田猎活动中射得猎物的人，在余射时却没有射中，则不可以获得猎物。因此，射余获有揖让之意，是重仁义、轻武力的射礼。

4. 子射

子射见于甲骨卜辞，是商代贵族子弟学习射礼后进行的弓矢竞射礼。1991 年发现、2003 年公布的殷墟花园庄东地 H3 出土的甲骨卜辞③，对武丁时期的子射有详细的记述：

（1）戊子卜，才（在）麗：子其射，若？一（《花东》2）

（2）己亥卜，才（在）灉（澭）：子其射，若？不用。一（《花东》37）

---

① 〔日〕白川静著，袁林译：《西周史略》，西安：三秦出版社，1992 年，第 68 页。

② 刘雨：《西周金文中的射礼》，《考古》1986 年第 12 期。

③ 中国社会科学院考古研究所：《殷墟花园庄东地甲骨》，昆明：云南人民出版社，2003 年。下文简称《花东》。

（3）壬辰卜：子乎（呼）比射发旋，若？一（《花东》416）

（4）戊戌卜，才（在）浮：子射，若？不用。一（《花东》467）[1]

由以上四条甲骨卜辞可知，子习射的场所有麗、潍、浮三地，而且还进行了“比射”。章秀霞通过研究得出麗、潍、浮多用作田猎地名，或多作祭祀地名。因此，在这几个地方举行与田猎、祭祀相关的射礼并不足奇。另外，通过字形分析，这几个地方都位于水泽原野附近[2]，故子射应是商代贵族学习射礼之后，在水泽原野附近进行弓矢竞射。

二　巫射

巫射即巫术性射礼，是一种以祝诅伤害和偶像伤害为手段的射箭仪式，包括射天、射帝、射不宁侯三种。

1. 射天

射天出现在商代晚期。《史记·殷本纪》记载：“帝武乙无道，为偶人，谓之天神。与之搏，令人为行。天神不胜，乃僇辱之。为革囊，盛血，仰而射之，命曰‘射天’。”[3] 武乙射天，当源于古代射杀孽神的风俗，显然是借用巫术魔法而举行的射礼[4]。

2. 射帝

射帝也出现在商代晚期。《史记·龟策列传》记载：“杀人六畜，以韦为囊。囊盛其血，与人县而射之，与天帝争疆。”[5] 商代甲骨卜辞中也有射帝的记载，原文为：……⿰⿱屮米出于……（《甲骨文合集》[6] 18476，下文简称《合集》）。（图0－3）射帝与射天性质类似，但所射的对象不同，袁俊杰认

---

① 齐航福、章秀霞：《殷墟花园庄东地甲骨刻辞类纂》，北京：线装书局，2011年，第243页。

② 章秀霞、齐航福、曹建墩：《花东子卜辞与殷礼研究》，北京：中华书局，2017年，第288页。

③ （汉）司马迁：《史记》，北京：中华书局，1982年，第104页。

④ 袁俊杰：《两周射礼研究》，北京：科学出版社，2013年，第96页。

⑤ （汉）司马迁：《史记》，北京：中华书局，1982年，第3235页。

⑥ 郭沫若主编，胡厚宣总编辑：《甲骨文合集》，北京：中华书局，1978～1983年。

为："射帝是用弓箭射孽神以除灾害的礼仪。……射天的对象是敌国的保护神，射帝的对象则是妖孽恶神。"①

图0－3 "射帝"卜辞拓本
（采自《合集》18476）

3. **射不宁侯**

射不宁侯亦称射侯，最早见于西周早期。《周礼·考工记·梓人》记载："祭侯之礼，以酒脯醢，其辞曰：'惟若宁侯，毋或若女不宁侯，不属于王所，故抗而射女。'"②《大戴礼记·投壶》也记载："嗟尔不宁侯，为尔不朝于王所，故亢而射女。"③相比《周礼》，《大戴礼记》的记载更为清楚，即诸侯不去朝见周王，就要被用箭射。当然，并非真射不宁侯本人，而是射其画像或者能代表他的某些物品，以起到威慑和诅咒的作用。《太平御览》卷七百三十七所引《六韬》的记载："武王代殷，丁侯不朝。太公乃画丁侯于策，三箭射之。丁侯病困，卜者占云：祟在周。恐惧，乃请举国为臣。太公使人甲乙日拔丁侯着头箭，丙丁日拔着口箭，戊己日拔着腹箭，丁侯病稍愈。四夷闻，各以来贡。"④丁侯不朝，姜太公射丁侯的画像，就是射不宁侯的典型代表。

对于这种巫术性质的射侯，杨宽有著名论断："《史记·封禅书》等所说射'诸侯之不来者'，《考工记》等所载祭'侯'之辞所说射不朝于王的'不宁侯'，和上述射击敌国国君画像、雕像及天神的事⑤，性质基本上是相同的。为什么古时会有这种射'不宁侯'和射敌国国君人像的事呢？因为当时流行着一种巫术。……上面所说的宋王偃为木人上写秦王姓名，射其面，很显然，就是使用着同样的巫术。古时有把'不来侯'或'不宁侯'作为'侯'来射的，也同样是祝诅的巫术而已。"⑥

---

① 袁俊杰：《两周射礼研究》，北京：科学出版社，2013年，第63页。

② （清）阮元校刻：《十三经注疏·周礼注疏》，北京：中华书局，1980年，第926页。

③ （清）王聘珍：《大戴礼记解诂》，北京：中华书局，1983年，第245页。

④ （宋）李昉、李穆、徐铉等编著：《太平御览》卷七百三十七，北京：中华书局，1960年，第3267～3268页。

⑤ 分别指"姜太公射丁侯画像""宋王偃射秦王雕像""商武乙射天"。

⑥ 杨宽：《"射礼"新探》，《西周史》，上海：上海人民出版社，2016年，第787页。

三　武射

武射也可称为军射，体现了军事活动中对武力的崇尚，但并非实战时的射箭，而是注重仪式化和象征意义的射礼，包括贯革之射和主皮之射两种。

1. 贯革之射

贯革之射至迟于商代就已出现，常在军中举行。“革”为皮革，这里指皮革制作的甲胄，“贯革”即贯穿甲胄，射箭贯穿甲胄需要行射者有很强的臂力。贯革之射表现的是对武力的崇尚，并通过这种形式起到鼓舞士气的作用。《礼记·乐记》记载孔子答宾牟贾请问《武》乐为何迟久时说：“武王克殷……然后天下知武王之不复用兵也。散军而郊射，左射《狸首》，右射《驺虞》，而贯革之射息也。”① 由此可见，郊射要配合演奏《狸首》和《驺虞》，属文射；贯革之射是为射穿甲胄，属武射。二者表达的含义相反，前者崇尚文治，后者崇尚武力。武王克商之后，为了表示天下再无兵事，贯革之射不再举行，可知其年代当在西周之前。

2. 主皮之射

主皮之射也是崇尚武力的射礼，古代射礼无侯，则用兽皮作为箭靶，可推知其出现年代很早。《仪礼·乡射礼》郑玄《注》曰：“主皮者，无侯，张兽皮而射之，主于获。”② 可见，这种射礼重在“获”，并以射穿兽皮为优，是一般贵族武士用于习武的射礼。后世射礼越来越注重仪节，不注重是否“贯革”“主皮”。武射逐渐退出射礼序列，成为普通民众弓矢竞射的主要方式。

四　文射

文射即礼射，与武射相比，更加注重行射者仪容体态和射礼的仪节程式，

---

① （清）阮元校刻：《十三经注疏·礼记正义》，北京：中华书局，1980 年，第 1542 ~ 1543 页。
② （清）阮元校刻：《十三经注疏·仪礼注疏》，北京：中华书局，1980 年，第 1011 页。

对行射的结果和射中的效果则不十分看重，是射礼发展到一定阶段的产物，也可认为是狭义的射礼，包括大射、宾射、燕射、乡射、射牲、郊射、射不主皮、习射、学射九种。

1. **大射**

大射最早见于西周时期，是周天子或诸侯国君为择士，汇集臣下举行的竞射典礼，往往在辟雍举行。西周时期，它是周天子亲自主持或参加的规格最高的一种射礼。战国时期，礼崩乐坏，大射礼则演变成诸侯、卿大夫所举行的射礼。因天子举行的大射礼是“射为诸侯”，即射中者会得到土地作为赏赐，位列诸侯，故文献又称为“射侯”，这也是箭靶被称“射侯”的由来。

2. **宾射**

宾射最早见于西周时期，是诸侯朝见周天子或诸侯国君互相朝见、周天子或诸侯国君飨来朝之宾时举行的射礼，即招待宾客的射礼。《周礼·春官·大宗伯》记载：“以宾射之礼，亲故旧朋友。”郑玄《注》曰：“射礼虽王，亦立宾主也。王之故旧朋友，为世子时共在学者。天子亦有友，诸侯之义。”贾公彦《疏》云：“言以宾射之礼者，谓若射人。王以六耦，射三侯，三获，三容，五正，是宾射之侯也。以此宾射之礼者，谓行燕饮之礼乃兴之，射所以申欢乐之情，故云亲故旧朋友也。”① 由此可见，天子的故旧朋友是诸侯，诸侯朝见天子时行宾射礼，是天子在与诸侯畅叙往日友情时举行的射礼。

3. **燕射**

燕射最早见于西周时期，即宴饮之射，是周天子或诸侯国君燕飨臣下时举行的射礼。《周礼·春官·乐师》：“燕射，帅射夫以弓矢舞。”孙诒让《正义》曰：“燕射者，王与诸侯、诸臣因燕而射。《梓人》注云：‘燕谓劳使臣，若与群臣饮酒而射。’是也。”②《周礼·夏官·司弓矢》记载：“燕射，共弓矢，如数并夹。”③ 因此，宾射和燕射两种射礼详细的流程和仪式虽已失载，

---

① （清）阮元校刻：《十三经注疏·周礼注疏》，北京：中华书局，1980 年，第 760 页。
② （清）孙诒让：《周礼正义》，北京：中华书局，1987 年，第 1811 页。
③ （清）阮元校刻：《十三经注疏·周礼注疏》，北京：中华书局，1980 年，第 856 页。

但是仍零星见于先秦文献的记载之中。

4. 乡射

乡射礼最早见于春秋时期，是乡大夫三年大比举士后，或州长每年春秋两季与众庶在州学举行的射礼。目的在于检查乡学里的子弟学射的情况，同时也是乡大夫、士等低级贵族举行乡饮酒礼时借以助兴的射礼。在文献明确记载的以上四类射礼中，乡射礼的规格最低。

5. 射牲

射牲礼在商代就已经出现。文献也有记载，《周礼·夏官·司弓矢》："凡祭祀，共射牲之弓矢。"郑玄《注》曰："射牲，示亲杀也。"又《夏官·射人》载："祭祀，则赞射牲，相孤、卿、大夫之法仪。"① 由此可见，凡大型祭祀所用的牺牲，都需王或主祭人亲自射杀，并由司弓矢提供射具，射人赞助行射。西周早期的伯唐父鼎铭文记载了周王乘龙舟在辟雍大池行射牲礼的情况。这也证明商周时期，逢大型祭祀，王会亲自射杀作为祭祀用的牺牲。

6. 郊射

郊射最早见于西周时期，是在郊外原野举行的射礼，与贯革之射表达的含义相反。周武王灭商之后，随即解散军队，并在商都的郊外举行射礼，左射时奏《狸首》，右射时奏《驺虞》，其意在表达行射的礼乐性质，象征天下息战，与民休养，这也是象征军事的贯革之射不再举行的原因。

7. 射不主皮

射不主皮的观念形成很早，应与礼射同时出现，但最早由孔子总结。其与主皮之射相反，目的不在于射穿兽皮所做的箭靶。《论语·八佾》曰："射不主皮，为力不同科，古之道也。"② 另有《仪礼·乡射礼》云："礼射，不

---

① （清）阮元校刻：《十三经注疏·周礼注疏》，北京：中华书局，1980年，第856、846页。
② （清）阮元校刻：《十三经注疏·论语注疏》，北京：中华书局，1980年，第2467页。

主皮。”郑玄《注》：“礼射，谓以礼乐射也，大射、宾射、燕射是矣。不主皮者，贵其容体比于礼，其节比于乐，不待中为备也。”① 孔子认为射箭在于射中，是否能射破兽皮只是个人力量上的差别；郑玄也称射礼重在礼乐，射箭时容体得当比射中靶心更为重要。射礼从主皮之射发展到射不主皮，也是从重武向重礼转变，射不主皮思想的出现，在射礼发展的过程中具有重要的意义。

8. 习射

习射是周代贵族对射礼的演练和周天子为择士而举行的射礼演习。这里的“习”是练习的意思。射是技术要求非常高的一门技能，必须时常加以练习才能熟练掌握。

9. 学射

学射即周代的贵族子弟在学校学习射礼。周代贵族中十五岁以上的成童要进入太学，学习礼、乐、射、御、书、数六艺，射礼是六艺中非常重要的一门技能。西周青铜器静簋就记载了“静”作为教官，教习贵族子弟学射的史事，是周代学射的重要物证。

五 风俗射

风俗射即与风俗习惯相关的射礼，其形式虽然较多，但能称之为射礼的只有生育射一种。

生育之射，特指男子出生时举行的射礼。古人认为“射者，男子之事也”②，所以在男子出生时，其家人要举行射礼。《礼记·射义》记载：“故男子生，桑弧蓬矢六，以射天地四方。天地四方者，男子之所有事也，故必先有志于其所有事，然后敢用谷也，饭食之谓也。”又《礼记·内则》曰：“国君世子生，告于君，接以大牢，宰掌具。三日，卜士负之。吉者宿齐，朝服寝门外，诗负之。射人以桑弧蓬矢六，射天地四方。保受乃负之。宰醴负子，

① （清）阮元校刻：《十三经注疏·仪礼注疏》，北京：中华书局，1980 年，第 1011 页。
② （清）阮元校刻：《十三经注疏·礼记正义》，北京：中华书局，1980 年，第 1687 页。

赐之束帛。卜士之妻，大夫之妾，使食子。”[①] 由此可见，无论国君还是普通人家，有男孩降生，均需以桑弓蓬矢射天地四方。只是国君行生育之射时仪节规程更加繁复，需要宰、卜士、射人、保等人共同协助完成。

综上所述，文献记载和甲骨、金文所见的射礼，一共可分为十九种，按其性质又可归纳为田猎射、巫射、武射、文射和风俗射五大类。具体而言，田猎射包括弋射、泽射、余射、子射四种；巫射包括射天、射帝、射不宁侯三种；武射包括贯革之射和主皮之射两种；文射包括大射、宾射、燕射、乡射、射牲、郊射、射不主皮、习射、学射九种；风俗射包括生育之射一种。

① （清）阮元校刻：《十三经注疏·礼记正义》，北京：中华书局，1980 年，第 1469、1689 页。

第三节 射礼的起源

杨志刚认为："礼是人类社会发展到一定阶段才出现的产物。……是随着中国阶级、国家的形成而形成的，是为了协调权力和财富分配中的矛盾关系而出现的。"[①] 因此，礼的起源可以追溯到史前时期，射礼也不例外，其仪节也保留有史前社会生活的影子。《周礼·地官·保氏》载："乃教之六艺……五曰驭。"郑玄《注》曰："五驭：鸣和鸾，逐水曲，过君表，舞交衢，逐禽左。"贾公彦《疏》云："逐禽左者，谓御驱逆之车……人君自左射。"[②] 从中可知，逐禽左这种驾驭马车的方法，即驾车驱赶禽兽时，当便于国君从左侧射杀野兽。大概是在史前时期，箭镞皆为石制，其锋利程度远低于金属箭镞，从左侧射杀猎物，能够直击猎物心脏，可以大幅度提升狩猎的成功率。后来，这种从左侧射杀禽兽的方法随着弓矢的发展逐渐消失，但却作为礼射的仪节一直保存下来。

由此，在讨论射礼起源时需注意两个前提：一是射礼作为礼的一种，其起源应以礼的产生为时间上限；二是弓矢的发明与射礼的起源是两个概念，弓矢活动并不能与射礼画等号，射礼产生的时间大大晚于弓矢被发明的时间。另外，依前文所言，射礼可以分为五大类，不同类的射礼，其起源不应一概而论，射礼的形成也是一个动态的过程，是在不断完善中确立的，所以，关于射礼的起源问题应根据不同情况而具体分析。正如陈成国所说："各种各样的礼不是同时产生的。任何礼制不是一产生就有了完备的形式。""说礼的起源，不应该武断为凡礼皆起于某时，而应该注意到各种礼不是同时产生的，有些礼是原始社会没有的，有些礼夏商也未必有，还有的恐怕周礼亦未见。

---

① 杨志刚：《中国礼仪制度研究》"导言"，上海：华东师范大学出版社，2001 年，第 2、4 页。

② （清）阮元校刻：《十三经注疏·周礼注疏》，北京：中华书局，1980 年，第 731 页。

还应该看到：礼是逐渐繁复起来的，最初仅有萌芽，后来复杂起来，仪注增多了。统治者因自身需要，往往加进某些项目。”因此，“礼制的所有部分不是某一个时候一同产生的。每一部分都有自己的起源”①。

关于射礼的起源，已有诸多讨论，本书从田猎活动、军事活动、宗教活动、娱乐活动等方面来介绍射礼的起源。

一 源于田猎活动

射礼源于田猎是当下最为流行的观点之一，但通过前文分析可知，并非所有射礼均源于田猎活动。田猎射所包括的弋射、泽射、余射、子射应都源于田猎，如陈春慧认为：“射礼起源于原始狩猎文化中的射禽鸟类活动。”②

另外，杨宽认为：“古人经常借用狩猎来进行军事训练和演习。‘大蒐礼’就是一种借狩猎来进行的军事演习……这种射礼，同样起源于借用狩猎来进行的军事训练。”杨宽文中提到的“这种射礼”即乡射和大射，“‘乡射’是由乡大夫和士在乡学中行乡饮酒礼之后举行的，‘大射’是天子或诸侯汇集臣下在大学举行的……前两种，就着重在行礼，通过行礼的方式来进行‘射’的练习和比赛。”③ 可见经过杨宽论证，乡射和大射两种礼射也起源于田猎活动。

另外，文射中的射牲与田猎活动也有密切关系。射牲起源于田猎获取祭祀所用的鲜牲，古代社会田猎与祭祀密切相关，田猎归来必将擒获的猎物献于宗庙。据杨宽考证：“射礼把射中目标称为‘获’，观察和报告射中情况的报告员就叫‘获者’，‘获者’看到有人射中‘侯’的鹄的要扬旌唱‘获’；同时计算射中次数和胜负的统计员就叫‘释获者’，‘释获者’要根据‘获者’的唱‘获’来计算射中次数叫作‘释获’。‘获’原是指狩猎中对鸟兽的擒获（不论是生擒或死擒），甲骨文中述及‘蒦’（获）得某种野兽的记录很多，在古文献上也多称狩猎所得为‘获’，如《周易》‘解’九二爻辞说：‘田获三狐。’《周易》‘巽’六四爻辞说：‘田获三品’狩猎的目的在‘获’，而射礼的射中目标也叫‘获’，很明显，射礼如大蒐礼一样，是起源于借用田

---

① 陈成国：《中国礼制史·先秦卷》，长沙：湖南教育出版社，2002 年，第 10、14、66 页。

② 陈春慧：《论射礼兴衰与嬗变》，《南京理工大学学报》2002 年第 1 期。

③ 杨宽：《“射礼”新探》，《西周史》，上海：上海人民出版社，2016 年，第 773、760 页。

猎来进行的军事训练。”[①]

杨宽通过对“获”的考证，得出射牲源于田猎活动的结论是非常让人信服的。传世文献中也记载了大量献获致祭的制度。《礼记·月令》载：“季秋之月……天子乃厉饰，执弓挟矢以猎，命主祠，祭禽四方。”又《王制》曰：天子诸侯“无事而不田，曰不敬”[②]。《穀梁传·桓公四年》云：“四时之田，皆为宗庙之事也。”[③] 可见，田猎活动专为宗庙祭祀之事，而且已经成为定制，每年秋季天子要亲自进行田猎以献禽致祭。这种田猎活动仪式性质高于实战，应即射牲之礼，若不进行射牲，即被视为对祖先的不敬。因此，宋镇豪说：“实射猎物，通常称为‘射牲’，殆由田猎竞射发展而来。”[④] 金祥恒也说：“殷之射牲，原于田狩。而后相沿，遂成为礼。”[⑤] 可知射牲礼仪当是源于田猎活动。

二 源于军事活动

前文提到的武射，即贯革之射和主皮之射，具有明显的军事色彩。贯革之射，“贯”即贯穿，“革”即甲胄，用弓箭对悬挂的甲胄行射，以射穿甲胄为优胜，显然是只重竞射力度，不重仪容风度的军事射礼。与贯革之射相反的是郊射，郊射属于文射，武王克殷之后举行郊射，以贯革之射为代表的武射不再举行，代表天下大定，不再进行军事活动。可见，郊射虽为文射，但也源于军事活动。

古时“礼不下庶人”，《周礼·乡大夫》郑玄《注》曰：“庶民无射礼，因田猎分禽，则有主皮。主皮者，张皮射之，无侯也。”[⑥] 可见，主皮之射与贯革之射相似，均是纯粹的武射，源于军事活动。与主皮之射相反的射不主皮则更加注重体态仪表，属于文射，但它是从主皮之射中衍生发展而来，溯

---

① 杨宽：《“射礼”新探》，《西周史》，上海：上海人民出版社，2016 年，第 773 页。

② （清）阮元校刻：《十三经注疏·礼记正义》，北京：中华书局，1980 年，第 1380、1333 页。

③ （清）阮元校刻：《十三经注疏·春秋穀梁传注疏》，北京：中华书局，1980 年，第 2374 页。

④ 宋镇豪：《从新出甲骨金文考述晚商射礼》，《中国历史文物》2006 年第 1 期。

⑤ 金祥恒：《甲骨文䠶牲图说》，《中国文字》编辑委员会编：《中国文字》第 20 册，台北：艺文印书馆，1966 年。

⑥ （清）阮元校刻：《十三经注疏·周礼注疏》，北京：中华书局，1980 年，第 716 页。

其本源，也在于军事活动。

礼射虽被贵族掌握，但贵族成童在太学学习礼射，也是有军事背景的。邵懿辰在《礼经通论》中说："五兵莫长于弓矢也，故射、御列于六艺，而言聘、射之义者，以为勇敢强有力，天下无事则用之于礼仪，天下有事则用之于战胜。泽宫选士，各射己鹄，有文事必有武备也。"① 可见，射、御两项技能被列为六艺，成为贵族子弟必须学习的科目，具有明显的军事目的。

贵族子弟在太学中学射、习射皆是源于军事活动，这是与当时的军队组成、用人标准相适应的。《周礼·小司徒》记载军队建制曰："五人为伍，五伍为两，四两为卒，五卒为旅，五旅为师，五师为军。"② 周代的军队是以贵族成员作为核心、"国人"作为主力的，所有贵族子弟都要学习射，其实是为军事服务。另外，在选才用人方面，射也是主要考核标准之一。《礼记·射义》记载了当时天子选才的标准："故天子之大射，谓之射侯。射侯者，设为诸侯也，射中则得为诸侯，射不中则不得为诸侯。""是故古者天子以射选诸侯、卿大夫、士。""是故古者天子之制，诸侯岁献贡士于天子，天子试之于射宫……而中多者得与于祭……而中少者不得与于祭。"③ 以上记载可能有对"射"在选才用人标准上的夸张，但仍可以明显地看出，周天子在选拔军事人才或参与祭祀的人选时，射是一个重要的标准。另杨宽认为："古时贵族所谓'贤能'，原是指有勇力和武艺的人。乡射礼在计算胜负的时候，如右方胜，称'右贤于左'，如左方胜，称'左贤于右'……古时执政者从'国人'中选拔人才，着重于挑选有勇力和武艺者，这到春秋前期还是如此。……他们采用比'射'的方法选拔人才。"④ 因此，贵族子弟在太学中学射、习射，均是为军事活动服务，此两种射礼虽为文射，但也可认为是源于军事活动。

除此之外，风俗射也源于军事活动。《礼记·射义》载："射者，男子之

---

① 顾颉刚主编，王煦华整理：《古籍考辨丛刊》第二集，北京：社会科学文献出版社，2009 年，第 430 页。

② （清）阮元校刻：《十三经注疏·周礼注疏》，北京：中华书局，1980 年，第 711 页。

③ （清）阮元校刻：《十三经注疏·礼记正义》，北京：中华书局，1980 年，第 1686 ~ 1687 页。

④ 杨宽：《"射礼"新探》，《西周史》，上海：上海人民出版社，2016 年，第 784 页。

事也。”[①]《尚书大传》：“习斗也者，男子之事也。”[②] 由此可见，男性生来是与军事活动相关联的，特别是弓矢竞射之事更是只有男子才能参加。因此，《礼记·射义》记载：“故男子生，桑弧蓬矢六，以射天地四方。”[③] 由于男子与以射为代表的军事活动关系密切，故这种生育之射也可认为源自军事活动。

三 源于宗教活动

原始宗教和巫术是密不可分的，射天、射帝、射不宁侯等巫射的起源可追溯至巫术诅咒的仪式。古人认为上古时期，起初“民神杂糅”，人们可以直接与鬼神沟通。《国语·楚语下》中，楚国大夫观射父在论绝天地通时说：“及少皞之衰也，九黎乱德，民神杂糅，不可方物。”[④] 即在少皞之世，庶民和神祇是可以直接沟通的，人们可以直接向鬼神祈求自己的夙愿，鬼神也可以直接听取人们的意志和心愿。但随着社会的发展，这样的现象不利于权贵阶层的统治，与鬼神沟通的能力逐渐被统治者占有。《尚书·吕刑》记载：“（尧）乃命重黎，绝天地通，罔有降格。”伪孔《传》曰：“使人神不扰，各得其序，是谓绝天地通。言天神无有降地，地祇不至于天，明不相干。”[⑤] 可知，到唐尧之时，天地、人神已经各有其序，不能再直接沟通，而人与鬼神之间沟通的媒介成了统治阶级及其代表——巫。巫能通天地鬼神，拥有一定的知识和文化，在当时享有很高的社会地位，其所拥有的巫术也被当时的人们推崇。巫术有很多种，巫射应属于“祝诅伤害术”和“偶像伤害术”[⑥]，前文提到的“太公射丁侯”“武乙射天”“纣王射帝”等即是源于这种巫术。李零认为：“‘礼仪’和‘方术’脱胎于‘巫术’，但反过来就凌驾于‘巫术’之上，限制压迫‘巫术’，这是‘巫术’的最后结局。”[⑦] 这直接言明了一些

---

① （清）阮元校刻：《十三经注疏·礼记正义》，北京：中华书局，1980 年，第 1687 页。

② 朱维铮主编，（西汉）伏生撰，（东汉）郑玄注，（清）陈寿祺辑校：《尚书大传》，上海：上海书店出版社，2012 年，第 47 页。

③ （清）阮元校刻：《十三经注疏·礼记正义》，北京：中华书局，1980 年，第 1689 页。

④ 徐元诰撰，王树民、沈长云点校：《国语集解》，北京：中华书局，2002 年，第 514 页。

⑤ （清）阮元校刻：《十三经注疏·尚书正义》，北京：中华书局，1980 年，第 248 页。

⑥ 袁俊杰：《两周射礼研究》，北京：科学出版社，2013 年，第 48 页。

⑦ 李零：《中国方术续考》，北京：中华书局，2006 年，第 57 页。

礼仪是源自巫术的，也可证射不宁侯、射天、射帝等巫射是源于古代的宗教活动。

四　源于娱乐活动

宾射、燕射是源于宴飨宾客臣下的娱乐礼仪，而投壶是春秋时期从射礼衍生出来的一种在室内举行的以比拼投射技巧为目的的礼仪，因此，宾射、燕射和投壶三种射礼都与宴饮娱乐活动相关，其作用在于助兴。它们降低了习射的难度，淡化了竞赛的色彩，重在娱乐。虽然如此，但无论场合还是仪节规范，都体现了礼的性质。作为古老的酒令和竞技活动，既在邦交礼宾场合体现国家的礼仪尊荣，又于平常的游乐当中养生和习礼，因此它们是古代士人尊奉的修身治心之道。

同时，以投壶为代表的射礼的出现，是礼仪制度松弛的体现。自此，礼开始走向市井民间，“礼不下庶人”的制度逐渐崩溃。另外，春秋战国时期礼崩乐坏，大射和宾射两种只有周王才能举行的射礼，常见于诸侯、卿大夫之家，也是射礼衰落势微的体现。源于宴饮娱乐活动的射礼，虽然起源最晚，但是发展最快、最广，流行于民间，也是普及度最高的一种射礼。

第四节 投壶

投壶礼是从射礼衍生出来的一种以角逐技艺乐宾客的新礼仪[①]，文献记载最早的投壶活动和所见最早的投壶实物均在春秋时期。东周之后，王室衰微，礼乐征伐自诸侯出，很多本应天子举行的大型仪典均难以实施。射礼也发生了很大的变化，最明显的是春秋时期懂得射礼仪程的人越来越少，如《左传·襄公二十九年》记载："范献子来聘，拜城杞也。公享之，展庄叔执币，射者三耦，公臣不足，取于家臣。家臣展瑕、展玉父为一耦。公臣，公巫召伯、仲颜庄叔为一耦，鄫鼓父、党叔为一耦。"[②] 可知，射礼仪节繁复，即便周礼保留最完善的鲁国，也没有足够的人匹耦行射。投壶礼受场地、人员限制较小，且仪节程式简单，因此，很快就普及开来，达到"凡宴不射，即为投壶"[③] 的程度。

东周时期的投壶礼多在贵族宴饮时举行，还保留了"司射""相"等佐助射礼的人员，可视为简化的燕射礼，还具备较强的礼仪性。秦汉之后，投壶已经流入民间，成为普通民众也能举行的娱乐活动。这一时期投壶活动礼仪性急剧减弱，且更加注重技艺和投法，娱乐性增强，其性质也由仪礼变为娱乐活动。经历了魏晋时期的长期分裂与动乱，唐宋时期的统治者亟需用"礼"来规范、约束社会各阶层的生产生活。特别是以司马光《投壶新格》的问世为代表，投壶也成为古礼复兴运动的一部分，但效果并不明显。元明清时期，投壶活动依然受到社会各阶层的喜爱，但随着新的娱乐方式的涌入，投壶活动逐步走向衰亡。

---

① 袁俊杰：《两周射礼研究》，北京：科学出版社，2013 年，第 373 页。
② （清）阮元校刻：《十三经注疏·春秋左传正义》，北京：中华书局，1980 年，第 2005 页。
③ （清）阮元校刻：《十三经注疏·春秋左传正义》，北京：中华书局，1980 年，第 2062 页。

第五节 本书的研究主旨与方法

一 研究主旨

本书的研究主旨是吸取以往学者的学术成果，并在前人研究的基础上对我国古代的射礼与投壶进行更加深入系统的通识研究。具体来说，就是通过综合分析考古、金文、文献资料和古代书画，对射礼的定义、分类、起源、发展、意义进行研究。另外，本书系学界首次对历代射礼和投壶的发展历程、门类、仪节、特点和所需用具的型式演变进行探讨，最终总结得出古人举行射礼和投壶活动的目的与意义。以祈能够还原我国弓箭礼仪文化的一些具体面貌，明晰射礼和投壶的历史沿革和真实情况，及其在政治、文化、礼制、外交、社会生活等方面的意义。

二 研究方法

本书通过对射礼和投壶已有的考古、金文、文献资料进行全面梳理，先秦时期偏重于考古与金文资料研究，秦汉以后偏重于文献分析；所用器具的型式演变偏重于考古资料研究，射礼和投壶的仪节程式偏重于文献分析。从而对历代射礼和投壶分门别类探讨其历史沿革、仪节程式、器具变化和社会意义，并在已有研究的基础上，对弓箭礼仪文化进行全面系统的研究。具体而言，将主要采用以下方法：

1. 多学科综合研究的方法

对弓箭礼仪文化的研究，本身就涉及了历史学、文献学、古文字学、考古学等学科的研究领域，这样就必将为历代射礼和投壶的研究提供多重证据。另外，与以往多是单一射礼、单一时期研究不同，本书运用的综合研究方法，也将为弓箭礼仪文化的通识研究提供有力证据。

2. 比较研究的方法

本书对弓箭礼仪文化的研究，既有对射礼和投壶发展脉络的前后纵向比较研究，又有对同一时期、不同类别射礼的横向比较研究，这样纵横相结合，可以得出更为稳妥的结论。

3. 汇释疏解的方法

本文在众多有争议的关键问题和金文资料的考释方面，尽可能地将所有观点全面考察，以供大家讨论探讨。学术研究都是在讨论中不断进步，在争议后得出正确结论的，所以，任何的学术争论都是不能避免的，也不能回避，更不能武断地取舍。需要在正反两种观点比较中得出科学的结论，不能以偏概全，只陈述对自己有利的证据。通过这种汇释疏解的方法，在比较研究中得出一个能够为多数人接受的观点，这是贯穿本书始终的研究方法。

4. 文化因素分析法

在对弓箭礼仪文化的研究中，我们发现不同时期、不同地区的弓箭礼仪文化也是不同的，如殷商时期的射礼偏重于武射，两周时期的射礼偏重于文射，春秋时期的投壶还保留着礼仪性，魏晋时期则将娱乐性推至巅峰。不同时期、不同地区文化因素的偏向，会导致射礼和投壶活动的仪节、器具和目的上的变化。通过文化因素分析，我们可以知道，弓箭礼仪文化的性质和功能是在不断发展变化的。正是这种与时代和地域的兼容性，才使得弓箭礼仪文化在漫长的历史长河中得以保存下来。

第六节　有关问题说明

在本书中有几个问题需要说明。

第一，射礼的性质问题。射礼是从田猎、军事等实践中发展而来的弓矢竞射活动，并逐步礼仪化、符号化，即非实用化的弓矢活动皆可被认知为是射礼，只是在不同时期，礼仪性和实用性的偏重会有不同。如元代和清代的统治者，更加注重骑射，清代的秋狝实用性很强，但就其根本目的而言，并不是为了田猎，故还可视为射礼。

第二，射礼和投壶的关系问题。射礼和投壶均属于弓箭礼仪文化活动，且投壶礼是源自射礼的，是在人员、场地受限的情况下，举行的简化的射礼。但随着投壶的普及，其开始与射礼并行，成为社会各阶层均喜闻乐见的娱乐活动，其礼仪性质逐渐退化，娱乐性质逐渐增强，与秦汉以后符号化、仪式化的射礼有显著区别。但从投壶的根源上看，其源自射礼，是弓箭礼仪文化的重要组成部分。

第三，本书章节设置问题。射礼和投壶在不同时期有很大区别，门类和仪节并非历代均较为齐全、一致。故在章节设置上，不能完全统一，如西周时期的射礼门类最为丰富，后世并未完全承袭，因此，本书也只能对已知的射礼门类进行研究。投壶在东周时期保留了较强的礼仪性，秦汉时期娱乐性增强，唐宋时期又试图恢复古礼，故本书这几节称“投壶礼”，而魏晋、元明清时期投壶的娱乐性显著，故在本书相关节中称“投壶活动”。

第一章

殷商时期的射礼

上古神话传说中出现了很多与弓矢竞射相关的故事。如“黄帝战胜并杀了蚩尤后，为发泄余恨，便剥了蚩尤的皮做成干侯，让士卒用弓箭射它”，“颛顼时代方相帅百隶与童子，以桃弓棘箭行射仪来驱除疫鬼”，“文献所记羿之种种射事，实际上就是帝尧曾经举行过的一系列巫术性质的射礼”①。以上故事虽然为传说，但并非无迹可寻，正如马克思所说，任何神话都是“通过人民的幻想用一种不自觉的艺术方式所加工过的自然和社会形态本身”②。但这些与弓矢相关的神话传说，是否形成了制度化的“礼”，已经无从考证了。这些神话传说零星见于传世文献之中，袁俊杰据《离骚》考证，夏代的射礼文献中只见“后益射鞠”和“夷羿射牲”两例③，可知当时已有巫射和射牲的礼仪。文献对夏代的射礼虽然记述不多，但其应已形成。《论语·为政》记载：“殷因于夏礼，所损益，可知也；周因于殷礼，所损益，可知也。”④ 商周射礼是可以确定的，而且礼制代代相因，夏代也应有射礼。另外，《礼记·礼器》亦曰：“三代之礼，一也，民共由之。或素或青，夏造殷因。”⑤ 直接言明三代之礼由夏代肇始。而且从出土文献也可看出，商周之际的射礼已经非常成熟，礼仪制度的形成并非一蹴而就，因此，我们推测在商代之前，射礼应该已经出现，尤其是夏代应有巫射和射牲之礼仪。

《礼记·射义》孔颖达《疏》曰：“其射之所起，起自黄帝……射侯见于

---

① 袁俊杰：《两周射礼研究》，北京：科学出版社，2013年，第54~58页。

② 〔德〕马克思：《〈政治经济学批判〉导言》，中共中央马克思恩格斯列宁斯大林著作编译局编：《马克思恩格斯选集》第2卷，北京：人民出版社，1972年。

③ 袁俊杰：《两周射礼研究》，北京：科学出版社，2013年，第61页。

④ （清）阮元校刻：《十三经注疏·论语注疏》，北京：中华书局，1980年，第2463页。

⑤ （清）阮元校刻：《十三经注疏·礼记正义》，北京：中华书局，1980年，第1435页。

尧舜。夏殷无文，周则其矣。”① 殷商时期甲骨、金文资料的大量发现，为研究商代的射礼提供了大量一手资料，“夏殷无文”的状况已有很大改善，射礼虽盛行于西周以降，但也是因于殷礼，只是有所变革损益而已。以下从甲骨、金文记载的商代射礼进行论述。

第一节 花东卜辞与子射

花东卜辞即殷墟花园庄东地甲骨卜辞。1991 年秋，为配合安阳市修建殷墟博物苑至安钢大道的公路，中国社会科学院考古研究所安阳工作队在殷墟花园庄东 100 多米处进行考古勘探，发现了一个甲骨坑，将其编号为 91 花东 H3，一共出土甲骨 1583 片，其中有刻辞者 689 片，以大块和完整的卜甲为主②。这是自 1973 年小屯南地甲骨发现以来，殷墟甲骨文规模最大、重要性最强的一次考古发现。花东卜辞属于非王卜辞，又集中出土于同一个甲骨坑内，文中出现最多的“子”亦非旧有“子组卜辞”中的“子”③，而且卜辞内容多次提到“射”与“子射”，是研究殷商时期“子”射的重要资料。

花东甲骨涉及“射”的卜辞共有 19 条，具体如下：

《花东》2：

(1) 戊子卜，才（在）麗：子其射，若？一

(2) 戊子卜，才（在）麗：子弜射于之，若？一（图 1－1）

《花东》7：

(4) 弜射于之，若？二（图 1－2）

① （清）阮元校刻：《十三经注疏·礼记正义》，北京：中华书局，1980 年，第 1686 页。

② 中国社会科学院考古研究所：《殷墟花园庄东地甲骨》“前言”，昆明：云南人民出版社，2003 年，第 1 页。

③ 齐航福、章秀霞：《殷墟花园庄东地甲骨刻辞类纂》“前言”，北京：线装书局，2011 年，第 2 页。

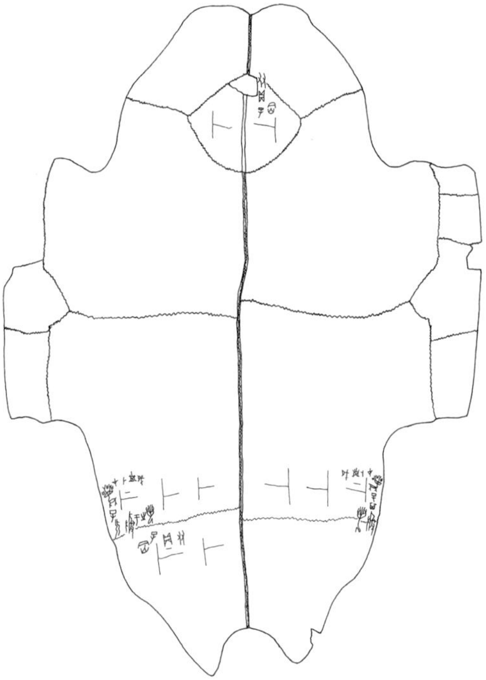

图 1-1　《花东》2 甲骨卜辞摹本

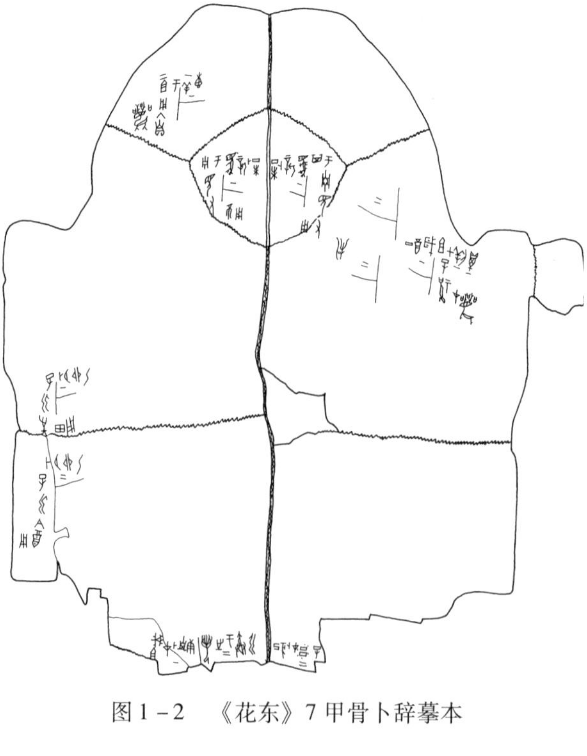

图 1-2　《花东》7 甲骨卜辞摹本

《花东》37：

(6) 甲午卜，才（在）麗：子其射，若？一

(7) 甲午：弜射于之，若？一

(10) 己亥卜，才（在）灉：子其射，若？不用。一

(14) 乙巳卜，才（在）麗：子其射，若？不用。一

(16) 叀（惠）丙弓用射？一

(18) 丙午卜：子其射，疾弓于之，若？一

(19) 戊申卜：叀（惠）疾弓用射萑？用。一（图 1－3）

《花东》149：

(11) 癸亥卜：子㲋（迄）用丙吉弓射，若？一（图 1－4）

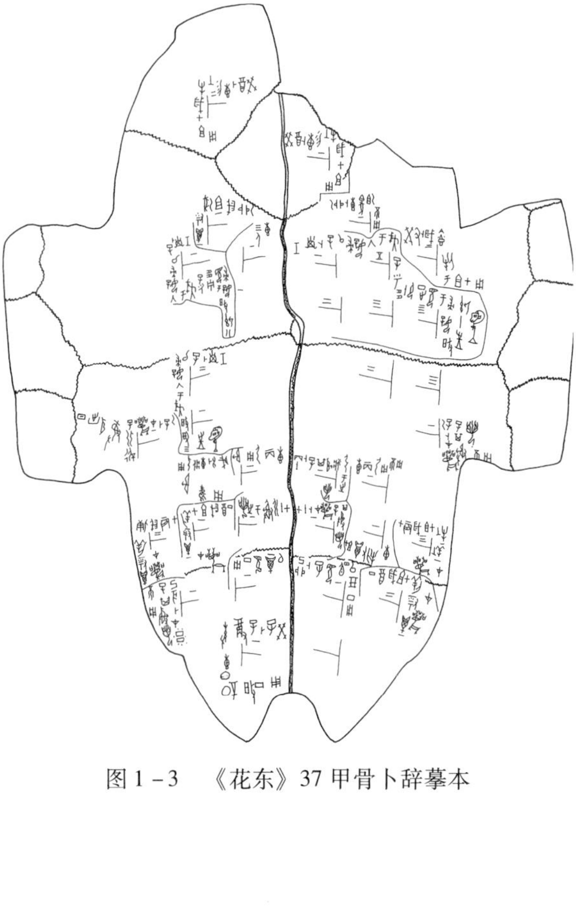

图 1－3　《花东》37 甲骨卜辞摹本

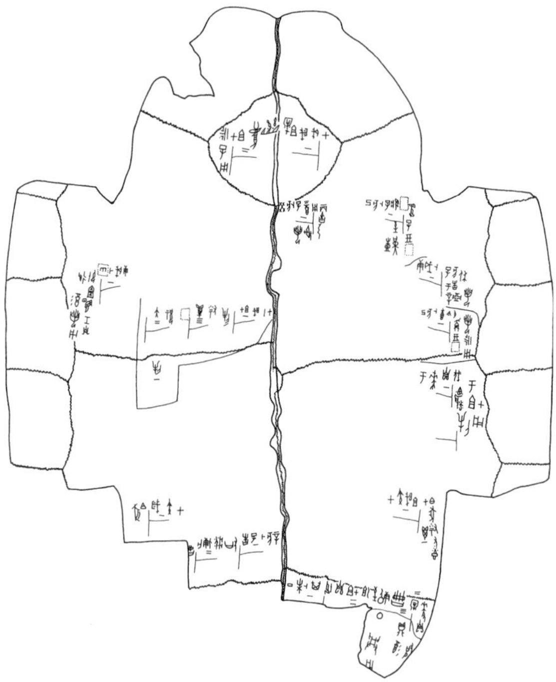

图1-4 《花东》149甲骨卜辞摹本

《花东》264：

(4) 己未卜，才（在）□：子其乎（呼）射告罘我南正（征），隹（唯）夨（昃）若？一二（图1-5）

《花东》416：

(8) 壬辰卜：子乎（呼）比射发旋，若？一

(10) 壬辰卜：子乎（呼）射发□取又（有）车，若？一（图1-6）

《花东》467：

(2) 戊戌卜，才（在）罙：子射，若？不用。一

(3) 戊戌卜，才（在）罙：子弜射于之，若？一

(4) 己亥卜，才（在）灉：子其射，若？不用。二

(5) 弜射于之，若？一（图1-7）

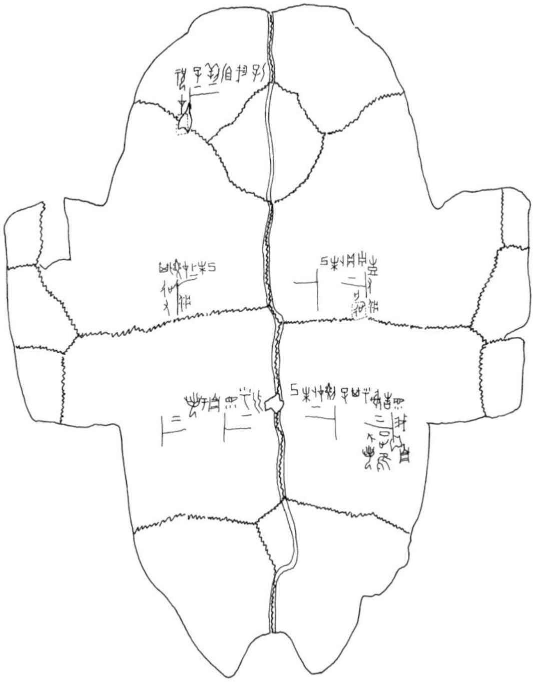

图 1－5　《花东》264 甲骨卜辞摹本

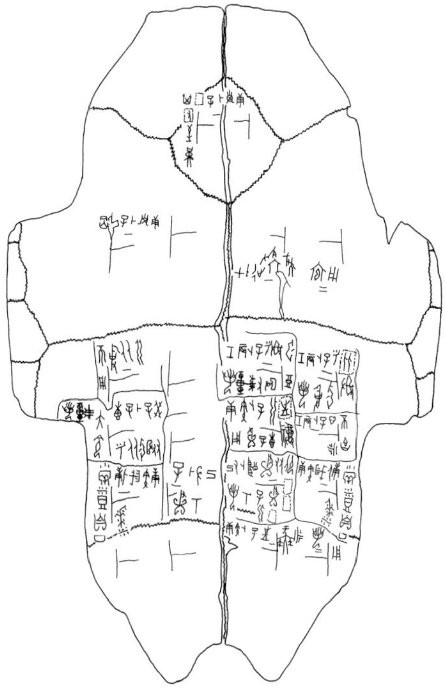

图 1－6　《花东》416 甲骨卜辞摹本

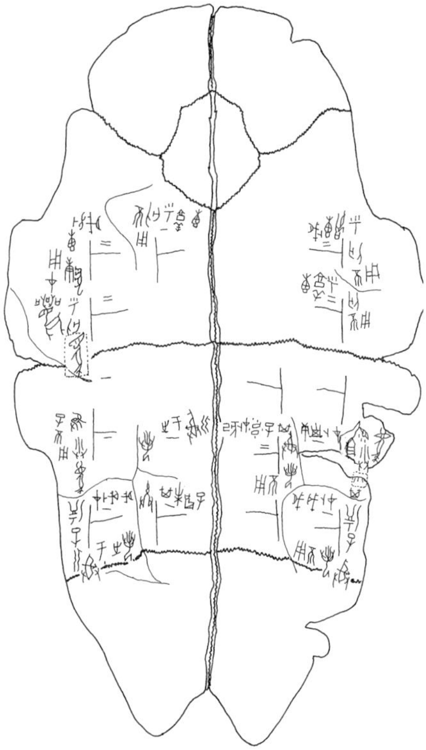

图 1－7　《花东》467 甲骨卜辞摹本

一　“子”的身份

花东卜辞中大量出现的“子”，若不能确定其身份，则“子射”礼仪就无从谈起。自花东甲骨发现以来，围绕“子”的探讨就不曾停歇，学术界就其身份提出了众多观点。

1998 年李学勤最早撰文对这一问题进行讨论，认为“子”并非爵位，而是朝中的大臣，并通过与 YH127 坑甲骨文中的“子”的对比，认为二者不是同一人①。李学勤虽仅称“子”为朝中大臣，并未能推定出其具体身份，但确定了甲骨文中非王卜辞的存在，具有重要意义。沈建华同样认为“子”是

① 李学勤：《花园庄东地卜辞的“子”》，河南博物院编：《河南博物院落成暨河南省博物馆建馆 70 周年纪念论文集》，郑州：中州古籍出版社，1998 年，第 123 ~ 125 页。

一位大臣，通过分析花东子族的居地与宗庙、花东子族宗族的组织与结构、花东子族的马政等问题，提出花东的“子”应该是“隶属于王室大宗下的一个宗主，并在王朝中担负马政职务”，他负责商王出行所乘坐的交通工具，以及与马相关的纳贡与驯养工作①。沈建华认为“子”为旁支宗主的看法很有见地，因为在花东卜辞中有很多关于祭祀先辈的记载，这无疑是只有宗主才能享有的权利，但“子”是否负责殷商王朝与马相关的政务，还可商榷。

刘一曼、曹定云二位也认为花东卜辞中的“子”不仅是一位族长（宗主），而且是当时的一个重臣。他们同时提出，“子”是商王沃甲这一支的宗子，正因为“子”集商王室宗子、族长、朝廷重臣于一身，其身份地位远高于目前所见的其他非王卜辞的主人②。

赵诚赞同刘、曹二位的观点，并通过研究提出，花东的“子”不祭祀父辈商王，原因是阳甲将王位传给盘庚，引起了南庚一族的不满③。此说主要依据为，花东卜辞中的“子”对商代远祖先公的祭祀较少，仅有上甲微、大乙（汤）、大甲（太甲）、小甲四人，而对近祖的祭祀很多，尤其重视对祖乙祖甲的祭祀，而祖乙之下称甲者只有羌甲（沃甲）一人，因此认为“子”是羌甲的后人。又羌甲之子为南庚，南庚将王位传于祖丁之子阳甲，但阳甲未将王位复传给南庚后人，赵诚由此论推出这就是花东的“子”不祭祀父辈商王的原因。若依此说，花东的“子”应是南庚系的殷商王室，且可能是对王位有继承权的贵族，即南庚之子或孙，与阳甲、盘庚等为同辈，或与武丁同辈。这与朱凤瀚的观点相合，朱凤瀚认为，花东卜辞的“子”应是武丁较远支的从父或从兄弟，该家族在王族中地位很高，规模很大，实力很强，应是刚从王族中分化出来的一支④。

---

① 沈建华：《从花园庄东地卜辞看“子”的身份》，《中国历史文物》2007 年第 1 期。

② a. 刘一曼、曹定云：《论殷墟花园庄东地甲骨卜辞的“子”》，王宇信、宋镇豪主编：《纪念殷墟甲骨文发现一百周年国际学术研讨会论文集》，北京：社会科学文献出版社，2003 年，第 439 ~ 447 页。b. 中国社会科学院考古研究所：《殷墟花园庄东地甲骨》“前言”，昆明：云南人民出版社，2003 年，第 30 页。c. 曹定云：《殷墟花园庄东地甲骨——殷代早期的珍贵史料》，《中国教育报》2004 年 3 月 5 日。

③ 赵诚：《羌甲探索》，张政烺先生九十华诞纪念文集编委会编：《揖芬集——张政烺九十华诞纪念文集》，北京：社会科学文献出版社，2002 年，第 165 ~ 174 页。

④ 朱凤瀚：《读安阳殷墟花园庄东出土的非王卜辞》，王宇信、宋镇豪、孟宪武主编：《2004 年安阳殷商文明国际学术研讨会论文集》，北京：社会科学文献出版社，2004 年，第 211 ~ 219 页。

刘源提出了与刘、曹二人相左的观点，认为花东卜辞中的诸祖不一定能纳入到商代王室的系统当中，商人惯用日名，花东卜辞中受祭的祖、妣或许是“子”自己的一套祭祀系统。花东卜辞中祖甲、祖乙同旬受祭时，祖甲必排在祖乙之前，若祖甲是羌甲，祖乙则是羌甲之父报乙，因此，祖甲受祭应在祖乙之后，而不是之前。刘源据此提出即便花东卜辞受祭的诸祖诸妣即使能够与殷商先王对应，也未必都是局限在直系范围内①。

以上观点皆有可从之处，殷人重视祭祀，先公先王受祭的次序十分严谨，应不会出现颠倒错乱的现象，但花东卜辞中的“子”若非王室后裔，其祭祀的祖先也不会与商代的先王高度吻合。由此，杨升南指出，花东卜辞中不祭祀父辈是因为“子”的父亲是武丁，是时武丁在世，故不祭；又祖甲受祭在祖乙之前，若“子”为武丁太子，则祖甲指阳甲，祖乙指小乙，阳甲在小乙之前，因此是合乎祭祀顺序的。杨宽进一步论证，“子”不仅政治地位很高，而且与武丁、妇好关系密切，提出其不仅是武丁之太子，而且生母即为妇好②。姚萱认同花东卜辞中的祖甲、祖乙分别指阳甲、小乙，“子”为武丁之子，但不是太子孝己，而是宾组卜辞中的“子𡚸”③。而林沄则认为，“子”应是武丁的子辈，但不宜确指，无论太子孝己或者子𡚸都缺乏直接、实际的证据④。

综上所述，花东卜辞中“子”的身份可归纳为大臣、宗主、王室后裔三大类，其实这三种身份并不矛盾，商王室后裔既可以是旁支的宗主，又可以出任朝廷大臣，其争论的焦点实质上在于年代。花东卜辞中既有“丁”又有“妇好”，但二人都不受祭，在世而不受祭之说可从；又据发掘者对 H3 出土陶器的研究，认为“花东 H3 坑的时代当属殷墟文化一期晚段”⑤，可知其年

① 刘源：《花园庄卜辞中有关祭祀的两个问题》，张政烺先生九十华诞纪念文集编委会编：《揖芬集——张政烺九十华诞纪念文集》，北京：社会科学文献出版社，2002 年，第 175 ~ 179 页。

② 杨升南：《殷墟花东 H3 卜辞“子”的主人是武丁太子孝己》，王宇信、宋镇豪、孟宪武主编：《2004 年安阳殷商文明国际学术研讨会论文集》，北京：社会科学文献出版社，2004 年，第 204 ~ 210 页。

③ 姚萱：《试论花东卜辞的“子”当为武丁之子》，《故宫博物院院刊》2005 年第 6 期。

④ 林沄：《花东子卜辞所见人物研究》，陈昭容主编：《古文字与古代史》第一辑，“中研院”历史语言研究所，2007 年，第 13 ~ 34 页。

⑤ 中国社会科学院考古研究所：《殷墟花园庄东地甲骨》，昆明：云南人民出版社，2003 年，第 17 页。

代应不早于武丁时期；加之祖甲受祭在祖乙之前的祭祀制度，故花东卜辞中的“子”若为羌甲之后，则时代过早，因此，该“子”为武丁子辈之说更具说服力。虽然，“子”的具体身份难以确定，无论是“孝己”或者“子妖”皆无确凿的证据，但可以肯定的是，“子”为商代王室的后裔，即高等级贵族，可能是王子。总之，“子”是殷商王朝的宗室贵族，这应该是可以得到普遍认同的。

二　子射的地点

商代贵族子弟到了一定年龄需要入学接受教育，文献记载商代已有学校，但名称各不相同。《孟子·滕文公上》记载：“设为庠序学校以教之；庠者，养也；校者，教也；序者，射也。夏曰校，殷曰序，周曰庠。”①《礼记·明堂位》云：“米廪，有虞氏之庠也。序，夏后氏之序也。瞽宗，殷学也。頖宫，周学也。”又《王制》曰：“有虞氏养国老于上庠，养庶老于下庠。夏后氏养国老于东序，养庶老于西序。殷人养国老于右学，养庶老于左学。周人养国老于东胶，养庶老于虞庠。”②《说文·广部》释“庠”为：“礼官养老，夏曰校，殷曰庠，周曰序。”③ 可见，商代的学校有序、瞽宗、右学、左学、庠等称谓。

除文献记载外，甲骨文中也有关于学校的记载。如：

乍学于（入），若。(《合集》16406)

丁卯卜，子其入学，若，侃，用。(《花东》450)

丁酉卜，今日丁不其学？吉。于来丁迺学？于来寀学？若丙学？(《屯南》④ 662)

丙子卜，贞，多子其征学，版不冓大雨？(《合集》3250)

甲寅卜，乙卯子学商，丁侃，用。

甲寅卜，乙卯子学商，丁侃。(《花东》487)

---

① （清）阮元校刻：《十三经注疏·孟子注疏》，北京：中华书局，1980 年，第 2702 页。
② （清）阮元校刻：《十三经注疏·礼记正义》，北京：中华书局，1980 年，第 1491、1346 页。
③ （清）段玉裁：《说文解字注》，上海：上海古籍出版社，1988 年，第 443 页。
④ 中国社会科学院考古研究所：《小屯南地甲骨》，北京：中华书局，1980 年。

经袁俊杰考证，以上卜辞从卜问建校地点是否吉利、上学日期是否合适、上学会不会遇到雨等事，可知商代已经有了学校[①]。商代学校的受教育者主要是贵族子弟，学习内容是习武和习礼。另外，由于殷商时期战争频繁，军事教学是当时教育的主要方面，而“射”应是贵族子弟必须掌握的基本技能。花东卜辞中的“子”是贵族子弟，其中有多条关于“子”习射过程及地点的记载。如：

乙未卜，子其入三弓，若，永用。一

乙未卜，子其往于𨸏，获，不鼄。获三鹿。一

乙未卜，子其往于𨸏，获。子占曰：其获，用。获三鹿。二（《花东》288）

除了该组卜辞所见的“𨸏”之外，前文列举花东卜辞中的“射”时，还涉及麗、浖、灉三个地点，既然贞问在这三个地点举行射礼是否吉利，可知𨸏、麗、浖、灉四地都是可以举行射礼的。

𨸏地，在花东甲骨文中多次出现，且与田猎相关，辞例如下：

乙酉卜，子又（有）之𨸏南小丘，其罙，获？一二三四五

乙酉卜，子于翌日丙求𨸏南丘豕，遘？一二三四（《花东》14）

壬辰，子夕呼多尹□𨸏南豕，弗遘？子占曰：弗其遘。用。一（《花东》352）

据常耀华、魏慈德等研究，在武乙、文丁之前的商王卜辞中，𨸏地也大多用作田猎区名，到武乙、文丁之后，不仅可用作田猎区，而且还可作祭祀的地点[②]。常、魏二人的看法很有见地，花东甲骨的时代当在武丁时期，即武乙文丁之前，因此，从卜辞中可以看出，𨸏地此时是田猎地，而且以猎豕为主。

《说文·丘部》释“丘”曰：“土之高也，非人所为也。”[③] 可知卜辞中提到的“𨸏南小丘”或“𨸏南丘”为𨸏地之南非人工堆筑的一处高地，此高地

---

① 袁俊杰：《两周射礼研究》，北京：科学出版社，2013 年，第 72 页。

② a. 常耀华：《殷墟甲骨非王卜辞研究》，北京：线装书局，2006 年，第 257 ~ 260 页。b. 魏慈德：《殷墟花园庄东地甲骨卜辞研究》，台北：台湾古籍出版有限公司，2006 年，第 93 ~ 94 页。

③ （清）段玉裁：《说文解字注》，上海：上海古籍出版社，1988 年，第 386 页。

应离水不远。《礼记·射义》郑玄《注》曰："泽，宫名也。"孔颖达《疏》云："泽是宫名……盖于宽闲之处近水泽而为之也。"① 宋镇豪也指出："泽是宽闲近水泽之处，与其说泽是宫名，泽宫和射宫是两个单独的行射礼之宫，不如说泽宫和射宫为泽的一个去处，可能是在泽畔所建与习射相关的建筑设施。"② 由此，若阺释为"沁"，即河南沁阳，该地有沁水流过，在沁水之畔，"子"很有可能在此高地修建建筑，举行射礼和祭祀。加之殷人素有"以祖配天""因高事天"的观念，因此，在地势高的"丘"上进行祭祀是合乎常理的。另外，据冯时考证"古人以猪比附北斗"③，商代甲骨卜辞中祭祀北斗也多用豕，阺南丘又是以猎豕为主的祭祀之地，可能与殷人的天象祭祀有关。总之，阺地作为一个田猎祭祀之地，应是可以确定的。

麗地是卜辞中"子"举行射礼最多的地方，分别于甲午、乙巳、丙午、戊申四次在麗地行射。麗地也是各辞中记载祭祀所用牺牲的供应地。如：

叀（惠）一羊于二且（祖）用，入自麗。一（《花东》7）

己酉，岁且（祖）甲犯一，岁［且（祖）乙］犯一，入自麗。一

庚戌，岁匕（妣）庚犯一，入自麗。一（《花东》196）

辛巳卜，新馳于以，萑（舊）才（在）麗入。用。子占曰：奏艱。孚。一（《花东》259）

从以上卜辞"入自麗""在麗入"等记载可以看出，可以把各辞祭祀用牲的牲名看作"入自麗""在麗入"的主语，即牺牲自麗入、在麗入，也即这些牺牲是从麗地纳贡而来。加之前文提到卜辞中，"子"多次在麗地行射，可推知"子"祭祀祖妣所用的牺牲，应是亲自从麗地射猎获得。

灉地在花东卜辞的记载中，既是举行射礼的地点，也是举行祭祀的地点。其作为行射地点前文已有列举，关于祭祀的卜辞如下：

乙夕卜：歲十牛匕（妣）庚，衩鬯五。用。才（在）灉。一（《花东》276）

① （清）阮元校刻：《十三经注疏·礼记正义》，北京：中华书局，1980 年，第 1689 页。

② 宋镇豪：《从新出甲骨金文考述晚商射礼》，《中国历史文物》2006 年第 1 期。

③ 冯时：《中国天文考古学》，北京：中国社会科学出版社，2010 年，第 152 页。

戊卜：岁十豕匕（妣）庚。才（在）灉。一（《花东》284）

乙夕卜：岁十牛匕（妣）庚于灉。用。一（《花东》401）

由此可见，“子”在灉地祭祀妣庚规模很大，用十头牛、十头猪作为祭品，灉地又作为举行射礼的场所，其地势应是十分开阔的。

涅地仅在《花东》7中出现两例，均记载了“子”在该地举行射礼。

综上所述，阺、麗、灉、涅四地都与“子”举行射礼相关，但四地地形、功能不尽相同。阺多指“阺南之丘”，是一处高地，且很可能修有建筑，“子”主要在此地捕猎豕，并用豕祭祀，它是田猎地和祭祀地。麗地环境不清，宋镇豪认为其位于“水泽原野处”①，是“子”亲自射猎祭祀所用牺牲的地方，但并不在此祭祀，仅是牺牲的供应地。灉、涅两地则从字形即可看出皆位于水泽之旁，但两地功能有所不同。灉地不仅举行射礼，而且会举行大规模高规格的祭祀妣庚的活动，但从祭祀牺牲为牛和豕等圈养动物可以看出，灉地举行的射礼，并非捕猎射杀的田猎射，而是祭祀活动的一部分，即射牲。涅地则只举行射礼，不举行祭祀活动。从卜辞“才（在）涅，子弜射于之”可知，“子”在涅举行射礼时，所用之弓为“弜”。《说文·弜部》云：“弜，彊也，重也。”② 即指强劲有力的弓。因此，在涅举行的射礼，实战练习的性质应比灉地举行的射礼更高。由此可见，子射的地点都在户外原野近于水泽之处，且行射与祭祀有着密不可分的联系，《穀梁传·桓公四年》记载：“四时之田，皆为宗庙之事也。”③ 正与商代的子射可以相互印证。

三　子射的主要程式

据传世文献记载，西周时期的乡射礼和大射礼的仪节都是以三番射为基础的。第一番射由乡学中的子弟配耦而射，是教练性质，虽扬旌唱获，但不计算成绩；第二番射则由主宾配耦，大夫与士配耦，众宾配耦而射，是比赛

① 宋镇豪：《从新出甲骨金文考述晚商射礼》，《中国历史文物》2006年第1期。

② （清）段玉裁：《说文解字注》，上海：上海古籍出版社，1988年，第642页。

③ （清）阮元校刻：《十三经注疏·春秋穀梁传注疏》，北京：中华书局，1980年，第2374页。

性质，输的一方要被罚饮酒；第三番射，仪节与第二番射相同，但是加入奏乐，而且行射与奏乐的节奏同步才算有效，是礼仪性质的。三番射毕，还有主、宾与众宾之间的旅酬，作为与射礼相配合的燕飨，也是礼仪性质的。《论语·为政》孔子说："周因于殷礼，所损益，可知也。"① 西周射礼以三番射为主要的仪节程式，在花东甲骨卜辞的子射中也可以寻到踪迹。

前文提到花东卜辞中的"子"举行与射礼相关的祭祀活动在阦、麗、灉、湼四地，但阦地为一处高地，主要进行祭祀活动，虽为田猎地，但卜辞中不见直接与射礼相关记载。麗、灉、湼三地均在水泽原野之旁，商代的弓矢竞射礼，仍以实射动物为主要形式。靠近水泽原野的地方，生存环境良好，正是飞禽走兽聚集之地，而且甲骨卜辞中明确记载了"子"在这三个地点举行射礼。周代的三番射与商代的三地射是有明显联系的，商代在三个地点各竞射一番，从宏观上看，仍是三番射。对此，袁俊杰指出："(三番射与三地射) 二者都以三为礼数之限，商代是以田猎地的野兽飞鸟为竞射目标的，经过一番竞射后，各种鸟兽必然要逃走，因此一个地方只能举行一番射，要完成三番射必定要选在三个地方。"②

将三地三番射按日期整合后，即为：

甲午：在麗，子其射，若。弜射于之，若。

戊戌：在湼，子射，若，不用。子弜射于之，若。

己亥：在灉，子其射，若，不用。弜射于之，若；子……。弜射于之，若；子其射，若，不用。

乙巳：在麗，子其射，若，不用。子弜迟彝弓，出日。叀丙弓用射。叀丙弓用，不用。

丙午：麗，子其射，疾弓于之，若。

戊申：在麗，叀䖵乎匀马，用。叀章乎匀，不用；叀疾弓用射萑，用。叀三人。

癸丑：岁食牝于祖甲，用；岁食牝于祖甲，用。

乙卯：叀白豕祖乙，不用。岁祖乙𤘽权卺一；岁祖乙𤘽一权卺一。

① （清）阮元校刻：《十三经注疏·论语注疏》，北京：中华书局，1980 年，第 2463 页。
② 袁俊杰：《两周射礼研究》，北京：科学出版社，2013 年，第 76 页。

叀白豕祖甲，不用；岁豭祝鬯祖乙，用。

从卜辞不难发现，这一轮竞射的顺序是麗（甲午）→浫（戊戌）→灉（己亥）→麗（乙巳~戊申）[1]。第一番射在麗地，麗地举行的射礼是射猎祭祀所用牺牲，目的性较强。《礼记·射义》记载：“天子将祭，必先习射于泽，泽者，所以择士也。已射于泽，而后射于射宫，射中者得与于祭，射不中者不得与于祭。”[2] 麗地即在水泽之旁，射中祭祀所用的牺牲才能参加祭祀，射不中则无祭品可用，正与《礼记·射义》记载相合。另外，这种以“择士”为目的的射礼重在练习，是教练性质，也与周代射礼的第一番射让乡学子弟练习相同。第二番射在浫地，浫地亦在水泽之旁，在该地举行的射礼以竞射为主，没有其他与祭祀相关的仪程，则与周代射礼第二番射注重竞赛相似。第三番射在灉地，灉地是兼具举行射礼和祭祀两项活动的场所。灉地举行的射礼所射的对象是牛和猪，而非野生动物，重在突出礼仪性，虽仍有竞射的性质，但已不如在浫地（第二番射）那样强烈。周代射礼的第三番射，仪节虽与第二番射相同，但加以配乐，行射要与配乐节奏相合，也是突出礼仪性，弱化竞射性，与花东卜辞中灉地的射礼类似。最后，乙巳至戊申日举行的射礼又回到了举行第一番射的麗地，则类似于周代大射礼的“复射”。

贵族子弟的弓矢竞射，实际上就是学射，一方面经过三个地点不同性质的竞射，其技能需要全面展示检阅一下；另一方面，经过十几天的间隔，飞鸟野兽也恢复了往日的平静，正可以继续行射。三番射结束之后的祭祀活动，正是对三番射成果的展示，是对诸祖诸妣的祭告，重在礼仪性质。周代射礼三番射结束后，主、宾旅酬，是对三番竞射的总结，也是表达对在座宾客的尊敬，亦重在礼仪性质。商代三番射后的祭祀与周代三番射后的酬宾性质相似，可做类比。

《仪礼·乡射礼》记载：“豫则钩楹内，堂则由楹外。”郑玄《注》曰：“今言豫者，谓州学也。读如成周宣榭灾之榭，《周礼》作序。”[3] 可知，豫即州学，也称为榭，《周礼》中叫序。据《孟子·滕文公上》记载：“设为庠序

① 宋镇豪：《从新出甲骨金文考述晚商射礼》，《中国历史文物》2006 年第 1 期。
② （清）阮元校刻：《十三经注疏·礼记正义》，北京：中华书局，1980 年，第 1689 页。
③ （清）阮元校刻：《十三经注疏·仪礼注疏》，北京：中华书局，1980 年，第 999 页。

学校以教之；庠者，养也；校者，教也；序者，射也。夏曰校，殷曰序，周曰庠。”① 因此，商代的学校被称为“序”，即教授贵族子弟学射的场所。通过以上文献可知，序也就是榭，是商代教授贵族子弟习射的学宫。

“”（《合集 27124》）、“”（《合集》27818）二字，钟柏生认为其下部从“射”，隶定为“穷”，释作“榭”②，可知“榭”字在甲骨文中已经出现。《尔雅·释宫》云：“阇谓之台，有木者谓之榭。”郭璞《注》“榭”曰：“台上起屋。”郝懿行《疏》：“台上有木起屋者，名榭。”③ 可见，“榭”是高台上搭建的房屋。《尚书·泰誓》：“惟宫室台榭。”伪孔《传》曰：“土高为台，有木曰榭。”④ 前文提到《说文·丘部》释丘为“土之高也”，对比《尚书·泰誓》记载，可推知“台”与“丘”相同，皆指高地，因此，榭也就是在丘上修建的房屋。宋镇豪指出：“榭是指与祭祀相关的行射礼之宫。”⑤ 这一看法很有见地，我们可以认同商代的射礼也会在高丘上的建筑物中举行。𨸏南丘是近于水泽之处的高地，且在丘上可能建有礼制建筑，而高丘上的建筑物即被称为“榭”，是商代贵族子弟习射的地方。

花东卜辞中“子”举行的三番竞射，先依次在麗、洱、灉三地进行，最后在𨸏南丘举行与射礼相关的祭祀活动。《礼记·射义》记载：“天子将祭，必先习射于泽……而后射于射宫。”⑥ 麗、洱、灉三地就是在水泽之畔，即先习射的“泽”，那么𨸏南丘上的榭应该就是后射的“射宫”。据杨宽考证：“‘射宫’即中间高地上厅堂式的建筑。”⑦ 杨宽说的高地可理解为丘，高地上的建筑即丘上的榭，也证明了𨸏南丘应是商代射宫所在地。

西周时期在辟雍举行射礼，泽为辟雍的大池。《礼记·王制》云：“大学在郊。天子曰辟廱，诸侯曰頖宫。”⑧ 𨸏南丘在郊外，并不在城中，而𨸏南丘的榭，作为贵族子弟习射的场所，位于水泽附近的高地上，可能就是西周辟

① （清）阮元校刻：《十三经注疏·孟子注疏》，北京：中华书局，1980 年，第 2702 页。
② 钟柏生：《释“”》，《中国文字》新 17 期，台北：台湾艺文印书馆，1993 年。
③ （清）阮元校刻：《十三经注疏·尔雅注疏》，北京：中华书局，1980 年，第 2597 页。
④ （清）阮元校刻：《十三经注疏·尚书正义》，北京：中华书局，1980 年，第 180 页。
⑤ 宋镇豪：《从新出甲骨金文考述晚商射礼》，《中国历史文物》2006 年第 1 期。
⑥ （清）阮元校刻：《十三经注疏·礼记正义》，北京：中华书局，1980 年，第 1689 页。
⑦ 杨宽：《西周史》，上海：上海人民出版社，1999 年，第 723 页。
⑧ （清）阮元校刻：《十三经注疏·礼记正义》，北京：中华书局，1980 年，第 1332 页。

雍的原型。

综上所述，花东甲骨卜辞所见的子射仪节程式虽然原始，但也可以在周代礼书中寻到影子。在麗、㳄、灉三地进行三番射，麗地举行的一番射重在子弟教练，㳄地举行的二番射重在竞射，灉地举行的第三番射重在礼仪，最后在麗地举行复射。这仪节程式与西周射礼相比，除了时间更长，行射对象多为野兽飞禽，且在三个不同地方举行之外，其精神内涵与西周射礼的三番射区别不大。阸南丘位于阸地之南的郊外，丘为高地位于水泽之旁，丘上有用于祭祀的礼制建筑，被称为“榭”。榭是商代贵族子弟学习射礼的学校，其位于郊外高地，近旁有水泽，建制与西周时期的“辟雍”环境相近，可能为“辟雍”的原型。因此，从花东甲骨卜辞的子射可以看出，商代射礼虽然较为原始，但其精神内涵至周代亦未改变，可视为周代射礼的雏形与前身，是孔子所说“周因于殷礼”的写照。

第二节　作册般铜鼋与王射

作册般铜鼋为征集品，现藏于中国国家博物馆，是商代末期的青铜器。该铜鼋通高 10 厘米，长 21.4 厘米，宽 16 厘米，重 1.6 千克。该器作立体鼋形，探首，四足外露，尾向左偏，左肩部、背部嵌入四矢。（图 1－8）背甲有铭文 4 行 32 字（一说 33 字），综合各家之说，释文如下：

> 丙申，王𨑨（弋）于洹，隻（获）。
> 王射，㚤射四，率亡（无）灋（废）矢。
> 王令（命）寝（寝）馗兄（贶）于乍（作）册
> 般，曰："奏于庸，乍（作）女（汝）宝。"

1　　2

图 1－8　作册般铜鼋及其铭文拓本

1. 作册般铜鼋　2. 作册般铜鼋铭文拓本

（采自《中国历史文物》2005 年第 1 期）

一　作册般铜鼋铭文考释

关于作册般铜鼋铭文的释读，李学勤、朱凤瀚、王冠英、裘锡圭、袁俊杰等诸多前辈都有精妙论述，现就各家对铭文的不同释读作汇释，并提出浅见。

“丙申，王迖（弋）于洹，隻（获）”。首行这七个字当中，第四个字争议最大。李学勤将其释为“迖”，指出该字“从‘辵’‘戈’声，但‘戈’少了一笔。此字甲骨文习见，也常有少这笔的构形……考虑到其含义有时与狩猎无关……最好从杨树达、陈炜湛等说，读为‘过’，意思是至”①。依李学勤的观点，“王迖于洹”可释为商王来到洹河之泮。但晁福林称：“（李学勤之说）此说虽然不无道理，但甲骨文亦多有不缺笔者。在此铭中，直接说它从弋，写作‘迖’更为合适。……弋则常用作弋射之义了。……作册般鼋这个迖字可以读若‘弋’，指弋射而言。”② 晁福林所言较为合理，“戈”缺笔的情况时有发生，但不缺笔的例子也比比皆是，因此，以缺笔的情况隶定字形、推测字义，不如直接将缺笔的“戈”隶定为“弋”。袁俊杰对此字的隶定初从李学勤之说，后亦认为应隶定为“迖”，取弋射之意③。王冠英同意将该字隶定为“迖”，但认为该字应释为：“‘过’‘後’‘逃’‘弋’等，多是叙述‘王’往来某地的行动，依文例，此字应该是‘巡视’‘巡察’等义。”④ 朱凤瀚的观点与王、李二人相似，但也有明显不同，他认为：“（迖）隶定为‘逊’，从必从辵，此字与此种句式习见于年代相同的商晚期晚叶的黄组卜辞。逊字后世已无，确切字义不详。但从卜辞辞例看，显然应是出行之意。必、比上古音近，比有及、至之意……表明‘逊’实际上含有往于某地

① 李学勤：《作册般铜鼋考释》，《中国历史文物》2005 年第 1 期。下文李学勤关于作册般铜鼋的观点皆出自该文，不再做注。

② 晁福林：《作册般鼋与商代厌胜》，《中国历史文物》2007 年第 6 期。下文晁福林关于作册般铜鼋的观点皆出自该文，不再做注。

③ a. 袁俊杰：《作册般铜鼋所记史实的性质》，《华夏考古》2006 年第 4 期。b. 袁俊杰：《作册般铜鼋铭文新释补论》，《中原文物》2011 年第 1 期。下文袁俊杰关于作册般铜鼋的观点皆出自以上两文，不再做注。

④ 王冠英：《作册般铜鼋三考》，《中国历史文物》2005 年第 1 期。下文王冠英关于作册般铜鼋的观点皆出自该文，不再做注。

还要回归出发地的意思。”[①] 朱凤瀚之说较其他人更为深入，不仅认为逊有及、至之意，而且表示出行，但是重在回归出发地，通过一个字的释读，将商王出行的全过程从出行、到达、返回立体化地呈现出来，还是很有见地的。裘锡圭虽未对该字进行释义，但从字体构形隶定上与朱凤瀚相同，亦隶为“逊”[②]。综上所述，关于该字的隶定可以分类两类，晁、袁二人隶定为“𨑒”释为“弋”，即弋射，其他诸人隶定为“迖”“逊”等，释义为“至”“到”“出行”“回归”等。

第一行第六字则无争议，各家均释为“洹”，即洹水。李学勤指出：“按甲骨文田猎地名甚众，然而未见有洹。”袁俊杰也认为：“文献与甲骨文等材料说明商代确实非常重视田猎，商王行猎地名甚众，但无一处提到洹水。而且这些田猎地都不在商都所在地。从田猎皆要贞问其是否‘往来无灾’的卜辞看，商代的田猎地距都城也应有一定距离。”李、袁二人的看法无疑是对的，商王举行田猎活动并不在王都附近。而众所周知，今天的洹河恰恰流经安阳殷墟遗址，即“洹”就在晚商王都之侧，因此，甲骨文中“洹”不作为田猎之地。由此再看“𨑒”字，“洹”就在王都，在商王的脚下，不会是出行时路过行至、行到洹地，可知𨑒若释为“至”“到”“出行”“回归”之意显然是不妥的。另外，也正是因为“洹”不是田猎之地，又在王都之内，可知“王𨑒（弋）于洹”的这次活动不是田猎，而是礼仪活动，又“洹”指洹水，是水泽环境，与前文探讨花东卜辞中“子”举行射礼的环境类似。《诗·郑风·女曰鸡鸣》有“弋凫与雁”的记载，也是水泽环境，可见弋射应在水泽之旁举行。由此可以推断，将“𨑒”隶定为“弋”，释为弋射，与上下文最为通顺合理。

“王射，𠬸射四”。李学勤句读为“王射”，王冠英、袁俊杰、李凯[③]同之；朱凤瀚则读为“王一射”，裘锡圭、宋镇豪[④]、晁福林皆如是隶定。对铭

---

① 朱凤瀚：《作册般鼋探析》，《中国历史文物》2005 年第 1 期。下文朱凤瀚关于作册般铜鼋的观点皆出自该文，不再做注。

② 裘锡圭：《商铜鼋铭卜释》，《中国历史文物》2005 年第 6 期。下文裘锡圭关于作册般铜鼋的观点皆出自该文，不再做注。

③ 李凯：《试论作册般鼋与晚商射礼》，《中原文物》2007 年第 3 期。下文李凯关于作册般铜鼋的观点皆出自该文，不再做注。

④ 宋镇豪：《从新出甲骨金文考述晚商射礼》，《中国历史文物》2006 年第 1 期。下文宋镇豪关于作册般铜鼋的观点皆出自该文，不再做注。

文的释读是否有“一”，正是该篇铭文32字与33字两说的根据。裘锡圭虽从“王一射”之说，但指出：“‘一’‘三’二字都特别小，大概是制铭文之模时后添的字。”袁俊杰指出：“若隶为‘王一射’，则与下句的‘๑射三’语言习惯不同，要么数字都在前为一射、三射；要么数字都在后为射一、射三。在同一篇铭文中，尤其是紧邻的两个句子中不可能出现前后表述不一致的表述习惯。进而发现一字字体确实很小，且一端与射字连接，按甲骨文、金文、石鼓文弓、射二字，均为象形文字，弓张之形的上端往往有一斜横与弓末梢的箫弭相连，所谓‘王一射’之‘一’字，当可能是由此斜横误读而来。”他进而指出“๑射三”的问题：“第二行第五个字，各家皆释为‘三’，唯王（冠英）文‘射’后加逗，单字为句。并指出：‘射三’可能是‘三射’的合文。我们通过变换底色和复印的深浅度，仔细对比铭文拓本、照片和X光片等图片资料，最终确定其为四条横道的‘四’字……与铜鼋上的箭数及情形相吻合。”这一发现非常重要，释文从“王一射，๑射三”更改为“王射，๑射四”，该句式更为通顺合理，且与铜鼋本身的造型相呼应，但验证其合理性，还需完成对“๑”字的隶定。

李学勤隶定为“๑”释为“赞”，为“助”“佐”之意，即铭文先说“王射”，再说“赞射”，即辅助王射。此说得到宋镇豪、李凯二人认同，皆认为该字应为“赞佐”“佐助”之意。朱凤瀚认为该字应隶为“殂”，从歹，丑声，在本铭中读作“狃”，“狃”有复意，即再也，又也。按朱凤瀚之说，即王先射一箭，再射三箭，分两次完成。王冠英将其隶定为“般”，即作此铜鼋并撰铭文的“作册般”。裘锡圭则觉得各家之说都不甚圆满，直接以方框代替此字。从字义上讲，李学勤“赞佐”之说最为合理，《周礼·夏官·太仆》云：“王射，则赞弓矢。”[①]《仪礼·大射》记载：“君有命戒射，宰戒百官，有事于射者。射人戒诸公、卿、大夫射，司士戒士射，与赞者。……公将射……小射正一人，取公之决拾于东坫上，一小射正授弓拂弓，皆以俟于东堂。……小射正坐奠笥于物南，遂拂以巾，取决，兴，赞设决、朱极三。小臣正赞袒，公袒朱襦，卒袒，小臣正退俟于东堂。小射正又

① （清）阮元校刻：《十三经注疏·周礼注疏》，北京：中华书局，1980年，第852页。

坐取拾，兴。赞设拾，以笥退奠于坫上，复位。……小臣正赞袭。"① 可见，公行射礼时，是有赞者佐助的。但从《大射》所记载的仪节来看，在举行大射礼的时候，有大射正、小射正、司马正、司马师、小臣正等赞佐主公行射，但是，赞者只是全程提供服务，引导行射，未见代替公进行射礼的情况。因此，若该铭的"奴"是王射的赞者，王只射一箭，赞者却射三箭，显然是不合理的。若将该字隶定为"般"，作册般作为史官参与武射，且代王行射，也不符合史官的身份和职责。由此可见，朱凤瀚认为四箭都是商王行射的观点更加合理。正因为四箭均是由商王所射，且每箭都贯穿鼋甲，彰显了商王材力过人的神威，才命人作了这件庸器，并让作册般作文纪念。如此一来，将铭文释为"王一射，狃射三"，即"王先射一箭，接着又连射三箭"，如果这是商代射礼的仪节，一番射一箭，二番射三箭，后世的文献中却完全找不到对这种射礼的记载。如果这只是王射四箭时中间有停顿，并不连贯，则又不能完全体现出商王的武力与射艺，因此，将"奴"隶为"狃"，释为"再、又"也有可讨论的余地。

袁俊杰则认为"奴"从"歺"即"歹"，释为"残"，是残穿的意思，引申为"贯"，可理解为贯革之射，称"贯穿侯既是古代射礼所追求的理想的完美射艺效果，也与铜鼋展示的情形相吻合"。袁俊杰的观点可依《说文·歹部》云："残，贼也。"段玉裁《注》曰："戈部曰贼，败也；奴部，残穿也。"② 依李学勤等人，将该字隶定为"奴"，则确有残穿之意，铜鼋身上的四支箭只露箭尾，说明每支箭都射穿了鼋甲，理解为"贯革"非常合适。另外，《诗·齐风·猗嗟》有："射则贯兮，四矢反兮。"郑玄《注》曰："四矢乘矢……礼射三而止，每射四矢皆得其故处，此之谓复射，必四矢者，象其能御四方之乱也。"③ 因此，贯革是行射的目标，且用四支箭是有象征意义的。《仪礼·乡射礼》也记载："三耦皆执弓，搢三而挟一个。"④ 举行射礼时，三番射是核心，竞射人每番射皆"搢三挟一"，共执四支箭，可见，射四箭是射礼的定制。再看袁俊杰"王射，奴射四"的释读，解释为"王举行射礼，四

---

① （清）阮元校刻：《十三经注疏·仪礼注疏》，北京：中华书局，1980 年，第 1027 ~ 1039 页。
② （清）段玉裁：《说文解字注》，上海：上海古籍出版社，1988 年，第 163 页。
③ （清）阮元校刻：《十三经注疏·毛诗正义》，北京：中华书局，1980 年，第 355 页。
④ （清）阮元校刻：《十三经注疏·仪礼注疏》，北京：中华书局，1980 年，第 999 页。

箭贯穿鼋甲”是最为合理的。

“率亡（无）灋（废）矢”。对该句的解读各家争议不大，可释为“皆命中而没有废矢”。朱凤瀚同时指出：“从作册般铜鼋的文体看，它与西周早期记录大射礼的柞伯簋文体相同，二铭都有‘无废矢’等字句，似已形成固定的专门术语和句式。”朱凤瀚的观点很有见地，从商代晚期到西周早期与射礼相关的铭文都用了相同的文体，这绝非偶然，可视为射礼区别于普通田猎而用的专有文辞，是射礼最显著的语言标识。同时，袁俊杰通过研究得出：“参照铜鼋所中四箭之情形，可知所谓‘无废矢’，不仅射中了目标，而且还深入鼋体几乎贯穿了过去。因此，‘率无废矢’应释义为皆贯穿靶的，没有作废不释的箭。”依朱、袁二人的观点，“无废矢”是商王高超射艺和强大武力的体现。《说文·黽部》云：“鼋，大鳖也。”① 《尔雅翼·释鱼》曰：“鼋，鳖之大者，阔或至一二丈。”②《本草纲目》：“释名：时珍曰：按《说文》云：鼋，大鳖也。甲虫惟鼋最大，故字从元。元者，大也。集解：颂曰：鼋生南方江湖中。大者围一二丈。”③ 通过以上记载可知，鼋的个体很大，若想射穿鼋甲，且整支箭射进鼋的体内并非常人能为，因此，连续四箭贯穿鼋甲是商王射艺和武力的体现。《史记·殷本纪》记载：“帝庚丁崩，子帝武乙立。殷复去亳，徙河北。帝武乙无道，为偶人，谓之天神。与之搏，令人为行。天神不胜，乃僇辱之。为革囊，盛血，仰而射之，命曰‘射天’。……帝纣资辩捷疾，闻见甚敏；材力过人，手格猛兽。”张守节《正义》曰：“《帝王世纪》云：‘纣倒拽九牛，抚梁易柱’也。”④ 商代最后的两位王帝乙和帝纣，《史记》的记载中都着重描述了他们的武力：帝乙能够射天，可见其力量之强；帝纣能倒拽九牛，手格猛兽，也是天生神力。因此，商王对其武力十分重视，对于能表现武力的事非常推崇，能射箭贯穿鼋甲正是武力强大的体现，可知袁俊杰“无废矢”不是一般的射中目标，而是对“贯穿”的特指，这一观点可从。

“王令（命）寝（寝）馗兄（贶）于乍（作）册般”。各家对本句铭文的释读较为统一，认为“寝”即“寝”是管理宫寝的近臣，“馗”是该寝官

---

① （清）段玉裁：《说文解字注》，上海：上海古籍出版社，1988 年，第 679 页。

② （宋）罗愿撰，石云孙点校：《尔雅翼》，合肥：黄山书社，1991 年，第 313 页。

③ （明）李时珍：《本草纲目》，太原：山西科学技术出版社，2014 年，第 1118 页。

④ （汉）司马迁：《史记》，北京：中华书局，1982 年，第 104～105 页。

的私名。“兄”字除裘锡圭释义为“告”外，其他人皆认为同“贶”，释为赐、赠。联系上下文，我们认为王命寝馗将鼋给了作册般，作册般则根据商王的指示，铸造了铜鼋，并铭刻文字，表现商王的武力，那么该字释为“贶”比较妥当。

“曰：‘奏于庸，乍（作）女（汝）宝。’”此句是本篇铭文的最后一句，是商王将鼋赏赐给作册般时说的话，也是争议最大的一句铭文。李学勤、王冠英二位将此句断为“曰：‘奏于庸’，作母宝”，认为“奏于庸”是王对作册般的叮嘱，“作母宝”是作册般铸造这件铜鼋作为献于他母亲的宝物。且将“奏于庸”解释为商王命作册般将捕获鼋的事迹谱成以镛为乐器的乐曲，以显示自己的神威。宋镇豪也认同这一观点，并进一步讨论，认为该音乐用于射后举行飨礼的仪节。但各位的文章中也提到，“奏庸”为敲击大钟，较为常见，但“奏于庸”无论甲骨、金文还是传世文献中均无此说法。另外，作册般是史官，为商王谱曲，铸造表示商王神武的铜鼋并镌刻铭文，都是其分内之事。但是用表现商王神武的铜鼋，作为其母亲的宝器则较难理解，因此，以上说法还需进一步论证。裘锡圭认为“庸”可释为“庸人”即工匠，“奏”释义为“进”，“奏于庸”即“奏于庸作”，也就是将身中四矢的鼋送进庸徒工作之所，以铸造成形象相同的铜鼋。后一句话释为“毋作宝”，即交代作册般在铜鼋上撰文，不必把鼋的甲壳保存下来当作宝物。

商周时期的青铜器被称为吉金，铜直接被称为金，是非常珍贵的东西，青铜器上的铭文也往往记载比较正式、重要的事件。作册般铜鼋是为表现商王神威而被铸造，其上铸刻的铭文若是简单地命作册般将鼋送往铸铜作坊，并且不用把鼋甲当作宝物，似乎过于简单、日常，与铜鼋本身的珍贵性、重要性不符。晁福林针对以上两种观点，也提出了自己的看法：“庸（墉）钟是西周中期开始才行用的乐器，商代后期的铜铙是否可以称为庸，尚未可知。商周时代，以镛钟为主的音乐演奏，似乎并非事实。‘庸’作为庸徒固然可以，但是‘乍’指作坊，于甲骨卜辞难求佐证，就是将‘庸乍（作）’连读，谓指制作庸钟的作坊，也是很难说通的。‘作’为作坊意，晚至汉魏时期才出现，先秦时期并无这种用例。总之，愚以为此句的解释尚可从另一个角度来考虑。”晁福林虽不同意诸位对“奏于庸”的解读，但认同裘锡圭“毋宝”的看法，他解释为古人用龟占卜只是注重龟的灵性，对龟本身并不在乎，并称殷商甲骨在占卜之后，便不被重视随意遗弃，因此，本铭中被商王贯射的大鼋也不会被作为宝物。这一观点尚可商榷，古人重视龟的灵性，但这种灵性是蕴含在龟本身上的，“只重龟的灵性，不在乎龟”的看法如“皮之不存，毛将焉附”，也很难找到实际可靠的证据。另外，晁福林将“奏”释为一种祭礼，认为“铭文‘奏于庸’，其直接意思应当是献牲于庸。具体来说，就是用牲血衅钟镛”，还把血衅祭祀与厌胜联系，将大鼋视作南方地区的物种，象征与商王为敌的南方政权，以大鼋的血衅镛、射鼋等活动都是对南方政权的诅咒。

通过前文分析可知，首先，大鼋是在洹水被捕获的，不能代表南方政权。其次，殷商时期气候比现在更暖，中原地区亦有龟鳖鼋鼍，鼋不是南方地区的特有物种。最后，晁福林前称商代是否有镛不能确定，后又有以鼋血衅镛之说，相互抵牾。因此，此说尚可存疑。关于“奏”祭礼的说法，李凯也认为“奏于庸”可释为“奏与庸”，即奏祭和庸祭两种与音乐有关，但又有浓重宗教色彩的祭祀。李凯为证明自己的观点，引用了大量甲骨文和金文资料，以及前人对奏、庸二祭的研究成果，前后逻辑性较强，但这一看法是建立在作册般为王射的赞，因连中三箭表现优异，被商王赏赐的前提下。但我们已有讨论，作册般是史官，应该不会参加竞射，而且四箭贯穿鼋甲是商王武力强大的体现，从文献记载来看这种天生神力似乎也只是商王才能拥有，作册般不具备这样的力量。所以李凯对奏祭和庸祭的论断虽有精彩之处，但从铭文整体来看还有缺陷。朱凤瀚则认为，甲骨文虽有“奏庸”的记载，但与“奏于庸”语法不同，此处的“庸”不能再释为“镛”，而应释为“庸器”，并引用《周礼》贾公彦《疏》：“庸，功也，言功器者，伐国所获之器也。”“奏”则依《广雅》释为“书也”，也就是记录的意思，“奏于庸”即将商王射鼋的神武事迹记录在庸器上。依朱凤瀚观点可知，庸器可视为战利品，商王在洹水捕获的大鼋，虽不是伐国所获，但视为战利品应是没有问题的，将其铸造成青铜庸器，并记录商王射穿鼋甲的事迹也正是作册般作为史官的职责。因此，综合各家之说，将“奏于庸”释为“记录在庸器上”最为合理，故从朱凤瀚之说。

综上所述，本篇铭文的大意为：丙申日，商王在洹水泮行弋射礼，射得。商王射鼋，连续四箭贯穿鼋甲，没有作废的箭。王命寝馗将此鼋赐予史官作册般，王说：“（将四箭皆贯穿鼋甲的精湛射艺和神勇武力）铭记在庸器上，作为你的宝物。”因此，我们可以看出，这段铭文其实记载了弋射和射鼋两种射礼。鼋可能是在洹水弋射时捕获的，而不是射得的，商王四箭皆贯穿鼋甲应是又一项射礼。

二　作册般铜鼋体现的射礼

关于作册般铜鼋所展示出来的射礼，王冠英认为：“商王要作册般把射获大鼋的事创作成钟乐演奏出来，一方面是为了宣传自己的神武，另一方面可能也跟射礼有关”，“商王百发百中射获大鼋的音乐故事，无疑会给当时的射礼增加新的舞乐”。宋镇豪也说：“此铭记商王帝乙陈列于洹水举行竞射”，也把鼋铭所记史实的性质定义为射礼。王、宋二位虽然认为射鼋事件属于射礼，但还是有浓厚的田猎色彩，并不是真正意义上的礼射。对此，袁俊杰则认为，“整篇铭文……着眼处在射而不在鼋，重点强调的是‘率无废矢’，而不是射获物”，认定作册般铜鼋“是铭功的庸器，而不是庄重神奇又具有实用性的礼器；是颂扬商王射技武功的纪念物，而不是对商王贶赠的纪念物；是整体仿生的写实性极强的再现商王射艺的实物模型，而不是田猎物模型；器铭文是记载射礼的，而不是记载田猎。一句话，铜鼋的铭文与器物造型所反映的史事是商代末期的一次水上射礼活动”。李凯也认为作册般铜鼋是反映晚商射礼的重要材料，对弥补商代射礼的空白价值重大。而晁福林则认为：“这是记田弋之事，并非射礼所为。……无论如何，它与文献所载射礼的情况是有所区别的。”综上，对作册般铜鼋反映的史事有三种看法，即疑似射礼、确是射礼和不是射礼。

对于作册般铜鼋反映的弓矢活动能否称为射礼，要看该鼋是先射后捕还是先捕后射。袁俊杰分析了鼋的生活习性，若是先射后捕，则行射时鼋有伏于水底、向上浮游、岸上爬行三种情况，但四支箭皆从鼋的背部贯穿入体内，是无论如何也不可能实现的。李凯也推测，若是田猎状态，猎物必定是背对田猎者，但作册般铜鼋是面向射者的，而且在田猎时，猎物被一人连续射中四箭难度非常大，因此，作册般鼋应该是被固定在某位置，供商王射，以保证箭无虚发。袁、李二位的看法是可以信从的，若鼋在水中，因水的阻力，射中就很困难，何况要贯穿鼋甲且为连续四箭贯穿，鼋中一箭后潜入水下或游至水泽中央，剩余三箭就无从射出，而且人们也很难再将其捕获。若鼋在陆地，腹部则紧贴地面，参照河北藁城台西村商代遗址 F10 内发现的铜镞箭杆长 85 厘米计①，箭射入鼋的体内只剩箭尾在外，必定将鼋贯穿，如此，箭镞就要插入地面了，这显然是不能做到的。另外，鼋至多中一箭后就会转身逃跑，而作册般铜鼋四箭皆是面对射者被射，也是不现实的。因此，我们可以推测，作册般铜鼋的原型应该是先被捕获，而后固定以供商王行射的。

西周时期的金文常有射鱼的记载，井鼎（《集成》02720）铭文曰："隹七月，王在莾京，辛卯，王渔于𥴗池，乎井从渔。"遹簋（《集成》04207）铭文云："隹六月既生霸，穆穆王在莾京，乎渔于大池。"文献中也有射鱼荐庙的记载。《淮南子·时则训》："季冬之月……命渔师始渔，天子亲往射鱼，先荐寝庙。"②《春秋经·隐公五年》："春，公矢鱼于棠。"③ 可见，射鱼礼在周代是射礼的内容之一。又有《淮南子·时则训》何宁《集释》曰："蛟、夔、龟皆鱼属也。"④ 龟与鼋同属，因此，射鼋应属射鱼礼。龟、鼋等水生动物在商代是被赋予神意的，用龟甲进行占卜是沟通人与鬼神的重要途径，所以鼋是不会被随意猎杀的，而应该有更加神圣的用途，射礼就是一个与祭祀相关的神圣礼仪。

另外，射礼所用的侯和鹄多是动物形象，《周礼·天官·司裘》云："王大射，则共虎侯、熊侯、豹侯，设其鹄；诸侯则共熊侯、豹侯，卿大夫则共麋侯，皆设其鹄。"郑玄《注》曰："谓之鹄者，取名于鳱鹄，鳱鹄小鸟而难中，是以中之为隽。"⑤ 可见，射侯有不同的材质，但不外乎几种兽皮，而鹄本身就是小鸟，因难射中而名为鹄，那么，鼋作为野生动物，用作射侯，应该也是可以的。就鼋的体型而言，四条腿向外张开，圆形的躯体非常适合作为箭靶，鼋甲也比其他材质的侯更难射穿，也更体现商王的神武。

作册般铜鼋身中四矢，这个数目不是偶然的。《仪礼·乡射礼》《大射

---

① 河北省博物馆、河北省文管处台西发掘小组：《河北藁城台西村商代遗址 1973 年的重要发现》，《文物》1974 年第 8 期。

② 何宁：《淮南子集释》上册，北京：中华书局，1998 年，第 431 页。

③ 杨伯峻：《春秋左传注》，北京：中华书局，1990 年，第 39 页。

④ 何宁：《淮南子集释》上册，北京：中华书局，1998 年，第 407 页。

⑤（清）阮元校刻：《十三经注疏·周礼注疏》，北京：中华书局，1980 年，第 683 页。

仪》所记载的“乘矢”“搢三而挟一个”皆指四矢，也就是每人每番要射的矢数，与作册般铜鼋身上的矢数是相同的。另外，作册般铜鼋的形象要表达的中心思想是商王的射艺和武力，而这种神威是通过每支箭都贯穿鼋甲体现出来的。周代的射礼主张“不贯不释”，即射出的箭没有贯穿射侯，是不计入成绩的，这种射礼也被称为“贯革之射”或“主皮之射”，与孔子提出的“射不主皮”相比，明显更加原始。杨宽认为：“射礼与大蒐礼一样，是起源于借用田猎来进行的军事训练。”① 可见，“贯革之射”或“主皮之射”等武射产生的时代早于孔子所说的“射不主皮”，与作册般铜鼋的形象、要表达的思想以及年代更为相符。前文已有讨论，商王这种能够射穿鼋甲的精湛射术被称为“无废矢”。宋镇豪认为“无废矢”是射礼现场赞品论竞射优胜的评语，这一看法很有见地，因为这种对竞射优胜的品评方式一直到西周早期的柞伯簋铭文中也能找到相同的评语，所以，以“无废矢”为品评标准的射礼是传承有序的。

最后，商王在丙申日，先于洹水边弋射，而后举行射鼋，行射的地点目前不好判断，但鼋是有灵性的，因此，射鼋的地点应该是在一个较为神圣的场所。弋射的地点则比较明确，就在水泽之旁。这种仪程见于《礼记·射义》记载：“天子将祭，必先习射于泽，泽者，所以择士也。已射于泽，而后射于射宫，射中者得与于祭，射不中者不得与于祭。”② 按作册般铜鼋铭文记载，商王先在泽（洹水）弋射，后在一个较为神圣的地方射鼋，与《礼记·射义》“先射于泽，后射于射宫”的记载相符，鼋有灵性，射鼋与祭祀活动相关也是可以理解的。

前文讨论的花东甲骨卜辞中，其主人“子”举行射礼的地方也是在水泽之旁，可见，商代射礼的举行地点是有一定制度的。商王在王畿洹水可举行弋射，而“子”虽然是高级贵族，但也只能在更远一点的麗、浮、灉等地举行。射鼋虽然不能完全确定其举行的地点，但很有可能是在离水泽不远的射宫。鼋是水生生物，且射鼋是射鱼礼的一个重要内容，由此，射鼋可与射鱼一同归入泽射之类。

---

① 杨宽：《“射礼”新探》，《西周史》，上海：上海人民出版社，2016年，第773页。

② （清）阮元校刻：《十三经注疏·礼记正义》，北京：中华书局，1980年，第1689页。

综上所述，作册般铜黿的原型是先被捕获，而后被商王行射，这种弓矢活动重在体现贯穿黿甲，以表现商王神勇，因此商王获得了“无废矢”的评价。这与“贯革之射”的射义是相合，又射黿的举行在洹水弋射之后，与《礼记·射义》记载的“先射于泽”也是一致的。可见，作册般铜黿铭文所记载的弓矢活动，不仅仅是射礼，而且包含了弋射和射黿两个部分，射黿又属射鱼礼，可归入泽射之类。

第三节 殷商射礼的特点

通过对花东卜辞和作册般铜黿铭文的梳理，可以发现商代是中国古代射礼的形成时期，射礼的种类开始增多，但并不十分完善，还具有一些原始性，与后世的射礼相比具有显著的特点。

一 种类增多

殷商时期的射礼已不再单一，而是许多种类并存。

首先，以诅咒厌胜为目的的巫射开始形成。巫射是与原始宗教相伴而生的，其出现的年代应该很早，但从文献记载的射天和甲骨文中出现的射帝看，殷商时期以射天、射帝为代表的巫射已经开始形成。

其次，以弓矢竞射为内容的竞技类射礼逐步完善。从作册般铜黿铭文中的弋射与射黿，到花东卜辞中贵族子弟的习射，都有很深的竞射因素，参与者也由商王向贵族子弟推广，射礼成为当时贵族子弟的一门必修课，其日常练习与考核为后来礼射奠定基础。

最后，射牲、射牢等射礼已经出现。《周礼・夏官・司弓矢》："凡祭祀，共射牲之弓矢。"郑玄《注》曰："射牲，示亲杀也。"又《夏官・射人》载："祭祀，则赞射牲，相孤、卿、大夫之法仪。"① 可见周代的射牲礼已经非常完善，则其肇始推测是在殷商时期。殷商甲骨文中有关于射牢的刻辞"其射二宰，叀伊"（《合集》32801，图1－9：1），杨树达认为："余谓此因祭伊尹而射牲也。……据甲骨文有射牢之文，知周之射牲亦因于殷礼也。"② 除此之

① （清）阮元校刻：《十三经注疏・周礼注疏》，北京：中华书局，1980年，第846、856页。

② 杨树达：《卜辞琐记》，《杨树达文集》五，上海：上海古籍出版社，1996年，第4页。

外，还有一例刻辞，是用图画文字和象形文字来表达辞意的，该版刻辞出自《合集》39460，其中部有三个图画与象形文字，大体呈上、下、左下分布（图1－9：2）。日本学者赤冢忠称它为图绘，认为下方一字“表示了山丘之意。其上，高宫中备陈两角多毛之野兽。左侧陈巨首大耳之野猪”[①]。金恒祥同意是祭祀场景，但认为“非丘岳之象”而是“宗庙之象”，“两角之牲，抑或羊也。……故本片乃象祭祀射牲之图画文字”[②]。金恒祥所言更加合理，若是射牲祭祀，有羊是正常现象，《大戴礼记解诂·曾子天圆》记载：“诸侯之祭（牲），牛，曰太牢。大夫之祭牲，羊，曰少牢。”[③] 可见，羊是三牲大牢和羊豕少牢之一，殷商时期射牢和射牲都已经出现，但没有十分明显的区分。

1

2

图1－9　殷商射牢、射牲甲骨刻辞拓本

1. 射牢甲骨刻辞拓本　2. 射牲甲骨刻辞拓本

（1. 采自《合集》32801　2. 采自《合集》39460）

二　原始性很强

田猎和军事训练是射礼的重要起源，殷商的射礼还能看到很多有关田猎

---

① 〔日〕赤冢忠：《殷代祈年祭祀形态的复原》，日本《甲骨学》1961年第9号。

② 金恒祥：《甲骨文·牲图说》，《中国文字》第20册，台北：文艺印书馆，1966年。

③ （清）王聘珍撰：《大戴礼记解诂》，北京：中华书局，1983年，第101页。

和军事的传统。

首先，从地点来看，殷商射礼多在水泽之处举行。花东甲骨卜辞的主人"子"，在当时虽然可能已经在阸地修建了举行射礼的建筑物，但田猎射主要在麗、淠、灉三地，据宋镇豪考证，此三地"当在水泽原野处"①，作册般铜鼋铭文记载商王举行弋射，是在洹水之旁，所射之鼋可能也是在洹水捕获的，正如陈梦家之言："所田之处，多在泽薮与山麓。"②

其次，作册般铜鼋体现的射礼，是以展现商王武力和射艺为核心的，其表现方式就是射穿鼋甲，也即所谓的"贯革之射"。《礼记·乐记》孔子答宾牟贾请问《武》乐为何迟久时说："武王克殷……散军而郊射，左射《狸首》，右射《驺虞》，而贯革之射息也。"③ 可见，贯革之射是比郊射早，而孔子提倡的"射不主皮"也是减弱射礼的军事色彩，因此，作册般铜鼋体现的以贯革为核心的射礼是较为原始的。

第三，以动物实体作为弓矢竞射的目标。花东甲骨文直接与射礼相关的卜辞并没有提到其竞射的目标，但是甲骨文中常出现鹿、豖、羊等动物，加之其举行地在水泽原野之处，应是以水鸟野兽为目标的。作册般铜鼋所展示的射礼则更加直观，除了在洹水泮弋射外，还直接以捕获的鼋为射侯，由商王行射。

以上表明，殷商时期的弓矢竞射礼是较为原始的，属于射礼的初步形成期。

三　仪程初现端倪

射礼既然被称为礼，即有一定的仪节程式，西周时期的射礼仪程已非常完善，这种完善的仪程在殷商时期就初现端倪了。

首先，花东卜辞中的三地射与西周射礼的三番射类似。花东甲骨文记载"子"在麗、淠、灉三地分别举行射礼，通过对三地射礼的射义分析，可以看出三地射与周代射礼的三番射意义是相似的。

---

① 宋镇豪：《从新出甲骨金文考述晚商射礼》，《中国历史文物》2006 年第 1 期。

② 陈梦家：《殷墟卜辞综述》，北京：中华书局，1988 年，第 261 ~ 262 页。

③ （清）阮元校刻：《十三经注疏·礼记正义》，北京：中华书局，1980 年，第 1542 ~ 1543 页。

其次，“先射于泽，而后射于射宫”的思想已经出现。阺是一处可以称为丘的高地，丘上可能修建有礼仪建筑，其位于水泽之旁，这种建筑规制则与周代举行射礼的辟雍相似，可能是辟雍的雏形。“子”先在麗、泞、灉三个位于水泽原野的地方举行射礼，后又在有礼仪建筑的高地“阺”举行射礼，与《礼记·射义》记载的“先习射于泽……而后射于射宫”[①]相同。作册般铜鼋铭文记载的射礼也是先在洹水旁弋射，又举行射鼋，也体现了这一规则。

第三，每番射四支箭的理念，以及“无废矢”的评定标准已经确立。作册般铜鼋身中四箭，当是周代射礼每番射四矢之源。另外，铜鼋身上四矢只露箭尾，表现每箭都贯穿鼋甲，说明“贯革”的思想已经产生。而且商王这种高超的射艺被表为“无废矢”，这一评语与西周早期的柞伯簋铭文的评语相同，证明以“无废矢”作为评定射礼的专业术语至迟于商代晚期已经出现。

在商代的甲骨刻辞中，常见与“射”相关的记载，如射牢、射牲等卜辞，虽有争议，但也显示出“射”在商代的重要性。花园庄东地甲骨的发现，则为我们呈现出一套完整的殷商贵族子弟举行射礼的盛况。花东卜辞中记载的三地射射义与西周射礼的三番射基本相同，阺南丘的环境与后世辟雍构造相似，皆是水畔高地，其上可能修建的礼仪建筑，与“榭”的意义相同，也可证明举行射礼和祭祀的场所在商代已经出现。

作册般铜鼋的发现及铭文的释读，为我们展示了当时商王举行的射礼。铜鼋造型重在体现箭矢贯穿鼋甲，以表示商王射艺精湛、天生神力，与文献记载商王英勇神武相同，这种精湛的射艺被用专业术语“无废矢”评价。另外，花东卜辞记载“子”和作册般铜鼋铭文中的商王，均是先在水泽之旁行射，后在其他地方再射，与“先习射于泽，后射于射宫”的观念相同，可见这种行射的规程也是在殷商时期就已经形成。

然而，商代射礼的种类虽然增加了，但还具有浓厚的田猎、军事色彩，保留有较多的原始性，不过这种原始性逐步降低，“三番射”“获”“无废矢”“贯革”等观念已经出现，西周射礼的许多射义都可以追溯到殷商时

① （清）阮元校刻：《十三经注疏·礼记正义》，北京：中华书局，1980年，第1689页。

期。因此，商代之前，射礼或许就已经存在，但受材料限制我们今天还无法全面了解，而通过对甲骨文和金文的不断深入研究，商代射礼已经能够逐步呈现在我们面前，我们推测殷商时期不是射礼起源的时期，而是射礼形成的时期。

第二章

西周时期的射礼

西周是射礼最为繁荣的时期，武王克商之后以礼治天下，在射礼方面表现为文射性质的郊射取代了武射性质的贯革之射，力图构建一个尊卑有别、长幼有序的礼制社会。西周时期的射礼在商代射礼的基础上，进一步发展演变出郊射、大射、燕射、宾射、乡射等，射礼的仪节程式更加稳定规范，形成了一套完善的制度，为后世历代统治者继承。射礼自此愈加重视仪节，成为服务于王朝统治、区别贵族等级的工具。西周金文较商代普遍变长，对史事的记录也更加详细，据袁俊杰考证："其中记载射礼比较完整、又比较长的专篇铭文有九篇，提到射礼有关内容但比较零星的铭文有十余篇。"[①] 这些铭文涉及大射、宾射、燕射、习射、射牲等礼仪，且大多仪程在传世文献中已无记载，具有重要的史料价值。

第一节　金文记载的大射礼

大射礼始见于西周早期的金文资料，目前有柞伯簋和义盉盖两篇铭文，为研究西周时期大射礼的仪节程式、竞射规则提供了一手材料。

一　柞伯簋铭文考论

柞伯簋（《集成》00486），1993 年出土于河南省平顶山应国墓地 M242[②]。

① 袁俊杰：《两周射礼研究》，北京：科学出版社，2013 年，第 127 页。

② 河南省文物考古研究所、平顶山市文物管理局：《平顶山应国墓地Ⅰ》，郑州：大象出版社，2012 年。

通高 16.5 厘米，口径 17 厘米。器形侈口束颈，腹部两侧有一对兽首耳，下有钩状垂珥，鼓腹圈足，圈足下又加铸喇叭形高座。颈部饰浮雕虎头和云雷纹组成的夔纹，腹部饰云雷纹组成的兽面纹，圈足饰凸目斜角云纹。（图 2－1）簋内底铸有 8 行 74 字铭文。释文如下：

> 隹（唯）八月，辰才（在）庚申，王大射
> 才（在）周。王令（命）南宫逹（率）王多
> 士，师𩁹父逹（率）小臣。王徲（迟）
> 赤金十反（钣）。王曰：“小子、小臣
> 敬又𠬝（臤），隻（获）则取。”柞（胙）白（伯）十
> 爯（称）弓，无灋（废）矢。王则畀柞（胙）
> 白（伯）赤金十反（钣），祒（诞）易（赐）柷见。
> 柞（胙）白（伯）用作周公宝尊彝。

柞伯簋铭文记录了周王举行大射礼，柞伯取得优胜获得周王奖励的史事。经诸多先贤研究，其大致内容已基本清楚，但有几处关键字句及铭文反映的某些问题仍需要作进一步推敲，现对

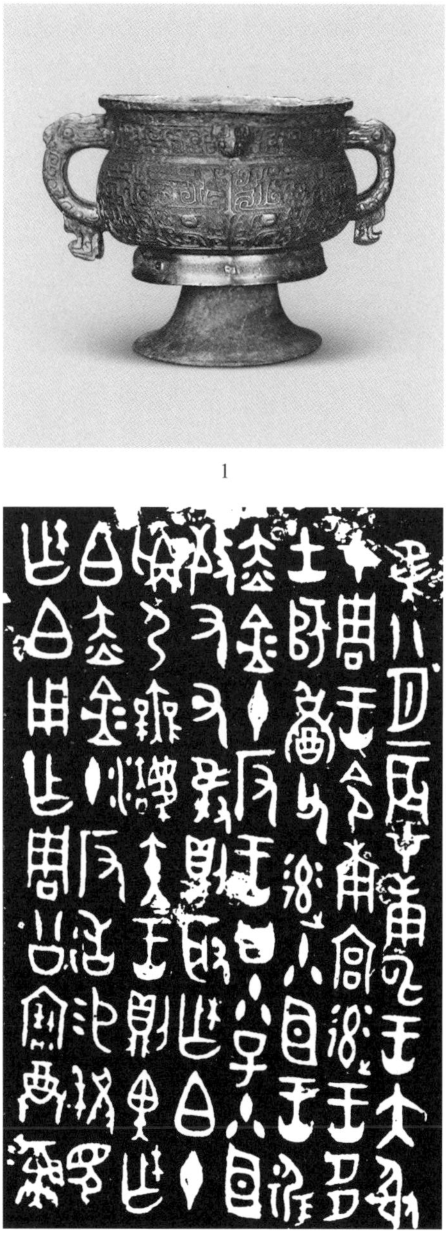

1

2

图 2－1　柞伯簋及其铭文拓本

1. 柞伯簋　2. 柞伯簋铭文拓本

（采自河南省文物考古研究所、平顶山市文物管理局：《平顶山应国墓地Ⅰ》，郑州：大象出版社，2012 年）

柞伯簋铭文通过汇释疏解的方法进行研究。

“隹（唯）八月，辰才（在）庚申”。李学勤指出：“这种纪日形式只流行于西周早期后半至中期，如昭王时令方尊、方彝的‘惟八月辰在甲申’。”① 这一观点将柞伯簋年代的下限定在了西周中期，从器形与铭文字体来看，这一判断无疑是正确的。八月庚申日举行大射礼，应与文献中的秋射相关，《周礼·夏官·诸子》载：“春合诸学，秋合诸射，以考其艺而进退之。”郑玄《注》曰：“学，大学也。射，射宫也。”② 可见，秋季是周天子举行大射礼的时间。另据《礼记·月令》记载季秋之月：“是月也，大飨帝，尝牺牲，告备于天子。……是月也，天子乃教于田猎，以习五戎，班马政。命仆及七驺咸驾，载旌旐，授车以级，整设于屏外。司徒搢扑，北面誓之。天子乃厉饰，执弓挟矢以猎。命主祠祭禽于四方。”③ 季秋之月即九月，该月要举行大飨礼和藉田礼两项大的祭祀。因此，八月举行大射礼，以选择与天子共祭的人才，与《礼记·射义》记载的“先射于泽，而后射于射宫”，“中多者，得与于祭”，“中少者，不得与于祭”④ 相同。

“王大射才（在）周”。此句中的“周”释为“宗周”或“成周”，学界尚有争议。李学勤认为“周”指宗周，即镐京。王龙正等作为应国墓地发掘者，公布柞伯簋资料时，也认为“周”为宗周镐京⑤。但宗德生认为：“周不是东都”，“周不是丰”，“周不是宗周（镐京）”，“西周金文中作为王常居的‘周’这个都邑，作为王都是无疑的，问题在于确定周指的是哪个都邑。除非我们能够否定‘周’有为岐邑的可能，否则的话，一旦承认周确指岐周，那么西周的王都一定得在岐邑。据本文的研究，周别无可指，非岐邑莫属。”⑥ 杨宽通过分析认为：“周即成周的简称，不能据此判断‘周’与‘成周’为二地。”⑦ 以上说法虽对“周”的解读不同，但是一致的是，“宗周”“成周”

---

① 李学勤：《柞伯簋铭考释》，《文物》1998 年第 11 期。下文李学勤关于柞伯簋的观点皆出自该文，不再做注。

② （清）阮元校刻：《十三经注疏·周礼注疏》，北京：中华书局，1980 年，第 850 页。

③ （清）阮元校刻：《十三经注疏·礼记正义》，北京：中华书局，1980 年，第 1379 ~ 1380 页。

④ （清）阮元校刻：《十三经注疏·礼记正义》，北京：中华书局，1980 年，第 1687 页。

⑤ 王龙正、姜涛、袁俊杰：《新发现的柞伯簋及其铭文考释》，《文物》1998 年第 9 期。下文引王龙正等之言，皆出自该文，不再做注。

⑥ 宗德生：《试论西周金文中的“周”》，《南开大学学报（哲学社会科学版）》1985 年第 2 期。

⑦ 杨宽：《中国古代都城制度史研究》，上海：上海古籍出版社，1993 年，第 58 页注⑧。

“岐周”都是西周的都邑，《周礼·夏官·大司马》郑玄《注》曰：“大射，王将祭，射于射宫。”[①] 杨天宇说：“射宫当在都城中，近于公宫，为君与群臣、国子习射之处。”[②] 因此，西周的大射礼是在都邑的射宫举行的，目前学界多认为是在宗周的射宫。

“王令（命）南宫逹（率）王多士，师𩛥父逹（率）小臣”。王龙正等列举“南宫”作为人称的三种解释，一为王太子或王子之一；二为南宫适（或作括）的氏名；三为官职名，相当于《周礼》中的宫官。王龙正等依从第三种观点，认为“南宫”与《周礼·天官》中的宫伯相当，引《尚书·顾命》云：“大保命仲桓、南宫毛俾爰齐侯吕伋，以二干戈虎贲百人逆子钊于南门之外。”将“南宫逹（率）王多士”释为南宫率领周王属下的众多武士。同时认为“师𩛥父”，官职为师氏，字𩛥父。既为武官，又兼大学教官。“小臣”是众多年轻的奴隶，“师𩛥父逹（率）小臣”即师𩛥父率领众多年轻的奴隶。李学勤则认为：“南宫不称名，应系周朝王子，不是像南宫适那样的南宫氏。……多士包括卿、大夫、士等王朝众臣，‘师𩛥父率小臣’，‘师’，官长之称。‘小臣’则包括小臣、仆人在内。”依李学勤之言，该句铭文即释为“南宫率领朝中各位卿大夫士，命师𩛥父率领小臣仆人”。冯时同意将南宫释为周朝王子，但认为“多士”则指周朝王族子弟，“师𩛥父”是“孤卿大夫”一级的贵族，“小臣”则泛指王臣，将铭文释为周王宗室与王臣两队较射[③]。

三种观点相比而言，冯时之说更为合理。南宫是王子，多士是王族子弟，师𩛥父是高级王臣，小臣是低级王臣。王子率领王族子弟，高阶王臣率领低阶王臣，举行弓矢竞射礼，应是十分合乎逻辑的。但是，结合后文可知，王族子弟柞伯十射十获赢得周王奖励，并不见与王臣较射的情况。另外，“小臣”当不能释为年轻的奴隶，本铭的大射礼是周王亲自主持的弓矢竞射活动，即使做服务工作，也不是奴隶能够参与的。《周礼·夏官·太仆》云：“王射，则赞弓矢。”又《小臣》云：“凡与大事，佐大仆。”[④] 可知小臣是大仆的助

① （清）阮元校刻：《十三经注疏·周礼注疏》，北京：中华书局，1980 年，第 839 页。

② 杨天宇：《礼记译注》，上海：上海古籍出版社，2004 年，第 838 页注②。

③ 冯时：《柞伯簋铭文剩义》，《古文字研究》第二十四辑，北京：中华书局，2002 年，第225～228 页。下文冯时关于柞伯簋的观点皆出自该文，不再做注。

④ （清）阮元校刻：《十三经注疏·周礼注疏》，北京：中华书局，1980 年，第 852 页。

手，周王举行射礼时，要给周王赞助弓矢。《仪礼·大射》载：“小臣设公席于阼阶上……小臣师纳诸公卿大夫。”郑玄《注》曰：“小臣师，正之佐也。”① 因而，小臣确实服务于大射礼，且小臣之长为小臣正，副手为小臣师，各司其职，共同为大射礼服务。指挥小臣的是司马、射人以及大仆，司马主管射政，射人辅佐司马，大仆则统领小臣等执事人员。由此可知，冯时的看法虽然合理，但不十分准确。小臣确为王臣，但只为大射礼提供服务，而不参加竞射，更不会与宗室子弟较射；师𩛥父确是比小臣等级高的王臣，但若是兼任太学教官的武官，则应统领在太学学习的宗室子弟“王多士”。而师𩛥父统领“小臣”，则其应是统领执事人员的大仆或射人，故就对“小臣”的解读而言，李学勤看法可从。因此，综合各家观点，该铭释义应为“王命南宫率领王族子弟，师𩛥父率领射礼的执事人员”。由此可推，此次周王主持的大射礼，是在太学学习的王族子弟内部举行的以习射为目的的竞射，师𩛥父统领的小臣是为大射礼提供服务的执事人员。

“王徲（迟）赤金十反（钣）”。“徲”，王龙正等认为：“从彳，尸（夷）声，可与遗字相通，训为赠予、给予。”李学勤则隶定为“迟”，认为“训为待，句子意思是王悬赏十块饼金以待”。冯时认同将其读作“迟”，但字形隶定为“遲”。陈剑认为“迟”似当读作“尸”或“矢”，训为“陈”，“尸、矢和陈列的陈音近义通”，“把迟直接读为‘陈’也未尝不可。不管认为‘迟’具体和哪个字相同，‘王迟赤金十钣’都可以理解为‘王陈赤金十钣’”②。陈剑的观点较为合理，“迟”与“夷”“尸”相通，皆有陈列、安放之义，故该字隶定为“徲”，读作“迟”“尸”“夷”均可，释义为陈列、安放最为合理。联系上下文可知，十钣赤金是周王为大射礼优胜者准备的奖品，在竞射结果出来之前，并不知道要赐予何人，只能是先在此陈放。因此，“徲”若释为赠予、给予，则缺失宾语，故释为陈列、安放合理。

“王曰：‘小子、小臣敬又[illegible]，隻（获）则取。’”这句铭文的断句和释义在学界分歧最大。王龙正等释读为“小子、小臣，敬友，又获则取”，认为

① （清）阮元校刻：《十三经注疏·仪礼注疏》，北京：中华书局，1980 年，第 1029 页。

② 陈剑：《柞伯簋铭补释》，《传统文化与现代化》1991 年第 1 期，注③。下文陈剑关于柞伯簋的观点皆出自该文，不再做注。

"'敬友'原是兄弟之间互相尊敬友爱的礼仪","同时也是贵族子弟乃至贵族阶层遵守的行为规范"。"'又'有重复与再的意思,与上文'又(友)'的写法有别。'隻'即获的本字。在射礼中用箭射中侯称获。'又获'即连续重复射中侯"。但就字形而言,前面的"又"铭文为"□",而本铭为"□",二者字形差距较大,即便皆可释为"又",但金文中连续两个相同的字以重字符代之,不会书写两遍,因此,若将两字均隶为"又",似有不妥。

李学勤释为"小子,小臣敬有夬,获则取",认为"'小子小臣'在此不可连读","'夬'本义即射箭时用以钩弦的扳指,古书多作'决'。句意是说执事的小臣已准备好扳指,可以开始射箭"。"'获'即射箭中侯(靶),故得取王所悬赏赤金十钣。"涂白奎从之,认为"刻意地把著于手指上的物体刻画的比较圆,而且只著于一指","此钩弦之'决'着于'又'之中画,可知甲金文'夬'字是以中画为大拇指的"①。但若释为"夬",则前后语句不通,决只是射礼用具中的一个小件,虽然重要,但也没有达到需要用恭敬的态度去戴扳指的程度,更不用周王亲自过问关于小小的"决"的事宜。另外,扳指是私人物品,每人所戴的扳指尺寸不同,不可能由小臣提前准备好,从《仪礼·大射仪》所记小射正"取公之决,拾于东坫上"也可看出,除了周王的决由小射正提前备好之外,其他人都是自行准备的。因此,将"□"释为"夬"也不十分妥当。

陈剑释读为"小子、小臣,敬有□获则取",认为"□"读为贤,"在古代有'多于''胜过'一类的意思"。"获"即射中目标,把"有贤获"解释为"射中目标的次数比别人多",或直接解释为"有比别人更多的算筹"。"'敬有贤获则取'即恭敬而又射中次数多的人可以取得这赤金十钣。"葛英会亦从陈剑之言,同时认为"□"字形、音义与将指这个名称有关,贤字读音由"将指"的将读音而来②。"□"字形虽与"贤"字相似,然而就射礼的仪节来说,敬与贤获不是同时进行的。敬是一种恭敬谨慎的心态,运用于行射之时;贤是射毕后唱获、释获的结果,优胜者为贤。《礼记·射义》:"故射者,进退周还必中礼。内志正,外体直,然后持弓矢审固。持弓矢审固,然

① 涂白奎:《"亡□"非"无吝"说》,《河南大学学报(社会科学版)》2012年第4期。

② 葛英会:《说甲骨、金文中的□字》,《纪念王懿荣发现甲骨文一百周年论文集》,济南:齐鲁书社,2000年,第110~115页。

后可以言中。此可以观德行矣。”① 可见，“敬”可指“内志正”，而“贤”则是“然后可以言中”之后的结果，结合本铭，柞伯此时还未行射，故还不能判断其是否能射中，是否称“贤”，因此，“敬”和“贤”不能并行。

徐锡台释读为“小子小臣，敬有佑”②。宋镇豪从之③。此说与王龙正等之说类似，皆因字形而误，二“叉”连文不符合金文重文不重书的范例。冯时释读为“小子、小臣，敬有叉，获则取”，认为“叉”同“挟”，“有”同“其”，“敬有叉”即“敬其挟”，并与射仪“搢三挟一个”联系，其意为“周王劝勉参射者认真行射，胜者得赏”。冯时之说颇有道理，将“[illegible]”隶为“叉”，释为“挟”，“搢三挟一”即腰中插三支箭，手里挟一支箭，是礼射之前行拜礼的动作，正好与“敬”相合。但是从字形上看，“叉”字的指示符在两手指之间，与本铭形构不同。

张亮称前人之说“刻意联系礼书”，认为“倒不如从时代相近的文献中寻找此字的释义”，因此，将“[illegible]”隶定为“毖”，释为“慎”，“获则取”是周王训诫的内容，故这句铭文的含义为“小子、小臣，汝等敬慎，我有告诫”④。此说看似合理，但在文中并没有说明将“[illegible]”隶定为“毖”的原因，不知是形构相同还是表意相似。

袁俊杰则认为“[illegible]”是一个表意字，在甲骨文中已经出现，又比照郭店简，将其隶定为“臤”，释为“贤”，训为牢固，“于本铭即持弓矢审固”。袁俊杰虽将该字也释为“贤”，但并没有将贤与优胜挂钩，而是用了贤的本字“臤”⑤。《说文·臤部》云：“臤，坚也。……古文以为贤字。”段玉裁《注》曰：“谓握之固也，故从又。”朱骏声《说文通训定声》曰：“持之固也，与掔略同。”又《说文·手部》云：“掔，固也。”段玉裁《注》曰：“掔之言坚也，紧也。谓手持之固也。”⑥ 依此，将“[illegible]”隶定为“臤”，释为坚固、牢

① （清）阮元校刻：《十三经注疏·礼记正义》，北京：中华书局，1980年，第1686页。

② 徐锡台：《应、申、邓、柞等国铜器铭文考释》，《容庚百年诞辰纪念文集》（古文字研究专号），广州：广东人民出版社，1998年。

③ 宋镇豪：《从新出甲骨金文考述晚商射礼》，《中国历史文物》2006年第1期。

④ 张亮：《柞伯簋铭文补释》，《河南科技大学学报（社会科学版）》2018年第1期。下文张亮关于柞伯簋的观点皆出自该文，不再做注。

⑤ 袁俊杰：《再论柞伯簋与大射礼》，《华夏考古》2011年第2期。下文袁俊杰关于柞伯簋的观点皆出自该文，不再做注。

⑥ （清）段玉裁：《说文解字注》，上海：上海古籍出版社，1988年，第118、603页。

固是可以解释通的，且可特指手“握”“持”牢固这一动作。“敬”是一种恭敬谨慎的态度，“[illegible]”手中持弓牢固的姿势，“敬又[illegible]”则表示了良好心态与身姿，是由内而外相得益彰的。这是行射之前的准备，身心结合是射获的前提条件，二者正是同时进行的，比将“贤”释为行射的结果要合理。敬是“内志正”，臤是“外体直”，二者正好相合，因此，将“[illegible]”隶定为“臤”，释为坚固、牢固，正是文献中“持弓矢审固”的体现。

关于“小子”指代对象，王龙正等认为“在本铭文中，前面称‘王多士’，后面又改称‘小子’。这种混用两种称谓的现象，可能是在这些人中间还有不能称士者。”王龙正等前文称“王多士”是周王的警卫，后又言是与小子相同的宗室子弟，前后抵牾。李学勤认为：“当时‘小子’等词如系自称，是表示谦卑；如称他人，则是长上的口吻，并不意味被称呼者年纪幼小。”袁俊杰同意此说，认为小子是周王室子弟，并进一步论证：“本铭‘王多士’是柞伯记述包括他本人在内参射的周王子弟的称谓，‘小子’是柞伯记述周王发表命辞时对参射的宗族子弟的称谓，二者所指对象相同。”即“王多士”是柞伯对王族子弟的称谓，“小子”是周王对王族子弟的称谓。严志斌说：“在商周金文中，‘小子’往往是与‘大子’相对而言的，‘大子’是大宗之长，小子是从本家分出去的从属于大宗的分族族长，即小宗之长。”[①] 张亮则认为“小子”地位与“小臣”无异，皆是身份较为低下的射礼执事人员。除张亮之说外，无论王族子弟说或小宗宗主说，皆认为“小子”是地位较高的贵族，相当于殷商花东卜辞中的“子”，与“王多士”指代相同人群应是较为合理的。倘若“小子”“小臣”皆是射礼执事人员，则其不可能参加射礼，也不会被周王劝勉“持弓矢审固”了。“获则取”是周王对参加弓矢竞射的王族子弟的许诺，“获”即射获、射中，《仪礼·乡射礼》：“获者坐而获。”郑玄《注》曰：“射者中则大言获。获，得也。射讲武、田之类，是以中为获也。”[②] 因此，“获则取”即射中优胜者就可取得（十钣赤金），若“小子”“小臣”皆是射礼执事人员，就不会得到周王“获则取”的许诺。

“柞（胙）白（伯）十爯（称）弓，无灋（废）矢”。“柞”为国名，即

---

① 严志斌：《关于商周“小子”的几点看法》，《文物春秋》2001 年第 6 期。

② （清）阮元校刻：《十三经注疏·仪礼注疏》，北京：中华书局，1980 年，第1000 页。

文献中的胙国。《左传·僖公二十四年》记载："凡、蒋、邢、茅、胙、祭，周公之胤也。"[①] 传世郳友父鬲（《集成》00717）及2002年小郳国墓地M1出土的郳友父鬲[②]铭文均有"[illegible]"字，诸位专家认为该字从乍从刀从肉，隶定为"胙"，李学勤认为"古国名有时有不同的写法"是很有见地的，"胙"与"柞"相同，均指胙国。"爯"，王龙正隶定为"偁"，李学勤隶为"爯"，但均训为"称"，释为"举"，此说可从。《说文·冓部》："爯，并举也。"段玉裁《注》曰："凡手举，字当作爯。凡偁扬，当作偁。凡铨衡，当作称（稱），今字通用称（稱）。"[③] 因此，本铭隶为"爯"，释为"举"是无误的。"无废矢"是评定射礼结果的专业术语，即每箭贯穿，没有未射中的箭，前文关于作册般铜鼋铭文考释时已有讨论，不再赘述。因此，此句铭文可释为"柞伯举弓，十射十中，没有未射中的箭"。

"王则畀柞（胙）白（伯）赤金十反（钣），徣（诞）易（赐）柷见"。"畀"是给予的意思，即王将十钣赤金给予柞伯。"徣（诞）易（赐）柷见"则争议较大，王龙正等认为"'徣'即'诞'，训为'信'"，"在铭中读申，是重、又的意思"，"'柷'即柷，柷亦作椌，为乐器"。"见"音"檷"，"而间又与柬、官相通"，故见"亦可释为管或鰊（训小鼓），均为乐器"。此说对"徣"的释读可从，周王赏赐柞伯赤金十钣，又赐"柷"是比较合理的。但是从字形看，"柷"从"禾"而不从"木"，不可隶定为"柷"。另外，"见"音虽为"檷"，但与"鰊"音不同，因此，"见"亦不可释为乐器。宋镇豪释读为"出易（锡）柷（贶）见"[④]，将"柷"释为"贶"，其意为赠、赐，则与前文的"易（锡）"重复。李学勤释为"遂锡柷虎"，认为"'柷虎'就是柷敔"。"王在赐柞伯赤金十钣之外，又以现场的乐器赏赐给他。"但是，因行射取得优异成绩而被赏赐礼乐器的例子是没有的，礼乐器被视为国之重器，非特殊缘故是不能赠予他人、他国的。《左传·成公二年》："新筑人仲叔于奚救孙桓子，桓子是以免。既，卫人赏之以邑，辞。请曲县（悬）、

① （清）阮元校刻：《十三经注疏·春秋左传正义》，北京：中华书局，1980年，第1817页。
② 枣庄市博物馆、枣庄市文物管理办公室：《枣庄市东江周代墓葬发掘报告》，《海岱考古》第四辑，北京：科学出版社，2011年，第146页。
③ （清）段玉裁：《说文解字注》，上海：上海古籍出版社，1988年，第158页。
④ 宋镇豪：《从新出甲骨金文考述晚商射礼》，《中国历史文物》2006年第1期。

璎珞以朝，许之。仲尼闻之，曰：‘惜也！不如多与之邑，唯器与名不可以假人，君之所司也。名以出信，信以守器，器以藏礼，礼以行义，义以生利，利以平民，政之大节也。若以假人，与人政也，政亡，则国家从之，弗可止也已。’”[①]《史记·鲁周公世家》记载：“民不知君，何以得国！是以为君慎器与名，不可以假人。”[②]“器”即礼乐之器，“名”即义节，象征国家政权，宁可赠送城邑，也不能将礼乐器举以予人。因此，将本铭隶为“柷敔”，释为周王将乐器赐予柞伯有待进一步论证。

袁俊杰将“柷”释为地名，甲骨文中已经出现，是商王的狩猎区。“‘见’可能与监同义”，“亦可能假为‘献’，古训为‘进’‘贡’，意谓臣下对君上致物纳贡”。《礼记·射义》记载：“数有庆而益地，数有让而削地。故曰：射者，射为诸侯也。”[③]可见，竞射优胜者能够获得土地作为奖励，失败者则会被削减土地。另据唐兰《西周青铜器铭文分代史征》统计，有关周王赏赐土地采邑铭文的青铜器有十余件[④]。由此可以得出，其一，周王以土地封赏诸侯较赐予礼乐器更为普遍；其二，射礼的优胜与封赏土地挂钩；其三，本铭“柷”自商代起就是田猎区。因此，“柷”释为地名，周王将此田猎区封赏给竞射优胜的柞伯是可以理解的。对“见”的释读，释为“监”比假为“献”更加合理。《说文·见部》云：“见，视也。”段玉裁《注》曰：“浑言之，则视与见，闻与听一也。”[⑤]《尔雅·释诂》曰：“监、瞻、临、莅、俯、相，视也。”[⑥]可见，“见”“监”均释为“视”，有监视、监管的意思，周初在殷墟周边设三监即为此意。柞伯被赏赐的柷地是商代的狩猎区，也是殷商故地，需要监管无可厚非，柞伯凭借精湛的射术取得了这一地区的监管权。柷地既然是狩猎区，柞伯又善于射猎，在此处的射猎所得定要进献周王，袁俊杰将“柷”释为“献”恐是需要进一步引申的，故此铭的“见”训为

① （清）阮元校刻：《十三经注疏·春秋左传正义》，北京：中华书局，1980年，第1893～1894页。

② （汉）司马迁：《史记》，北京：中华书局，1982年，第1543页。

③ （清）阮元校刻：《十三经注疏·礼记正义》，北京：中华书局，1980年，第1687页。

④ 唐兰：《西周青铜器铭文分代史征》，上海：上海古籍出版社，2016年，第126、130、231、304、305、311、488、514、526、536、605页。

⑤ （清）段玉裁：《说文解字注》，上海：上海古籍出版社，1988年，第407页。

⑥ （清）阮元校刻：《十三经注疏·尔雅注疏》，北京：中华书局，1980年，第2575页。

“监”，取监管之意即可。

“柞（胙）白（伯）用作周公宝尊彝”。此句为金文常用的结束语，胙国始封君为周公之子，因此，柞伯用竞射所得周王赏赐的十钣赤金，铸造了用以祭祀周公的簋。

综上所述，柞伯簋铭文的大意可释读如下：

在八月庚申日，周王在镐京举行大射礼。周王命王子南宫率领王族子弟竞射，师醽父率领小臣等射礼执事人员提供服务。周王陈列了十钣红铜作为奖品，说：“小子、小臣，你们心态要恭敬谨慎，动作要持弓牢固，若能射中，就取走这十钣红铜。”柞伯举弓行射，十发十获，没有未中的箭。周王就将十钣红铜奖励给了柞伯，并将狩猎区柷地一并封赏，交由柞伯监管。柞伯因此铸造用以祭祀周公的铜簋，以作纪念。

二　义盉盖铭文考论

义盉盖（《集成》09453）也是一件明确记录大射礼的青铜器，1984 年出土于陕西省长安县（现西安市长安区，后同）沣西大原村西周墓地 M304①，为西周中期穆王器②，器身缺失，只剩器盖。器盖通高 7 厘米，直径 18.8 厘米。顶部呈球面，正中有半环形钮，一侧有环，环中残存铜链。器盖沿内折为子口，周沿饰有以云雷纹为底面的鸟纹，云雷纹上下各饰一圈弦纹。盖内有铭文 5 行，含重文共 51 字。（图 2-2）综合各家意见，释文如下：

> 隹（唯）十又一月既生霸甲申
> 王才（在）鲁，卿（佮）即（饮）邦君、者（诸）厌（侯）、正、
> 有嗣（司）大射，义蔑厝（历），眔于王
> 逑（仇），义易（赐）贝十朋，对扬王休，用
> 乍（作）宝尊盉，子子孙其永宝。

① 中国社会科学院考古研究所沣西发掘队：《1984 年沣西大原村西周墓地发掘简报》，《考古》1986 年第 11 期。

② 袁俊杰：《两周射礼研究》，北京：科学出版社，2013 年，第 148 页。

图2－2　义盉盖铭文拓本
（采自《商周青铜器铭文暨图像集成》14794，以下简称《铭图》）

“隹（唯）十又一月既生霸甲申，王才（在）鲁”。“隹”句首发语词。“霸”《说文·月部》释曰：“月始生魄然也。”段玉裁注：“月初生明为霸……死霸，朔也；生霸，既也。”① 由此，“霸”指月为盛明时所发出的光。又据王国维《生霸死霸考》所考，“既生霸”乃“谓自八九日以降至十四五日也”②，也就是自上弦月至满月的这一段时间。“甲申”为在既生霸这段时间内的一天，即十一月的甲申日。“王在鲁”亦见于鲁尊铭文（《集成》05974），作：“王在鲁，蔡赐贝十朋，对扬王休，用作宗彝。”顾颉刚认为该铭中的“王”是周公，并说：“列代周王，无论在西周还是东周，都没有到过鲁国”，又称：“除了《古本纪年》商王南庚、阳甲居奄（鲁）外，绝没有一个王到鲁的。”③ 但这一观点并没有得到学界的一致认同，王慎行认为：“后世之人但闻有周公南面称王之事，而不知有冢宰总几之礼。遂曲解《尚书》‘孺子’一词，以为成王年幼不能践祚……这就是周公摄政称王说的依据和根源。”④ 杨朝阳也不认同周王称王的观点，认为“成王亲自参加了周初的这些征伐行动（克殷践奄）”，鲁尊“所记即周成王在鲁事”⑤。鲁尊的年代《集成》定为西周早期或中期，与义盉盖年代相仿，所言的“鲁”也应是同一地点，都可证明周王到过鲁国，即周初践奄后在曲阜建立的鲁国。

“卿（佮）即（饮）邦君、者（诸）医（侯）、正、有嗣（司）大射”。

① （清）段玉裁：《说文解字注》，上海：上海古籍出版社，1988年，第313页。
② 王国维：《生霸死霸考》，《观堂集林》，北京：中华书局，1959年，第21页。
③ 顾颉刚：《周公执政称王》，郭伟川编：《周公摄政称王与周初史事论集》，北京：北京图书馆出版社，1988年，第16～63页。
④ 王慎行：《周公摄政称王质疑》，郭伟川编：《周公摄政称王与周初史事论集》，北京：北京图书馆出版社，1988年，第173～186页。
⑤ 杨朝阳：《周公东征史实诠说》，《史学月刊》2000年第6期。

“卿”发掘简报释为“乡”[①]，或是因“卿”与“鄉”形似之误。李学勤读为“会”[②]，刘雨[③]、袁俊杰隶定为“卿”[④]，读为“佮”。唐兰释读静簋、匽侯驭方鼎、令鼎铭文时，将“卿”直接读为“合”[⑤]。会、佮、合三字字义可通，《说文·人部》云：“佮，合也。从人，合声。”又《亼部》：“合，亼口也。”段玉裁《注》曰：“引申为凡会合之称。《释诂》曰：‘敆、郃、盍、翕、仇、偶、妃、匹、会，合也。’”[⑥] 可知，佮与合通，合与会通，因此，将“卿”释为会、佮、合均不影响其表意。义盉盖、静簋（《集成》04273）、匽侯驭方鼎（《集成》02810）、令鼎（《集成》02803）铭文均出现“卿”字，且四篇铭文皆记载了举行射礼的活动，《周礼·夏官·大司马》记载：“若大射，则合诸侯之六耦。”[⑦] 可知，“合”专指会合、匹合射耦。“即”读为“饮”，合饮与长由盉（《集成》09455）铭文中的“仇饮”相同，陈剑认为是辅助义[⑧]，其说可从。“邦君”一词在出土文献和传世文献中均较为常见，任伟对其有较为深入的研究，总结“关于‘邦君’的身份，目前学界主要有以下几种意见：1. 为王畿内小国国君；2. 为畿内贵族封建主；3. ‘邦君’即为诸侯；4. 为管理王畿采地之官。”通过分析认为“周初‘邦君’是对众邦之君的泛称”，西周大规模分封之后，“邦君”有两层含义“一类是被周王‘授土授民’的新封之邦，其封君爵位多为‘侯’，故泛称诸侯；另一类是在原有的邦国范围内重新被周册命的众邦，其君爵称较为复杂故仍沿旧俗称其为‘邦君’。”[⑨] 简言之，邦君包括诸侯和邦君两类，新封爵授土者被称为诸侯，新封爵、授旧土者被称为邦君。

刘雨也认为邦君和诸侯是不同的概念，认为“铭中邦君与诸侯分叙，其

---

① 中国社会科学院考古研究所沣西发掘队：《1984 年沣西大原村西周墓地发掘简报》，《考古》1986 年第 11 期。

② 李学勤：《柞伯簋铭考释》，《文物》1998 年第 11 期。

③ 刘雨：《西周金文中的射礼》，《考古》1986 年第 12 期。

④ 袁俊杰：《两周射礼研究》，北京：科学出版社，2013 年，第 149 页。

⑤ 唐兰：《西周青铜器铭文分代史征》，上海：上海古籍出版社，2016 年，第 368、467、237 页。

⑥ （清）段玉裁：《说文解字注》，上海：上海古籍出版社，1988 年，第 374、222 页。

⑦ （清）阮元校刻：《十三经注疏·周礼注疏》，北京：中华书局，1980 年，第 839 页。

⑧ 陈剑：《据郭店简释读西周金文一例》，北京大学中国古文献研究中心：《北京大学中国古文献研究中心集刊》第二辑，北京：北京燕山出版社，2001 年，第 378～396 页。

⑨ 任伟：《西周金文及文献中的“邦君”及相关问题》，《中原文物》1999 年第 4 期。

区别可能是以是否受了周王封建为主”[①]。袁俊杰认为陈、刘二人的观点值得参考，但更赞同刘雨的看法，并进一步细化邦君的概念为“商周时期边疆地区分布的异邦小国之君，也就是未受周王分封的邦国之君”[②]。两周时期，守有疆土但未受分封的非姬姓小国很多，如东夷地区的小邾国，《左传·庄公五年》记载：“秋，郳犁来来朝，名，未王命也。”又《春秋经·僖公七年》云：“夏，小邾子来朝。”杜预《注》曰：“郳犁来始得王命而来朝也。”[③] 可知郳犁来是小邾国的封君，但鲁庄公五年（公元前689年）尚未受到周王册命封爵，故《春秋》经传直书其名，到鲁僖公七年（公元前653年），郳犁来受到周王册命之后，才有了爵位，被称为“小邾子”。据《世本·三皇世系》：“陆终娶于鬼方氏之女，谓之女嬇，生子六人……五曰安，是为曹姓，曹姓者，邾是也。”[④] 因此，小邾国国君为曹姓，是陆终祝融的后裔，且早期未受周王封爵，正是“异邦小国之君”，应被称为邦君。2002年，山东省枣庄市山亭区东江村发现春秋早期的小邾国墓地，二号墓出土邾君庆壶铭文：“邾君庆作秦妊礼壶，其万年眉寿，永宝用。”[⑤] 该墓系春秋早期，此时小邾国国君未受周王册命，所以出土的铜壶铭文称“邾君庆”，也可证明，未受册命的异邦小国之君被称为“邦君”。“正”和“有司”都是官员的泛称，“正”的级别要高于“有司”。“大射”即“大射礼”。综上，该句铭文即讲义协助周王在鲁国合邦君、诸侯、官员举行大射礼。鲁国地处东夷地区，建立在奄国故土之上，奄国“既为殷商东方很有势力的属国，因而也成了周初社会动荡中的活跃力量”[⑥]，与鲁国近邻的邾国、小邾国等国多是奄族的分支[⑦]。因此，周初践奄之后，周王在奄国故土建立鲁国，并召集周边的邦君、诸侯举行大射礼，其实是对这些东夷地区初定的异邦小国的一种震慑。

“义蔑曆（历），眔于王逑（仇）”。“义”为该青铜盉的器主。“蔑历”

---

① 刘雨：《西周金文中的射礼》，《考古》1986年第12期。

② 袁俊杰：《两周射礼研究》，北京：科学出版社，2013年，第151页。

③（清）阮元校刻：《十三经注疏·春秋左传正义》，北京：中华书局，1980年，第1764、1798页。

④（汉）宋衷注，（清）秦嘉谟等辑：《世本八种》，北京：中华书局，2008年，第5页。

⑤ 枣庄市博物馆、枣庄市文物管理办公室：《枣庄市东江周代墓葬发掘报告》，《海岱考古》第四辑，北京：科学出版社，2011年，第152页。

⑥ 杨朝阳：《周公东征史实诠说》，《史学月刊》2000年第6期。

⑦ 贾一凡：《小邾国族源与分封探析》，《枣庄学院学报》2017年第1期。

通常释义为嘉奖勉励一类的词[①]，该词只见于西周早期的青铜器铭文，中期以后便不再出现。只有罗振跃认为西周有蔑历礼，“蔑历”在铭文中的意义应释为“赐食”[②]，但此说与金文资料、传世文献所反映的史实并不十分符合。因此，“蔑历”还应取“勉励”之意，同于今天的嘉奖功劳、赞扬业绩、表彰功绩等。“眔”，《说文·目部》释为：“目相及也。从目，从隶省。”[③] 袁俊杰认为此处作为连词，相当于及、与、并[④]。该字也见于臣辰盉（《集成》09454）铭文：“王令士上眔史寅殷于成周。”郭沫若考释曰：“眔字卜辞及彝铭习见，均作为连续词，其意如‘及’，如‘与’。”[⑤] “逑”字发掘简报、《集成》、刘雨均隶定为“逑”，刘雨认为“逑”是“召来”的意思[⑥]，而陈剑依据郭店简《缁衣》隶定为“逑”，读为“仇”，训为“匹”，并引裘锡圭之言：“古人于臣对君的关系，也用‘仇’‘匹’‘妃’‘配’‘耦’等语。”[⑦] 袁俊杰也从此说。《尔雅·释诂》云：“㪤、郃、盍、翕、仇、偶、妃、匹、会，合也。”[⑧] 另《说文·辵部》云：“逑，敛聚也。从辵，求声。”段玉裁《注》曰：“逑、仇古多通用。”[⑨] 《诗·周南·关雎》：“窈窕淑女，君子好逑。”毛亨《传》曰：“逑，匹也。”[⑩] 可知，“逑”既通“仇”，又通“匹”，而仇、匹皆同于合，所以逑也同于合。前文已有讨论，“合”在射礼语境中即会合、匹合之意，前文说义为周王会合诸侯，此处则可理解为义作为周王举行大射礼的赞，佐助周王匹合六耦。

“义易（赐）贝十朋，对扬王休”。本句铭文是一处被动用法，“义赐贝十朋”，即“义被赐贝十朋”。朋是商周时期货币的计量单位，两串共十枚贝即为一朋。“对扬王休”是义受到赏赐后，感谢周王恩德的话，即对答和赞扬

---

① 于省吾：《释蔑历》，《东北人民大学人文科学学报》1956 年第 2 期。
② 罗振跃：《“蔑历”一词在金文中的含义即赐食》，《贵州大学学报》2001 年第 5 期。
③ （清）段玉裁：《说文解字注》，上海：上海古籍出版社，1988 年，第 132 页。
④ 袁俊杰：《两周射礼研究》，北京：科学出版社，2013 年，第 151 页。
⑤ 郭沫若：《臣辰盉铭考释》，《金文丛考》，北京：人民出版社，1954 年。
⑥ 刘雨：《西周金文中的射礼》，《考古》1986 年第 12 期。
⑦ 陈剑：《据郭店简释读西周金文一例》，北京大学中国古文献研究中心：《北京大学中国古文献研究中心集刊》第二辑，北京：北京燕山出版社，2001 年，第 378 ~ 396 页。
⑧ （清）阮元校刻：《十三经注疏·尔雅注疏》，北京：中华书局，1980 年，第 2569 页。
⑨ （清）段玉裁：《说文解字注》，上海：上海古籍出版社，1988 年，第 73 页。
⑩ （清）阮元校刻：《十三经注疏·毛诗正义》，北京：中华书局，1980 年，第 273 页。

王的休美，“对扬王休”也是西周金文中，某人受到周王赏赐后的固定用语。

“用乍（作）宝尊盉，子子孙其永宝”。“盉”是器物自铭，该句作为青铜器铭文结尾的固定用句，至春秋时期依然流行。句意为，义用受赏赐获得的十朋贝铸造了这个铜盉，希望他的子孙能够永远把这个盉当作宝物。

综上所述，义盉盖铭文可释为：十一月既生霸甲申日，周王在鲁国，义帮助周王会合异国邦君、诸侯国君、正长和执事官员举行大射礼。义受到了周王的勉励，并作为赞，佐助周王匹合诸耦，王赏赐给义十朋贝。为对答和赞颂周王美德，义做了这件青铜盉作为纪念，希望子孙要将它当作宝物，永久存续。

三　大射礼的特点

柞伯簋和义盉盖铭文所记录的西周早期的大射礼，虽与礼书记载有所不同，但至少证明，大射礼在西周早期已经出现，且《仪礼》把古代射礼分为“大射”和“乡射”两种是有迹可循的。总体而言，西周金文中的大射礼和文献的记载既有相似也有抵牾，且具有明显的特点。

首先，举行大射礼的时间并非固定的。柞伯簋铭文记录的大射礼在八月举行，而义盉盖铭文则是十一月，《周礼·夏官·诸子》记载：“春合诸学，秋合诸射，以考其艺而进退之。”① 可见，柞伯簋记载的八月举行大射，是与文献相合的，前文也讨论了八月举行大射礼的原因，可能是为九月大祭选拔人才。

义盉盖铭文记载的时间不同，应是因突发事件而做出的临时安排。顾颉刚认为周王未到过鲁国的观点虽值得商榷，但文献记载中也只有成王一人曾到鲁国。《尚书·周书·蔡仲之命》记载：“成王东伐淮夷，遂践奄，作《成王政》。成王既践奄，将迁其君于蒲姑，周公告召公，作将《蒲姑》。”又《多方》曰：“成王归自奄，在宗周，诰庶邦，作《多方》。惟五月丁亥，王

---

① （清）阮元校刻：《十三经注疏·周礼注疏》，北京：中华书局，1980年，第850页。

来自奄，至于宗周。”①《今本竹书纪年》记载曰：“四年……王师伐淮夷，遂入奄。五年春正月，王在奄，迁其君蒲姑。夏五月，王至自奄。”② 由以上文献可知，周成王四年伐淮夷践奄，直至五年五月才自奄归周。奄是东夷地区的大国，践奄之后还要对奄地周边的许多小国需要进行安抚和威慑，在此期间，周成王很可能一直留在奄地。《史记·封禅书》曰：“周成王封泰山，禅社首。皆受命然后得封禅。”③ 可见，周成王受命之后，封禅泰山，若东夷叛乱不平，封禅恐难进行，所以周成王封禅泰山应在践奄之后。《礼记·月令》记载，仲冬之月“天子命有司祈祀四海、大川、名源、渊泽、井泉。”④ 仲冬之月即十一月，周成王于五年五月才自奄返周，四年十一月对泰山进行封禅是完全合理的，义盉盖铭文记载的大射礼也是在十一月。因此，这次大射礼可能起到为成王封禅泰山的祭祀活动“择士”的作用。

另外，合众邦君、诸侯举行大射，也是因为以奄国为首的东夷叛乱刚刚平息，周王为震慑东夷诸多未受册命的邦君，择士封禅则是为了显示自身统治的正统性。可见，义盉盖记载的大射礼是周初为稳定政治统治服务的，具有明显的特殊性和针对性，所以，无论时间、地点，都与柞伯簋及文献记载的大射礼有较大出入。同时，也可证明义盉盖的年代应该更早，属西周早期，文中的王应是成王。

其次，大射礼举行的地点一般在王都的射宫。柞伯簋铭文记载举行大射礼的地点是周，也即宗周镐京，但没有说明具体场所。《周礼·夏官·大司马》郑玄《注》曰：“大射，王将祭，射于射宫。”⑤ 杨天宇也说：“射宫，当在都城中，近于公宫，为君与群臣、国子习射之处。”⑥ 因此，柞伯簋铭文虽只言大射礼在镐京举行，其实举办地应该是在射宫。义盉盖铭文记载的大射礼是在鲁国举行的，前文已经探讨，在鲁国举行大射礼是具有特殊性的，但具体地点也应该是在射宫。鲁国是周公的封国，其地位与别国不同。《史记·

① （清）阮元校刻：《十三经注疏·尚书正义》，北京：中华书局，1980 年，第 227 页。

② 王国维撰，黄永年校点：《古本竹书纪年辑校·今本竹书纪年疏证》，沈阳：辽宁教育出版社，1997 年，第 81 ~ 82 页。

③ （汉）司马迁：《史记》，北京：中华书局，1982 年，第 1361 页。

④ （清）阮元校刻：《十三经注疏·礼记正义》，北京：中华书局，1980 年，第 1383 页。

⑤ （清）阮元校刻：《十三经注疏·周礼注疏》，北京：中华书局，1980 年，第 839 页。

⑥ 杨天宇：《礼记译注》，上海：上海古籍出版社，2004 年，第 838 页注②。

鲁周公世家》："于是成王乃命鲁得郊祭文王。鲁有天子礼乐者，以褒周公之德。"裴骃《集解》说："《礼记》曰：'鲁君祀帝于郊，配以后稷，天子之礼。'……《礼记》曰：'诸侯不得祖天子。'郑玄曰：'鲁以周公之故，立文王之庙也。'"① 可见，鲁国是享有天子礼仪、设文王宗庙的，直至春秋晚期鲁国的礼乐仍未荒废。《左传·昭公二年》晋国韩宣子访鲁时说："周礼尽在鲁矣。"② 因此，鲁国设有射宫应没有疑问，义盉盖记载的大射礼，既然会合了邦君、诸侯、正、有司等高级贵族匹耦行射，就应该是在鲁国的射宫举行的。

再次，大射礼的参与者并不一定全部参加竞射。柞伯簋铭文反映的大射礼，虽是周王主持，但其本人并未参加竞射。同样，师魯父率领小臣等人是大射礼的执事人员，只提供服务工作，也不参加竞射。义盉盖铭文记载的大射礼，义虽然是周王举行射礼的赞，帮助王匹耦行射，但王是否亲自参加竞射亦未可知，不过周王是大射礼的参与者是没有问题的。与柞伯簋相同，除周王外，义盉盖铭文记录的参与者也可以分为两类，邦君、诸侯为一类，正、有司为另一类，前者是王族、国君，后者是臣下、执事，这种分类与柞伯簋的小子、小臣不谋而合，由此也可推，邦君、诸侯应是大射礼的竞射者，而正、有司则是大射礼的执事人员，提供服务。可见，西周金文记载大射礼的参与者，不仅包括竞射者，还包括了主持者和执事者，主持者为周王，竞射者为王族子弟、邦国国君，执事者则是有司、小臣。

最后，金文记载的大射礼仪节较为简略。柞伯簋与义盉盖两器铭文反映大射礼的仪节大体是相同的。第一，参与者入场。柞伯簋铭为南宫率小子，师魯父率小臣，分别作为大射礼的竞射者和执事者入场；义盉盖铭为邦君、诸侯，正、有司分别作为竞射者和执事者入场。第二，主持者（周王）致辞。由于作器者身份不同，两器铭文所记周王致辞的侧重点也不同。柞伯是竞射者，所以记录了周王对竞射者"持弓矢审固"的嘱咐；义是执事者，所以主要记录了周王对执事者的"蔑历"。第三，竞射。柞伯簋铭记录了柞伯举弓十发十中获得优胜的事迹，但义是执事者，并未参加竞射，因此，义盉盖铭记

---

① （汉）司马迁：《史记》，北京：中华书局，1982 年，第 1523 ~ 1524 页。
② （清）阮元校刻：《十三经注疏·春秋左传正义》，北京：中华书局，1980 年，第 2029 页。

录的是义帮助周王匹合配耦，由诸耦行射。第四，颁奖与赏赐。柞伯十发十获，取得优胜，也赢得了周王准备的十钣赤金，同时被周王赐予了田猎区柷地作为奖励。因竞射优胜而获得土地作为奖励，则与礼书记载的仪节相同（《礼记・射义》记载："数有庆而益地，数有让而削地。故曰：射者，射为诸侯也。"①）。义虽未参加竞射，但作为执事者出色地完成了佐助周王的工作，也得到了十朋贝作为赏赐。另外，铭文中"无废矢""敬又臤""蔑历"等词，作为射礼专用名词，有的自殷商时期开始就已经成为定制，也是大射礼仪节逐渐固定的见证。

综上所述，通过对柞伯簋和义盉盖两件青铜器铭文的汇释疏解，可以看出，西周早期的大射礼就举行的时间、地点、仪节以及参与者已经形成了定制，除个别方面（三番射、每番射四矢）金文中没有体现或有出入外，大部分可以与文献记载对照。但西周早期的大射礼也具有自己的特点，如体现武力的评语"无废矢"，在西周中期之后便不再出现，因此，西周早期的大射礼还保留有注重武力的传统，西周中期以后则更加注重礼仪性，"无废矢"这一评语便被摒弃了。

---

① （清）阮元校刻：《十三经注疏・礼记正义》，北京：中华书局，1980年，第1687页。

第二节　金文记载的燕射礼

燕射礼是天子、诸侯、卿大夫、士在燕礼之后举行的，《周礼·春官·乐师》云："燕射，帅射夫以弓矢舞。"孙诒让《正义》曰："燕射者，王与诸侯、诸臣因燕而射。《梓人》注云：'燕谓劳使臣，若与群臣饮酒而射。'"①西周虽有燕射礼，但《仪礼》中并没有专篇记载，因此，若想了解西周的燕射礼，则需更多地依赖令鼎与噩侯驭方鼎铭文的记录。

一　令鼎铭文考论

令鼎（《集成》02803），原名大蒐鼎、耤田鼎、諆田鼎，柯昌济《金文分域编》称其出土于山西省芮城县，后由夏松如收藏，录入《攈古录》。唐兰认为令鼎是西周昭王时器②，袁俊杰通过对铭文字形分析，遵从唐兰观点，认为"把令鼎的年代定在昭王时期是比较合适的"③，《集成》将其年代定为西周早期④。令鼎器形已不可知，其内壁铸有铭文 8 行，共 70 字（图 2－3），释文如下：

王大耤（藉），农于諆田，饧（觞），王
射，有嗣（司）眔师氏、小子卿（佮）
射。王归自諆田，王驭，溓（濂）
中（仲）旟（仆），令眔奋，先马走。王

① （清）孙诒让：《周礼正义》，北京：中华书局，1987 年，第 1811 页。
② 唐兰：《论周昭王时代的青铜器铭刻》，《古文字研究》第二辑，北京：文物出版社，1981 年。
③ 袁俊杰：《两周射礼研究》，北京：科学出版社，2013 年，第 170 页。
④ 中国社会科学院考古研究所：《殷周金文集成》，北京：中华书局，2007 年，第 1678 页。

图 2-3　令鼎铭文拓本
（采自《集成》02803）

曰："令眔奋，乃克至，余
其舍（捨）女（汝）臣十家。"王至于
康宫，敀。令摔（拜）韻（稽）首，曰："小
子廼学。"令对扬王休。

"王大耤（藉），农于諆田"。"耤"为"藉"的古字，亦与"籍"同。"藉"在西周、春秋时期，是贵族驱使农业生产者的一种主要方法。《说文·耒部》："耤，帝耤千亩也。古者使民如借，故谓之耤。"段玉裁《注》曰："《礼记》曰：天子为藉千亩。冕而朱纮。躬秉耒以事天地山川社稷先古。"① 可见，"耤"也即"藉礼"，是统治者亲耕的仪式，统治者通过"藉礼"来维护"藉"这种驱使农业生产者的制度。"农"即农事，与藉礼对应，《说文·晨部》："农，耕人也。"段玉裁《注》曰："《食货志》：'四民有业辟土植谷曰农。'"②"諆田"为地名，是周王亲耕的地点。该铭句意为王举行藉礼，在諆田亲耕。

① （清）段玉裁：《说文解字注》，上海：上海古籍出版社，1988 年，第 184 页。
② （清）段玉裁：《说文解字注》，上海：上海古籍出版社，1988 年，第 106 页。

“饧”，单字成句。郭沫若将该字连在“諆田”之后，隶定为“场”，称“諆田场”是王举行藉礼的地点[①]。唐兰认为该字应隶为“餳”，指日西而食的昼食中午饭，在此铭指代午后，是说藉礼的时间[②]。但金文中表时间的词句多在句首，且用午饭指代午后的情况也不多见，故唐兰之说可再商榷。杨树达读为“觞”，并与噩侯驭方鼎铭文进行比较，认为“此铭之饧即彼铭之宴也”，都是射礼举行之前的觞宴，把觞宴作为射礼的第一个仪节[③]。马承源从之[④]。而杨宽虽同意该字的隶定，但认为觞“是指‘藉礼’完毕后的宴会”，也就是说“觞”是藉礼的最后一个仪节[⑤]。王龙正从其说，并言明“首句与射礼无关”[⑥]。袁俊杰通过比较杨、王二位的观点，认为“觞既是藉礼末了的最后一个仪节，同时又是射礼行射前的第一个仪节”[⑦]。《吕氏春秋·达郁》云：“管仲觞桓公。”高诱《注》：“觞，飨也。”[⑧] 可知，觞为燕飨所用的酒器，名词作动词时可指以觞饮酒，因此，可指代燕飨。另外，《周礼·春官·乐师》记载：“燕射，帅射夫以弓矢舞。”孙诒让《正义》曰：“燕射者，王与诸侯、诸臣因燕而射。”[⑨] 所以，燕射礼是燕飨即燕礼之后进行的娱乐环节。《仪礼·燕礼》有：“若射，则大射正为司射，如乡射之礼。”[⑩] 可见，燕射礼仪节应与乡射礼相同，《仪礼·乡射礼》在《乡饮酒礼》之后，也即就“乡”而言，宴饮是在射礼之前的仪节，燕射礼与乡射礼仪节相同，故燕礼也是燕射礼之前的仪节。因此，杨树达之说可从，觞指代燕飨，即燕礼，应为燕射礼的第一个环节，但是否也可作为藉礼的最后一个仪节，由于礼书中没有记载藉礼的专篇，目前尚难以判定。

“王射，有司眔师氏、小子卿（佮）射”。“王射”即王举行射礼。“有

---

① 郭沫若：《两周金文辞大系图录考释》，北京：科学出版社，1957 年，第 30～31 页。
② 唐兰：《西周青铜器铭文分代史征》，上海：上海古籍出版社，2016 年，第 238 页。
③ 杨树达：《积微居金文说》，上海：上海古籍出版社，2013 年，第 28 页。
④ 马承源：《商周青铜器铭文选》，北京：文物出版社，1986 年，第 54 页。
⑤ 杨宽：《西周史》，上海：上海人民出版社，2016 年，第 290 页。
⑥ 王龙正：《令鼎与射礼中的战车》，陕西师范大学、宝鸡青铜器博物馆：《黄盛璋八秩华诞纪念文集》，北京：中国教育文化出版社，2005 年，第 196～204 页。
⑦ 袁俊杰：《论令鼎与大藉礼》，《中原文物》2015 年第 6 期。
⑧ （战国）吕不韦著，陈奇猷校释：《吕氏春秋新校释》，上海：上海古籍出版社，2002 年，第 1383 页。
⑨ （清）孙诒让：《周礼正义》，北京：中华书局，1987 年，第 1811 页。
⑩ （清）阮元校刻：《十三经注疏·仪礼注疏》，北京：中华书局，1980 年，第 1022 页。

司”在金文中习见，可释为射礼的执事人员。杨天宇说：“有司，是指为射礼服务而不参加射箭比赛的士。”① 此观点甚确，与前文将射礼的参与者分为主持者、竞射者、执事者相同。师氏为官职名，郭沫若认为：“师氏乃武职，在王之侧近。是则师氏之名盖取诸师戍也。”② 张亚初、刘雨则认为，“郭的说法是带有一定的片面性的”，“师氏之称在金文中有不同的含义，一种是指师的上司”，“一种是泛指军队的各级负责人及其所属士兵”，令鼎即属于后一种情况③。袁俊杰认为：“师氏不仅是军事长官，也是教育长官，负责宫廷守卫的长官。本铭师氏的职守应是负责王行藉田礼的保卫与安全。”④ 以上各家看法各有所长。《周礼·地官·师氏》记载：“掌以媺诏王，以三德教国子。……教三行……据虎门之左，司王朝，掌国中失之事，教以国子弟，凡国之贵族子弟学焉。凡祭祀、宾客、会同、丧纪、军旅，王举则从，听治，亦如之。使其属帅四夷之隶，各以其兵服守王之门外。且跸，朝在野外，则守内列。”⑤ 可见，《周礼》确实记载师氏负责“国之贵族子弟”的教育工作，但教育的内容应是偏向于军事方面，故在本铭中师氏的职责应该不是“保卫与安全”。师氏负责贵族子弟的教育，铭中“小子”即指贵族子弟，正是师氏教学的对象。“卿（佮）”在义盉盖铭文中也有出现，可释为会合、匹合之意。因此，师氏在此应是匹合小子配耦行射，这里的射礼既是燕飨之后的燕射礼，也是师氏作为教育长官，借周王在諆田举行藉礼的机会，展示小子在太学学习射礼的成果，以供周王检阅。师氏在本铭中的作用类似于乡射礼第一番射时，司射进行教射或诱射的作用，而不仅仅是作为军事长官，做安全保卫工作。

“王归自諆田”。这句是一个倒装结构，这样的句式习见于西周的金文和文献，如义盉盖铭文“义赐贝十朋”，《尚书·多方》“王来自奄，至于宗周”⑥。因此，本句句意应是藉礼、燕礼、燕射礼结束后，王自諆田返回。

“王驭，濂仲廙（仆）”。“驭”即“御”，意为驾驭马匹或车，也可指

---

① 杨天宇：《仪礼译注》，上海：上海古籍出版社，2004 年，第 186 页注④。

② 郭沫若：《周官质疑》，《金文丛考》，北京：人民出版社，1954 年。

③ 张亚初、刘雨：《西周金文官制研究》，北京：中华书局，1986 年，第 6 ~7 页。

④ 袁俊杰：《令鼎铭文通释补正》，《华夏考古》2014 年第 3 期。

⑤ （清）阮元校刻：《十三经注疏·周礼注疏》，北京：中华书局，1980 年，第 730 ~731 页。

⑥ （清）阮元校刻：《十三经注疏·尚书正义》，北京：中华书局，1980 年，第 227 页。

"御者"。王驭就是王亲自驾车。"溓仲"为人名，郭沫若认为"当即寏鼎、厚趠鼎之溓公"[①]，王龙正则将"溓"释为"彗"，认为溓仲即彗仲，也就是周穆王时期著名的大臣祭公谋父，并称"王驭彗仲"应连读，即周王亲自给彗仲驾车[②]。袁俊杰认为"仆"也可释为驾车或御车，并通过文献记载，得出王驾正车，溓仲驾副车随行或作为先导的结论[③]。"仆"确实与"御"同义，但是否也可释为"驾车"还需讨论。《左传·哀公二年》："初，卫侯游于郊，子南仆。"杜预《注》曰："仆，御也。"[④]《诗·小雅·出车》："召彼仆夫。"毛亨《传》曰："仆夫，御夫也。"[⑤] 另外，《说文·彳部》云："御，使马也。"[⑥] 可见，仆释为御，着重点在于"御马"，而不是"御车"。《礼记·曲礼上》记载："君车将驾，则仆执策立于马前。"[⑦] 可知"君车将驾"时，仆要手持马鞭，站在马前面，其主要作用是御马，虽然随行、引导，但不驾车。《周礼·夏官·大仆》也记载："王出入，则自左驭而前驱。"郑玄《注》："前驱，如今道引也。"[⑧] 也即仆是在王驾之前，起"道引"作用，为王驾车引路。因此，本铭"王驭"是说周王亲自驾车，"溓仲"为人名，但应不是西周的王室贵族，而是佐助周王驾车的仆，"溓仲仆"即"以溓仲为仆"，在周王驾车出行时，溓仲于车前牵马执策，为王引路。

"令眔奋，先马走"。刘雨认为在投壶礼中胜算被称为"马"，本铭中的"马走"可能是《礼记·投壶》中的"立马"，"先马走"是"先立马"的意思[⑨]。王龙正认同此观点，并做了进一步解释，说："因为需要考虑车速的因素，必须给出一个提前量才能准确地射中'侯'，发的过早或过迟都不能成功……推测只有当马车稍作站立时射手才容易射中目标，故为胜者计算筹码而称谓'立马'。""在射箭比赛中，令之所以能多次射中侯，是由于他在马

---

① 郭沫若：《两周金文辞大系图录考释》"令鼎"，北京：科学出版社，1957 年，第 30 ~ 31 页。
② 王龙正：《令鼎与射礼中的战车》，陕西师范大学、宝鸡青铜器博物馆：《黄盛璋八秩华诞纪念文集》，北京：中国教育文化出版社，2005 年，第 196 ~ 204 页。
③ 袁俊杰：《令鼎铭文通释补正》，《华夏考古》2014 年第 3 期。
④ （清）阮元校刻：《十三经注疏·春秋左传正义》，北京：中华书局，1980 年，第 2155 页。
⑤ （清）阮元校刻：《十三经注疏·毛诗正义》，北京：中华书局，1980 年，第 415 页。
⑥ （清）段玉裁：《说文解字注》，上海：上海古籍出版社，1988 年，第 77 页。
⑦ （清）阮元校刻：《十三经注疏·礼记正义》，北京：中华书局，1980 年，第 1252 页。
⑧ （清）阮元校刻：《十三经注疏·周礼注疏》，北京：中华书局，1980 年，第 851 页。
⑨ 刘雨：《西周金文中的射礼》，《考古》1986 年第 12 期。

走过射侯之前就开始准备发射。”“先马走”是“先马走而射”的省略语，此句的意思是说，令站在由周王驾驭的行进中的马车上，在马走过射侯以前就开始瞄准，继而射出箭矢。同时将“奋”释为“获”，“令罪奋”即令乘车射箭比赛中连续不断的射中靶[1]。依此则是周王驾车，令进行竞射，与铭文中“王射”不符，另外，先马走是先立马，也就是在马车到射侯之前，有一瞬间的站立，这样的解释略显牵强。

“先马”一词在甲骨文中就已经出现，孙海波称“疑先马为官职之名”[2]。《荀子·正论》也有记载：“诸侯持论挟舆先马。”杨倞《注》曰：“先马，导马也。”[3] 杨倞的注释得到了学界的广泛认可，郭沫若进一步称“先马走”就是在王车前的导马[4]。于省吾虽认为“先马”是后世“先马、洗马之滥觞”，而不是官职名，但仍依杨注，称此铭句意为“令导马者先行而王速从之也”[5]。此说也有不足之处，“令”被释为“命令”，王快速驾车跟随在导马者的后面，明显不符合常理。导马者为做引导，不宜行动过快，除非有某些特殊的原因；而且，王驾车快速前行的情况下，仍只能跟随在导马者之后，导马者能否达到这样的速度值得探讨。杨树达说“令与奋二人为王车之先导”[6]，唐兰也释句意为“令和奋走在马的前面”[7]，杨、唐二位之说认为令在马前，作为王车的先导，明显较“王速从之”更加合理，但令和奋若为二人，那么后文周王夸赞了令和奋，却只对令一人进行赏赐又不好解释。

袁俊杰也认同先马走与“先导”“前驱”相关，认为“先马走”是“先马而走”的意思，也就是在马的前面奔跑，与马车竞赛[8]。这一观点不无道理，人奔跑的速度不一定能将马车甩在身后，但是进行竞赛还是有可能的。且这一竞赛是在諆田举行藉礼、射礼后返回的路上，也即在“田”举行的竞

---

① 王龙正：《令鼎与射礼中的战车》，陕西师范大学、宝鸡青铜器博物馆：《黄盛璋八秩华诞纪念文集》，北京：中国教育文化出版社，2005 年，第 196～204 页。
② 孙海波：《诚斋殷墟文字》，北京：北京修文堂书局，1940 年，第 492 页。
③ （战国）荀况著，王天海校释：《荀子校释》，上海：上海古籍出版社，2005 年，第 723 页。
④ 郭沫若：《两周金文辞大系图录考释》“令鼎”，北京：科学出版社，1957 年，第 30 页。
⑤ 于省吾：《甲骨文字释林·释先马》，北京：中华书局，1979 年，第 63～64 页。
⑥ 杨树达：《积微居金文说》，上海：上海古籍出版社，2013 年，第 29 页。
⑦ 唐兰：《西周青铜器铭文分代史征》，上海：上海古籍出版社，2016 年，第 237 页。
⑧ 袁俊杰：《令鼎铭文通释补正》，《华夏考古》2014 年第 3 期。

赛，因此，研究体育史的学者将其归于田径部分①。无论这能不能归入田径，但其有竞赛的因素应是有可能的，只是仍无法解释，令与奋二人受到褒奖，但周王只赏赐了令这一问题。因此，“奋”应该不是与“令”并列的另一个人，而是对“令”某种状态的一种形容，也就是说作为“导马”的只有“令”一人。

“眔”字作为连词是引申义，本义见《说文·目部》曰：“眔，目相及也。”② 即从一人的目光到其所看到的对象，二者发生联系，故引申为连词“和”“及”等。《说文·奞部》云：“奋，翚也。从奞，在田上。”段玉裁《注》曰：“翚，大飞也。雉、鸡、羊绝有力，皆曰奋。……田，犹野也。”③《尔雅·释鸟》：“雉绝有力，奋。”郝懿行《义疏》：“飞走之属，凡有力者皆谓之奋。”④ 可见，“奋”是鸟兽有力的意思，指鸟类在田野上疾飞之前用力奔跑的形态，在此形容“令”奔跑迅速有力。王亲自驾车，由濂仲牵马执策佐助周王，按《礼记》是“君车将驾”的状态，即准备返回时的情况。因此，此时周王的车驾还在諆田，与“奋”所言的“在田上”相合。令作为王驾的“导马”，为周王驾车开道，位置应比濂仲靠前，而且要迅速到位，以保证周王驾车返回时道路的畅通。由此，“令眔奋”是从周王的角度而言，也与下文“王曰：令眔奋”的语境相同，就是说令已经到达了王的目及之处，在田野上行动非常迅速有力，像疾飞前的鸟类一般。“先马走”就是“先马而走”，“走”是奔跑的意思，即奔跑到了马的前面，也可见周王出行的仪仗规模很大，令作为开路先驱，到达仪仗的最前方需要急速奔跑。

“王曰：‘令眔奋，乃克至，余其舍（捨）女（汝）臣十家。’”“乃克至”，袁俊杰在“令”奔跑与王驾车竞赛的语境下，释为“如果能够跑到”，即周王与令的赌约，令获胜就赐予他十家臣属⑤。刘雨则认为“乃克至”是赞辞，夸奖令和奋二人的射艺达到了尽善尽美的程度⑥。二人之说皆有不妥之处，该句若是王对令说的话，则前句已有“先马走”，即令此时已经跑到周王

---

① 崔乐泉：《中国古代体育文物图录》，北京：中华书局，2000 年，第 75 ~ 76 页。
② （清）段玉裁：《说文解字注》，上海：上海古籍出版社，1988 年，第 132 页。
③ （清）段玉裁：《说文解字注》，上海：上海古籍出版社，1988 年，第 144 页。
④ （清）阮元校刻：《十三经注疏·尔雅注疏》，北京：中华书局，1980 年，第 2649 页。
⑤ 袁俊杰：《令鼎铭文通释补正》，《华夏考古》2014 年第 3 期。
⑥ 刘雨：《西周金文中的射礼》，《考古》1986 年第 12 期。

车驾前方去了，并不在周王身边，王无法同令说话，并立赌约。若是赞扬令和奋射艺精湛的话，还是无法解释只有令受到周王赏赐的问题。因此，这里周王说的话，并不是对令说的，更不是对令、奋二人射艺的赞扬，而是王看到令敏捷、有力的奔跑动作后，发出的感叹。“乃”表示意料不到的语气，可释为“竟然”“居然”等。如《古书虚字集释》：“乃，犹竟也。”[①]《列子·汤问》：“穆王始悦而叹曰：‘人之巧乃可与造化者同功乎？’”[②] 因此，“乃克至”是周王看到令在田野间迅速有力的奔跑，如同鸟类疾飞之前一般到达及目之处，而发出的“竟能够如此快就到达（马前）”的感叹，可见周王对令奔跑的速度始料未及，非常惊叹、满意，才有了要赏赐令十家臣属的承诺。

“王至于康宫”。以往学者多将“康”隶定为“濂”，与前文的“濂仲”挂钩，郭沫若认为濂仲“当即寏鼎、厚趠鼎之溓公”[③]，“濂宫”则是濂仲的家庙。王龙正则释为“彗”，认为濂仲即彗仲，也就是周穆王时期著名的大臣祭公谋父，释康宫为“彗宫”[④]。以上两种说法均有不妥之处，无论濂宫或是彗宫皆是大臣的家庙，周王在諆田举行藉礼与射礼之后去往一个大臣的家庙令人费解。若彗仲是祭公谋父，则其封国祭国在今郑州市金水区祭城镇（现祭城办事处），与宗周镐京相去甚远，周王举行藉田礼也没有理由从宗周到千里之外祭国。袁俊杰通过字体形构的分析，认为本铭与前文“濂仲”之“濂”相差较大，而与金文中的“康”字更为接近（图 2 -4），应隶定为康，释为康宫[⑤]，如此则所有问题迎刃而解，很有见地。

“䟣”。单字成句，是本篇铭文释读的难点。该字上承王至康宫，下接令拜谢王命，但对该字的考释，学术界莫衷一是。郭沫若隶定为“畋”，读为“陈”，义为敷、文。并认为该字应与令字连读，且令下有重文，前者为王的命令，后者为器主令[⑥]。但仔细观察，铭中“令”字之下并无重文符号，郭

① 裴学海：《古书虚字集释》，北京：中华书局，1954 年，第 492 页

② （战国）列御寇著，（晋）张湛注：《列子》，上海：上海古籍出版社，2014 年，第 157 页。

③ 郭沫若：《两周金文辞大系图录考释》“令鼎”，北京：科学出版社，1957 年，第 30 页。

④ 王龙正：《令鼎与射礼中的战车》，陕西师范大学、宝鸡青铜器博物馆：《黄盛璋八秩华诞纪念文集》，北京：中国教育文化出版社，2005 年，第 196 ~ 204 页。

⑤ 袁俊杰：《论令鼎与大藉礼》，《中原文物》2015 年第 6 期。

⑥ 郭沫若：《两周金文辞大系图录考释》“令鼎”，北京：科学出版社，1957 年，第 30 ~ 31 页。

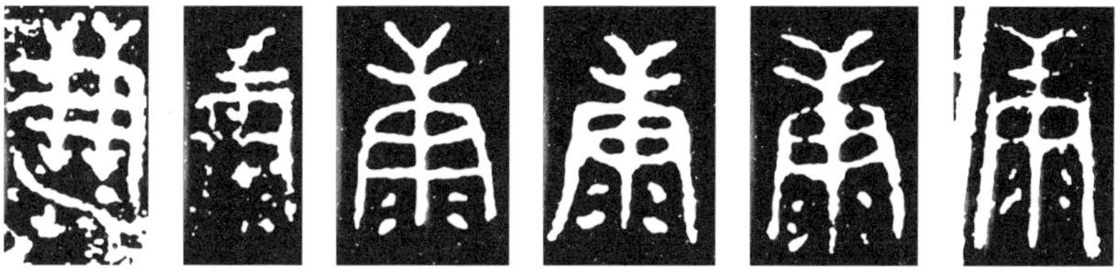

1　　2　　3　　4　　5　　6

图 2－4　金文“濂”与“康”字形比较

1. 令鼎“濂”　2. 令鼎“康”　3. 康鼎“康”　4. 令彝“康”

5. 逨鼎“康”　6. 应侯钟“康”

（分别采自《集成》02803、02803、02786、09901，《铭图》02501、15314）

氏之说似不可取。唐兰隶定为“殀”，读作外，认为与月字相通，义与“夙”相同，是表示时间的词，说明到康宫时已是晚上①。杨树达隶为“䛏”，读作“婴”，认为即文献中的“熙”，释为欢乐②。王龙正直接隶定为“夙”，认为周昭王“进入彗宫内进行祭祀，并举行夙礼”，“周王在彗宫举行告庙仪式之时，可能顺便要把当天发生的事情告知周公在天之灵，或许会重述自己答应赐给令‘臣十家’的诺言，以示其诚信，而请神灵作证。只有这样，令才会叩首拜谢，而‘对扬王休’。”③ 依此说，彗宫只是祭公谋父的家庙，即便祭国为周公后裔的封国，但周王举行祭祀也不会在祭国的太庙，而且周王也没有必要将当天发生之事告知周公在天之灵，因此，王龙正之说亦可商榷。袁俊杰将该字隶为“䟣”或“㕟”，通“挀”和“振”，释为给予之意，认为“王至于溓宫，即到达目的地，此时也该是兑现王命承诺的时候，此处的铭文也应该是行赏的意思，而挀字之义在这里可谓是正相吻合”。又说：“很可能是只有令如约跑到了溓宫，所以受到‘臣十家’的奖赏。这就是王命的是令与奋二个人，而拜谢稽首的则只有令一个人的原因所在。”④ 该字在本铭中作“”，以其字形左侧为“月”或“臣”，右侧为“攴”，也可以隶为“攵”，因此，唐、杨、袁三人对该字字形的隶定较为合理。但从上下文看，杨树达隶定为“熙”，释为欢乐似有不妥，金文中关于赏赐的事件并没有表示心情的

① 唐兰：《西周青铜器铭文分代史征》，上海：上海古籍出版社，2016 年，第 239 页。

② 杨树达：《积微居金文说》，上海：上海古籍出版社，2013 年，第 29 页。

③ 王龙正：《令鼎与射礼中的战车》，陕西师范大学、宝鸡青铜器博物馆：《黄盛璋八秩华诞纪念文集》，北京：中国教育文化出版社，2005 年，第 196～204 页。

④ 袁俊杰：《令鼎铭文通释补正》，《华夏考古》2014 年第 3 期。

词句，且在宗庙祭祀是庄严肃穆之事，若释为欢乐也不符合当时的情形。该字的表意是发生在王到达康宫之后，令拜谢王命之前，唐兰认为是与“月”相同，表示时间，袁俊杰认为是表赏赐的“给予”，都符合西周金文记事的传统。相比之下，若表时间，按金文行文规范一般会在“王至于康宫”之前，即表时间的词句会放在地点之前。如康鼎铭文（《集成》02786）：“唯三月初吉甲戌，王在康宫。”此鼎铭文（《集成》02822）：“旦，王各（格）大（太）室，即位。”应侯见工钟铭文（《铭图》15314）：“辛未，王各（格）于康宫。”由盉铭文（《铭图》14798）：“唯正月初吉庚寅，王在康宫，各（格）于大（太）室。”由以上铭文可知，西周关于周王行赏的记载有固定的模式，即“时间 + 地点 + 赏赐内容 + 受赏者谢恩”，且举行赏赐的具体时间多在“旦”，也就是早晨，几乎不见周王夜晚赏赐臣下的例子，“夙”则多是臣下受赏赐谢恩之后，作器纪念其父祖先人时所用的时间词。综上所述，对该字的释读可从袁俊杰之说，字形隶定较为合理，且释为“给予”“赏赐”，后接令谢王命，也符合西周金文的行文规范。

“令搼（拜）䭫（稽）首，曰：‘小子廼学。’令对扬王休”。“拜稽首”是古代的叩拜礼，且为九拜中最隆重的一拜，西周金文中固定用于受到周王赏赐之后的拜谢动作。“小子廼学”，“小子”是令的自称，上文有小子佮射，可知令也参加了燕射礼。同时也可以看出，令的身份并不普通，他能参加周王举行的燕射礼，导马时受到王的关注和赞叹，又能进入康宫接受周王的赏赐。因此，令可能是西周的宗室子弟，为周王导马，作为先驱，释为唯周王马首是瞻再合适不过了。“学”，杨树达读为“效”，并依《荀子・议兵》杨倞注“效，验也”，释“效”为“验”[①]。袁俊杰从之[②]。唐兰、王龙正则释为学习[③]。此处释为“验”更为合理，是令受到周王封赏之后谦虚的说法，义为小子只是检验一下脚力。“对扬王休”即对答王的休美。

---

① 杨树达：《积微居金文说》，上海：上海古籍出版社，2013 年，第 29 页。

② 袁俊杰：《令鼎铭文通释补正》，《华夏考古》2014 年第 3 期。

③ a. 唐兰：《西周青铜器铭文分代史征》，上海：上海古籍出版社，2016 年，第 237 页。b. 王龙正：《令鼎与射礼中的战车》，陕西师范大学、宝鸡青铜器博物馆：《黄盛璋八秩华诞纪念文集》，北京：中国教育文化出版社，2005 年，第 196 ~ 204 页。

综上所述，本篇铭文的大意可释读为：王在諆田举行大藉礼，礼毕，燕飨参加藉礼的臣下，飨讫，王又举行了燕射礼，执事人员和负责军事教育的长官师氏为射礼做好服务工作，教官师氏匹合王族子弟耦射。射毕，王从諆田返回，周王亲自驾车，濂仲作为佐助王驾车的仆，牵马执策随王车行，令犹如在田野上疾飞前的鸟类，迅速有力地跑到了周王马车仪仗之前，为周王开道引路。周王惊叹说："令像是疾飞的鸟，瞬间就奔至目及之处，竟然能够这么快到达马车的最前面，我要赏赐你十家臣属。"周王回到康宫，兑现诺言，对令进行赏赐。令跪拜叩首谢恩，说："小子我只是检验一下自己的脚力。"令对答王的休美。

二　噩侯驭方鼎铭文考论

噩侯驭方鼎（《集成》02810），又名噩侯鼎、驭鼎、王南征鼎、噩侯驶方鼎、鄂侯御方鼎等，最早由陈介祺收藏，后归于敬修堂，现由若韵轩收藏。该鼎通高 35.3 厘米，口径 31.1 厘米。口微侈，折沿方唇，双立耳左右对称，深腹圜底，三柱足。颈部饰一周垂冠回首卷尾夔龙纹，下饰一圈凸弦纹，三柱足内面稍平，足上部饰有浮雕兽面纹。陈梦家将其定为孝王时器①，唐兰定为穆王时器②，李学勤、朱凤瀚二人认为是厉王时器③，袁俊杰根据鼎的形制、纹饰特点，铭文字体和所记事的内容，遵从李、朱二人的观点，亦将其定为厉王时器④。总之，噩侯驭方鼎是西周晚期记录有燕射礼的重要器物，其铭文 11 行，含合文共 86 字。（图 2－5）释文如下：

王南征，伐角、僪（遹）。唯还
自征，才（在）坏（坯）。噩（鄂）侯驭方
内（纳）壶于王，乃祼之，驭

---

① 陈梦家：《西周青铜器断代》，北京：中华书局，2004 年，第 216 页。

② 唐兰：《西周青铜器铭文分代史征》，上海：上海古籍出版社，2016 年，第 467 页。

③ a. 李学勤：《谈西周厉王时器伯䢅父簋》，《安作璋史学研究六十年文集》，济南：齐鲁书社，2007 年，第 86～89 页。b. 朱凤瀚：《由伯䢅父簋铭再论周厉王征淮夷》，《古文字研究》第二十七辑，北京：中华书局，2008 年，第 192～199 页。

④ 袁俊杰：《两周射礼研究》，北京：科学出版社，2013 年，第 189 页。

方畜（侑）王，王休厦（宴），乃射，驭
方卿（佮）王射，驭方休阑，
王寡，咸畲（饮）。王窺（亲）易（赐）驭
方玉五瑴、马四匹、矢五
束。驭方拜手韻（稽）首，敢
对扬天子不（丕）显休赘（赉），
用乍（作）尊鼎，其迈（万）年，
子孙永宝用。

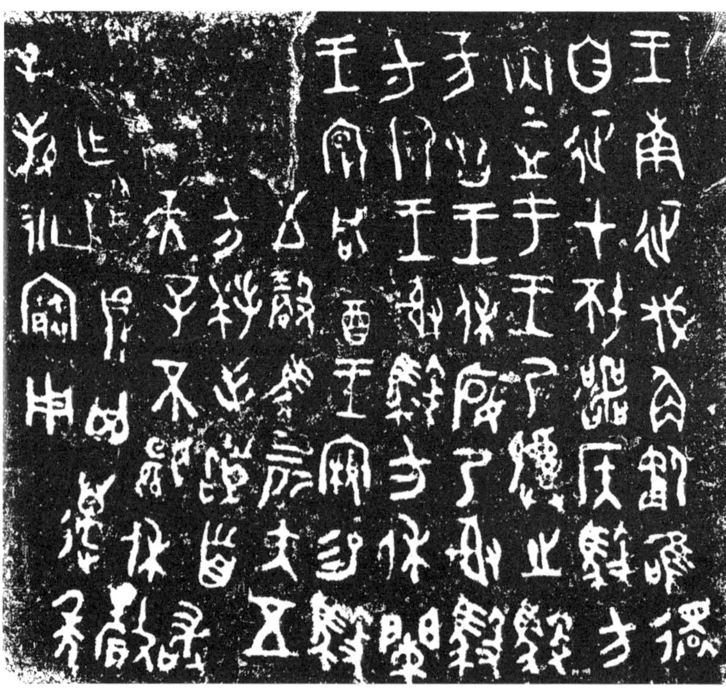

图 2－5　噩侯驭方鼎铭文拓本
（采自《集成》02810）

“王南征，伐角、僪”。“王”应指周厉王，“南征”即征伐南方的蛮夷之国，“角、僪”为国名，是被周厉王征伐的对象。本铭记载的“王南征”之事，与伯𢦏父簋（《铭图》05276）、翏生盨（《集成》04459）、宗周钟（《集成》00260）铭文所记相同，皆记录了周王南征淮夷，伐角、遹等国的史事。

有学者将角、僪连读[①]，显然是不对的。“角”为“邻于楚的小国”[②]，“僪”，“应在更远的长江一带”[③]，这些淮夷小国被周厉王征服之后，成为西周王朝的附庸，被称为“服子”[④]。

“唯还自征，在坏”。“还自征”与令鼎铭文“还自諆田”相同，为倒装结构，即“自征还”，从征伐之地返回。“坏”通“坯”“伾”，为地名。《尚书·禹贡》云：“至于大伾。”伪孔《传》曰：“山再成曰伾。”[⑤]《尔雅·释山》曰：“山……一成，伾。”[⑥]《说文·土部》云：“伾，丘一成者也。”段玉裁《注》曰：“一，各本作再，今正。”[⑦]可见，“伾”作为地名是与山丘相关的。另外，“坯”字也见于麦方尊铭文，王国维认为该字与竞卣铭文相同，为同一地点，即大伾[⑧]。郭沫若认为本铭的“坏”即河南汜水县的大伾山，并说：“大伾乃山名……二器均言南征事，一言往，一言还，而均经过此坏，则当说以汜水指大伾为是。”[⑨]汜水县为今郑州荥阳市西北的汜水镇，伯𢦏父簋铭文记载：“王出自成周，南征。”[⑩]可知，周厉王南征淮夷是从成周洛邑出发，如此，荥阳市汜水镇则是南征的必经之路，故郭氏之说可从。袁俊杰通过对现有大伾地望三种说法的甄别，也认同郭氏之说，认为：“唯汜水成皋说之方位于成𠂤东及伐南淮夷均相一致，故确应以汜水成皋说为是。”[⑪]

“噩侯驭方内壶于王”。“噩”即“鄂”，是商周时期的姞姓诸侯国，“驭方”是噩侯的名。关于鄂国的地望，郭沫若曾提到三处鄂地，一是今湖北鄂城；二是今山西乡宁县南部的鄂侯故垒；三是今河南沁阳西北。并依据《左

---

① 杨树达：《积微居金文说》，上海：上海古籍出版社，2013年，第28页。
② 陈梦家：《西周青铜器断代》，北京：中华书局，2004年，第216页。
③ 李学勤：《谈西周厉王时器伯𢦏父簋》，《安作璋史学研究六十年文集》，济南：齐鲁书社，2007年，第86~89页。
④ 朱凤瀚：《由伯𢦏父簋铭再论周厉王征淮夷》，《古文字研究》第二十七辑，北京：中华书局，2008年，第192~199页。
⑤ （清）阮元校刻：《十三经注疏·尚书正义》，北京：中华书局，1980年，第151页。
⑥ （清）阮元校刻：《十三经注疏·尔雅注疏》，北京：中华书局，1980年，第2617页。
⑦ （清）段玉裁：《说文解字注》，上海：上海古籍出版社，1988年，第692页。
⑧ 王国维：《观堂集林·附别集》，北京：中华书局，1959年，第1193页。
⑨ 郭沫若：《两周金文辞大系图录考释》，北京：科学出版社，1957年，第107页。
⑩ 朱凤瀚：《由伯𢦏父簋铭再论周厉王征淮夷》，《古文字研究》第二十七辑，北京：中华书局，2008年，第192~199页。
⑪ 袁俊杰：《两周射礼研究》，北京：科学出版社，2013年，第190~191页。

传·隐公六年》的记载，“翼九宗五正顷父之子嘉父逆晋侯于随，纳诸鄂，晋人谓之鄂侯”，认为山西乡宁鄂侯故垒即本铭中的“噩”的地望[①]。《史记·晋世家》也有关于鄂侯的记载：“孝侯十五年，曲沃庄伯弑其君晋孝侯于翼。晋人攻曲沃庄伯，庄伯复入曲沃。晋人复立孝侯子郄为君，是为鄂侯。”[②] 这个“鄂侯”与《左传·隐公六年》的“噩侯”当为一人，因受封于晋国的鄂地（乡宁），被称作鄂侯，与本铭中的“鄂侯”不同。何光岳认为，以鳄为图腾的鄂部族在商代就形成了鄂国，明确指出这个鄂国在今天的山西省乡宁县[③]。由此可知，位于山西乡宁的鄂国是商代的鄂国，不可与本铭鄂侯等同。西周时期的鄂国有“东鄂”和“西鄂”两说，东鄂为今湖北鄂州，西鄂则在今河南南阳。《史记·楚世家》曰：“熊渠甚得江汉间民和，乃兴兵伐庸、杨粤，至于鄂。”张守节《正义》引刘伯庄云：“地名，在楚之西，后徙楚，今东鄂州是也。”又引《括地志》云：“邓州向城县南二十里西鄂故城，是楚西鄂。”[④]

除此二说之外，王国维据“大伾”地望考证称：“自成自而东过大伾，此敦记王还在坏，而鄂侯驭方觐王，则鄂之国境，亦可推测矣。”[⑤] 从而认为鄂国地望应在河南沁阳附近。《中国通史》也说，噩侯驭方鼎的鄂应“以在今之河南沁阳县西北的说法为是”[⑥]。但同属西周晚期的禹鼎（《集成》02833）铭文记载：“用天降大丧于下国，亦唯鄂侯驭方，率南淮夷、东夷广伐南国、东国，至于歷内。王廼命西六师、殷八师，曰：‘扑伐鄂侯驭方，勿遗寿幼。’”可见，西周晚期鄂侯驭方率领南淮夷、东夷各国反叛周王朝，进攻周的南疆与东疆，周王甚至下达了征伐鄂国、老幼不留的严格命令。因此，若鄂国地望在河南沁阳西北，距离成周洛阳近在咫尺，鄂国对周王朝时叛时亲，则能够直接威胁到周王的统治。从禹鼎铭文可以看出，鄂国应是邻近南淮夷，故将本铭的伾与鄂国地望互证，认为其在河南沁阳西北之说应不可从。

再看河南南阳之说。2012 年在南阳市新区新店乡夏饷铺村南水北调干渠

---

① 郭沫若：《两周金文辞大系图录考释》，北京：科学出版社，1957 年，第 107 页。
② （汉）司马迁：《史记》，北京：中华书局，1982 年，第 1638 页。
③ 何光岳：《扬子鳄的分布与鄂国的迁移》，《江汉考古》1986 年第 3 期。
④ （汉）司马迁：《史记》，北京：中华书局，1982 年，第 1692 页。
⑤ 王国维：《观堂集林·附别集》，北京：中华书局，1959 年，第 1195 页。
⑥ 白寿彝总主编：《中国通史》第三卷《上古时代》，上海：上海人民出版社，1994 年。

的渠道处发现了鄂国贵族墓地，M1、M5、M6、M16、M19、M20 等墓葬出土的青铜器上有“噩侯”“噩侯夫人”“噩”等铭文，墓葬的国别很清楚。发掘者认为 M5、M6、M7、M16、M19、M20 为夫妻异穴合葬墓，M1 为鄂侯夫人墓，因此，夏饷铺鄂国墓地至少安葬了四代鄂侯。这批墓葬年代最早的是 M5、M6，初步判断为西周晚期晚段①，此时，鄂侯驭方的鄂国早已被灭。因此，河南南阳之鄂国可能已经不是之前鄂侯驭方的姞姓鄂国，而是鄂国被灭之后，西周或楚国重新分封的鄂国。所以，本铭鄂国地望在河南南阳之说亦不可从。李学勤认为本铭周王南征是“由成周即今河南洛阳出发，伐英伐桐，是向东南行进，遹等方国应在更远的长江一带。其归途则顺江而上，鄂侯之都在今湖北鄂城。”② 陈梦家也曾指出，由于这次王南征的角、遹都是“邻于楚的小国，所以楚之鄂侯从王征伐”③。袁俊杰也认为本铭的鄂侯驭方之都应在湖北鄂城，但认为鄂国在周夷王时已被楚灭国，此时的鄂侯驭方是楚王熊渠中子红的后裔，此鄂国为楚之鄂国。并解释本铭坯与鄂的关系称：“周王南征，楚之鄂侯也从王征伐，班师归来时，鄂侯又亲自护送周王北上，一直送到将入王畿之地的坯地，大概是鄂侯可能已经完成护送任务就要返回了，所以才有了接下来的燕射赏赐之礼。”④

此论很有见地。从地望、时代上看，湖北鄂城为本铭鄂国地望确实最为合理，鄂侯从王征伐，并护送周王北上至坯地，从而与王燕射也较合理，但是鄂侯驭方若为楚之鄂侯，似有不妥。楚王熊渠虽封其中子红为鄂王，但不久便去其王号，故所谓的鄂王只是楚国的封君，楚王虽对内自称为王，但史书均称“楚子”，而楚国的封君却在铭文中被称为“噩侯”，不合常理。另

① a. 崔本信、王伟：《南水北调中线工程南阳夏饷铺鄂国贵族墓地发掘成果》，《中国文物报》2013 年 1 月 4 日第 8 版。b. 河南省南水北调办公室、南阳市文物考古研究所：《河南南阳夏饷铺鄂国墓地 M1 发掘简报》，《江汉考古》2019 年第 4 期。c. 河南省南水北调办公室、南阳市文物考古研究所：《河南南阳夏饷铺鄂国墓地 M7、M16 发掘简报》，《江汉考古》2019 年第 4 期。d. 河南省南水北调办公室、南阳市文物考古研究所：《河南南阳夏饷铺鄂国墓地 M19、M20 发掘简报》，《江汉考古》2019 年第 4 期。e. 河南省南水北调办公室、南阳市文物考古研究所：《河南南阳夏饷铺鄂国墓地 M5、M6 发掘简报》，《江汉考古》2020 年第 3 期。

② 李学勤：《谈西周厉王时器伯𢦏父簋》，《安作璋史学研究六十年文集》，济南：齐鲁书社，2007 年，第 86～89 页。

③ 陈梦家：《西周青铜器断代》，北京：中华书局，2004 年，第 216 页。

④ 袁俊杰：《两周射礼研究》，北京：科学出版社，2013 年，第 192 页。

外，作为楚国封君的鄂侯驭方是否有资格参加周王组织的征伐也未可知，且禹鼎铭文记载鄂国因率领南淮夷、东夷反叛周王朝，若只是楚国封君也不应有这么大的影响力和领导力。因此，我们认为本铭的鄂侯驭方应还是位于湖北鄂城的姞姓鄂国的国君，其从周王征伐，并护送周王北上返京之说可从。

“内壶”，李、朱二人释为“内豊”，读作“纳醴”[①]。但就该铭之形构而言，与“豊”字相差较大，仍释为“壶”较合适，刘雨读“内壶”为“纳壶”[②]，可从。袁俊杰认为这里的“纳壶”有两种解释。其一是理解为投壶礼的“进度壶”，但又认为铭文中仅有“射”没有“投”，且“寡”也不是评判投壶的术语，故略显牵强。其二是认为“壶”可以指代酒，在这里就是射礼前的燕饮行酬之仪节[③]。“纳”有致、送、进献之意，“壶”本身即为酒具，用于指代酒是合理的。另外，目前最早的投壶发现于山东莒南大店的春秋时期墓葬当中[④]，西周晚期是否已经有投壶和投壶礼，现在尚不能确定。因此，我们认为袁俊杰的第二种释义可从，整句是说噩侯驭方献酒于周王。

“乃祼之，驭方侑王”。“乃”，介词，于是。“祼”释义有二，一为酌酒灌地以祭，即灌祭。《说文·示部》云：“祼，灌祭也。”段玉裁《注》曰：“《诗》毛《传》曰：‘祼，灌鬯也。’《周礼》《注》曰：‘祼之言灌，灌以鬱鬯。谓始献尸求神时，周人先求诸阴也。’”[⑤] 一为君王对朝见的诸侯酌酒相敬，行祼礼，即灌饮。《周礼·春官·典瑞》有“以祼宾客”的记载，郑玄《注》曰：“爵行曰祼。”贾公彦《疏》云：“至于生人饮酒亦曰祼，故投壶礼云‘奉觞赐灌’，是生人饮酒爵行亦曰祼也。”[⑥] 本铭“乃祼之”是以周王为主语的，“之”指代驭方，周王是天子，驭方是诸侯，周王灌饮驭方，行的是祼礼，故本铭应取“祼”的第二个释义。“侑”有报答、答谢的意思，燕射礼有酬酢的仪程，即为“侑”。《尔雅·释诂》云：“酬、酢、侑，报也。”郭

---

① a. 李学勤：《谈西周厉王时器伯𢦚父簋》，《安作璋史学研究六十年文集》，济南：齐鲁书社，2007年，第86～89页。b. 朱凤瀚：《由伯𢦚父簋再论周厉王争淮夷》，《古文字研究》第二十七辑，北京：中华书局，2008年，第192～199页。

② 刘雨：《西周金文中的射礼》，《考古》1986年第12期。

③ 袁俊杰：《两周射礼研究》，北京：科学出版社，2013年，第192～193页。

④ 山东省博物馆等：《莒南大店春秋时期莒国殉人墓》，《考古学报》1978年第3期。

⑤ （清）段玉裁：《说文解字注》，上海：上海古籍出版社，1988年，第6页。

⑥ （清）阮元校刻：《十三经注疏·周礼注疏》，北京：中华书局，1980年，第777页。

璞《注》："此通谓相报答，不主于饮酒。"[①] 郭璞虽言"不主于饮酒"，但在文献中酬酢则有在天子燕飨诸侯时"主于饮酒"的情况。《左传·庄公十八年》记载："虢公、晋侯朝王，王飨醴，命之宥。"又《僖公二十八年》云："己酉，王享醴，命晋侯宥。"[②]"醴"就是一种甜酒，"宥"与"侑"相通，晋侯、虢公朝见周王，周王与他们"飨醴"之后，命其回敬。《国语·晋语四》也记载："王飨醴，命公胙侑。"[③]"胙"通"酢"，"胙侑"之意与"酬酢"相同，在燕飨中以周王为主，晋文公为宾，"命公胙侑"即周王让晋文公以宾酢主人之礼来回敬他，也是用酒作为答谢。王国维对此也有论断，说："王乃祼之者，谓王祼驭方也。驭方侑王者，谓驭方酢王也。《周礼·大行人》侯伯之礼，'王礼一祼而酢'即此事也。故侑之义与酢同。"[④] 由此，本句铭文记载了祼礼的仪节，即先由王灌饮诸侯，再由诸侯酬酢王。

"王休匽，乃射，驭方卿王射"。"休"，《尔雅·释诂》："息也。"[⑤]"匽"通"宴"，所以"休匽"即"息宴"。《周礼·考工记·梓人》有："张兽侯，则王以息燕。"郑玄《注》曰："息者，休农息老物也。燕谓劳使臣，若与群臣闲暇饮酒而射。"[⑥] 陈梦家认为："当指有乐舞的宴饮，《考工记》郑注对于'息'的注释，不甚恰当。《仪礼·乡饮酒》：'乃息司正'，郑注云：'息犹劳也，劳司正谓宾之与之饮酒。'是息亦为饮宴。"[⑦] 杨天宇认为："孙诒让引敖继公曰：'息，疑饮燕之别名。'又曰：'燕者，先行燕礼（即燕饮酒礼）而射，即所谓燕射也。'是此处所谓息，当指燕射前的燕饮，而息燕即燕射也。"[⑧] 杨天宇的看法不很清晰，前依敖继公认为息是燕射前的燕饮，后又说息燕是燕射，不知其表意为何。袁俊杰则认为："本铭的休宴，即《周礼·秋官·大行人》所云侯伯之礼'王礼一祼而酢，飨礼七献'之飨礼，郑玄《注》：'飨，设盛礼以饮宾也。'""祼、酢、飨是大宾客之礼的一套仪节，三

---

① （清）阮元校刻：《十三经注疏·尔雅注疏》，北京：中华书局，1980 年，第 2575 页。
② （清）阮元校刻：《十三经注疏·春秋左传正义》，北京：中华书局，1980 年，第 1772、1825 页。
③ 徐元诰撰，王树民、沈长云点校：《国语集解》，北京：中华书局，2002 年，第 351 页。
④ 王国维：《观堂集林·附别集·释宥》，北京：中华书局，1959 年，第 1130 页。
⑤ （清）阮元校刻：《十三经注疏·尔雅注疏》，北京：中华书局，1980 年，第 2576 页。
⑥ （清）阮元校刻：《十三经注疏·周礼注疏》，北京：中华书局，1980 年，第 926 页。
⑦ 陈梦家：《西周青铜器断代》，北京：中华书局，2004 年，第 218 页。
⑧ 杨天宇：《周礼译注》，上海：上海古籍出版社，2004 年，第 660 页注⑥。

者是不能分割开的。而射则又因飨而起，先燕后射乃是燕射的两部分。因此祼、酢、飨、射实是待宾礼中节节相因的一个完整体。”[①] 袁俊杰将诸仪节看成一个整体的观点很有见地，燕飨和燕射本就相互交织，将其割裂开是不合理的；但是，“休宴”不应被看作飨礼，因为无论是周王灌饮驭方，还是驭方酬酢周王，都是在燕飨时进行的，且郑注飨礼本就是“饮宾”，所以将这两个仪节独立于飨礼之外，是不合适的。依据袁俊杰先燕后射的观点，应将祼、酢归为燕飨，而“休宴”则是指停止、中止燕飨，为燕射做准备。《说文·木部》载：“休，息止也。”[②]《尔雅·释言》：“休，戾也。”郭璞《注》：“戾，止也。”[③]《诗·大雅·民劳》郑玄《笺》曰：“休，止息也。”[④] 可知，休有停止之义，《礼记·射义》孔颖达《正义》曰：“燕射，谓息燕而与之射。”[⑤]“息燕”即“休燕”，为中止燕飨举行燕射，文献记载射毕依然会进行旅酬，本铭也记载了周王与驭方射毕，还有饮酒的活动。因此，“先燕后射”应为“先燕后射再燕”，举行燕射并不是燕飨的结束，而是中间休息与娱乐的环节。射礼完毕之后，燕飨会继续进行，燕飨与燕射是燕礼的两个部分，将其视为一个整体显然是正确的。而且，燕飨的主（周王）与宾（诸侯）要举行燕射，燕飨势必会暂时中止，所以，将本铭的“休厦”释为燕飨暂时中止更加合理。

“䣄”在义盉盖、令鼎铭文中都有出现，为匹合之义，在此为驭方与周王匹合射耦。因周王为主，驭方为宾，故在合耦时驭方为上耦，名字在前，周王为下耦，名字在后。由此，本句铭文可释为：王暂时中止燕飨，然后举行射礼，驭方匹合周王耦射。

“驭方休阑，王窉，咸酓”。该句是说周王与驭方竞射的结果，“酓”，唐兰释为“酉”[⑥]。该铭确实有“酉”的字形，但只是字的一部分。郭沫若释为“饮”的简写[⑦]，得到学界的认可。“休阑”是对驭方行射的评价，但该词文

---

① 袁俊杰：《两周射礼研究》，北京：科学出版社，2013 年，第 195 页。
② （清）段玉裁：《说文解字注》，上海：上海古籍出版社，1988 年，第 270 页。
③ （清）阮元校刻：《十三经注疏·尔雅注疏》，北京：中华书局，1980 年，第 2581 页。
④ （清）阮元校刻：《十三经注疏·毛诗正义》，北京：中华书局，1980 年，第 548 页。
⑤ （清）阮元校刻：《十三经注疏·礼记正义》，北京：中华书局，1980 年，第 1688 页。
⑥ 唐兰：《西周青铜器铭文分代史征》，上海：上海古籍出版社，2016 年，第 467 页。
⑦ 郭沫若：《两周金文辞大系图录考释》，北京：科学出版社，1957 年，第 107 页。

献无载，陈梦家认为“休阑”是中侯的意思，称：“《广雅·释诂二》曰：‘阑，遮也。’《小尔雅·广器》曰：‘射有张布谓之侯。’阑疑指射布，休于阑即止于阑，谓中侯。既射之后，胜与不胜俱饮，故曰‘咸饮’。”① 刘雨的观点则与陈梦家相反，依据“《说文》‘休，止息也’。‘阑，门遮也’。‘休阑’就是射矢于侯框的意思”，认为“御方的用意是想使周王获胜，取得周王的欢心。然而不巧，周王也没能射中，射得偏高了。铭称‘王寡’就是矢行高于侯的意思，既然两人都没射中，按礼都得罚饮酒，所以铭文接下去有‘咸饮’一句”②。袁俊杰认为刘雨之说可从，并根据“阑”与“栏”相通，认为“阑即栏杆……也就是植，休阑即止于立柱，也就是射矢于张侯的立柱上。另外还有一解……休阑应是射矢发力不足而坠落的意思，也就是射而不至侯。似亦可通”③。

“休阑”的句式与前文“休宴”相似，“休”应都释为停止、中止，“阑”可从袁俊杰之说通“栏”，即张侯的植，但“休阑”之意并非“中侯”或“中植”，应取袁俊杰第二种释义，即射矢发力不足而坠落。“寡”即“扬”，是对周王行射的评价。《仪礼·大射仪》记载：“下曰留，上曰扬，左右曰方。”郑玄《注》曰：“留，不至也。扬，过去也。方，出旁也。”④ “王寡”即王射矢高出射侯。依刘雨的解读，鄂侯驭方是为了讨好周王故意将矢射在了张侯的木植上，但木植的面积远远小于射侯，所以射中木植的难度远大于射中射侯，而且箭矢射入木植比射中射侯需要的力度也更大，驭方故意射不中射侯，却完成了一次难度、力度更大的行射，若以此讨好周王，似有不妥。相对而言，若驭方真的故意不射中侯，最简单的方法就是行射时不用全力，“休阑”释为“止于阑”，不是射在了木植上，而是到木植附近就停止了，简言之就是行射力度太小，只射到了木植处。总之，无论驭方是有心或是无意，耦射的周王和驭方都没有射中射侯，按礼罚酒，即“咸饮”是十分合理的。

“王亲赐驭方玉五瑴、马四匹、矢五束”。“瑴”，本作“玨”“珏”，指一对玉器。《左传·僖公三十年》载：“公为之请纳玉于王与晋侯，皆十瑴。”

---

① 陈梦家：《西周青铜器断代》，北京：中华书局，2004 年，第 219 页。
② 刘雨：《西周金文中的射礼》，《考古》1986 年第 12 期。
③ 袁俊杰：《两周射礼研究》，北京：科学出版社，2013 年，第 195 页。
④ （清）阮元校刻：《十三经注疏·仪礼注疏》，北京：中华书局，1980 年，第 1039 页。

杨伯峻《注》曰："双玉曰瑴。《说文》作'珏。'"① 而且"玉五瑴、马四匹"应是某种固定的赏赐模式，亦见于尹姞鬲（《集成》00754）铭文"玉五品，马四匹"。另外，《左传·庄公十八年》云："虢公、晋侯朝王，王飨醴，命之宥。皆赐玉五瑴，马四匹。"② 可见，"玉五瑴、马四匹"可能是一个固定搭配的赏赐体例。"束"是矢的计量单位，《诗·鲁颂·泮水》有"束矢其搜"，毛亨《传》曰："五十矢为束。"③

"驭方拜手䭫（稽）首，敢对扬天子不（丕）显休賚（赉）"。"拜手稽首"，"拜手"与"稽首"应是两种拜礼。《周礼·春官·大祝》云："辨九拜，一曰稽首，二曰顿首，三曰空首，四曰振动，五曰吉拜，六曰凶拜，七曰奇拜，八曰褒拜，九曰肃拜，以享右祭祀。"郑玄《注》曰："稽首拜，头至地也；顿首拜，头叩地也；空首拜，头至手，所谓拜手也。"④《尚书·商书·太甲中》也有"伊尹拜手稽首"的记载，伪孔《传》曰："拜手，首至手。"⑤ 由此可知，"稽首"与"拜手"是有区别的，《大祝》记载的九拜，"拜手"在"稽首""顿首"之后，其礼相对前两个首至地较轻，仅做到"首至手"即可。陈梦家通过统计，认为"'拜手稽首'与'拜手稽手'同出现于懿王时，古音手与首相同，故或以为'稽手'即是'稽首'；但称'拜手页手''拜稽首'或'拜手'诸器，均属受命者对所命的侯伯而言，似乎'稽首'是指手掌据地，其礼轻于至首于地。称'稽首'的三器，其中禹鼎是对侯伯而言，则稽首而不拜也是轻于拜手稽首。"⑥ 依陈梦家的看法，拜手礼轻于稽首礼，稽首礼轻于拜手稽首礼，抛开后世文献，"拜手稽首"自懿王时始见，在当时是一种较重的礼节。"賚"，清代学者刘心源释为"釐"，认为："从贝当是釐，《诗·江汉》'釐尔圭瓒'，《传》：'釐，赐也。'"⑦《集成》读作"赉"，释为赏赐、赠送。因此，无论隶为何字形，其意思是相同的。

---

① 杨伯峻：《春秋左传注》，北京：中华书局，1990 年，第 478 页。
② （清）阮元校刻：《十三经注疏·春秋左传正义》，北京：中华书局，1980 年，第 1772 页。
③ （清）阮元校刻：《十三经注疏·毛诗正义》，北京：中华书局，1980 年，第 612 页。
④ （清）阮元校刻：《十三经注疏·周礼注疏》，北京：中华书局，1980 年，第 810 页。
⑤ （清）阮元校刻：《十三经注疏·尚书正义》，北京：中华书局，1980 年，第 164 页。
⑥ 陈梦家：《西周青铜器断代》，北京：中华书局，2004 年，第 224 页。
⑦ （清）刘心源：《奇觚室吉金文述》2·9，1902 年。

“用作尊鼎，其万年，子孙永宝用”。这是金文惯用的结束语，即用来做成祭祀的尊鼎，祈求万年留存，子孙永远视其为宝。

综上所述，本篇铭文大意可释为：周王南征，讨伐南淮夷的角、遹等方国。周王自征伐之地返回，在坯地，噩侯驭方献酒于王，王行祼礼，灌饮驭方，驭方回敬王。王暂时中止燕飨，然后举行射礼，驭方和王匹合射耦，结果驭方发力过轻，箭矢只到达了张侯的木植，王行射则高过了射侯，二人均未射中，皆被罚酒。王亲自赏赐驭方五对玉器、四匹马、五束箭矢，驭方叩首拜谢，颂扬天子显赫的休美与赏赐。驭方将赏赐用来作了祭祀的尊鼎，祈求万年留存，子孙用视其为宝。

三　燕射礼的特点

首先，就时间而言，令鼎铭文记载燕射礼在籍田礼之后举行。按《礼记·月令》记载，在孟春之月，“天子亲载耒耜，措之于参保介之御间，帅三公、九卿、诸侯、大夫，躬耕帝藉”[①]。但是，藉田礼不仅在春耕时举行，而且秋收时也要举行，依据令鼎铭文，并不能确定是春季或秋季。噩侯驭方鼎铭文也没有时间定语，但根据伯𢦏父簋等铭文记载周王南征的时间是在九月，再加上返回成周的时间，故举行燕射礼应是在十一月。由两篇铭文可知，举行燕射礼没有固定的时间，但都是在燕飨的过程中举行的，因此只要举行燕礼，就可能会举行燕射礼。

其次，燕射礼没有固定的举行地点，是在燕飨活动的席间举行。《诗·小雅·宾之初筵》郑玄《笺》曰：“燕射者，因燕宾客，即与射于寝。”[②] 令鼎铭文记载燕射礼是在举行藉田礼的諆田举行的，不仅铭文有明确的记载，而且《国语·周语上》记载：“及籍，后稷监之，膳夫、农正陈籍礼，太史赞王，王敬从之。王耕一墢，班三之，庶民终于千亩。其后稷省功，太史监之。司徒省民，大师监之。毕，宰夫陈飨，膳宰监之。膳夫赞王，王歆太牢，班尝之，庶人终食。”[③] 可见，西周时期的藉田礼毕后，燕飨是在天子亲耕的田

① （清）阮元校刻：《十三经注疏·礼记正义》，北京：中华书局，1980 年，第 1356 页。
② （清）阮元校刻：《十三经注疏·毛诗注疏》，北京：中华书局，1980 年，第 484 页。
③ 徐元诰撰，王树民、沈长云点校：《国语集解》，北京：中华书局，2002 年，第 18 页。

原上举行的。噩侯驭方鼎铭文记载的燕射礼则是在“坯”地举行的，“坯”应该是西周时期从南方返回成周的必经之路，根据其他金文资料，可知这里时常举行燕飨活动。

再次，燕射礼的参与者是参与燕飨的贵族。令鼎铭文记载“王射，小子䢅射”，鄂侯驭方鼎铭文记载“驭方䢅（佮）王射”。可见，王可以主持燕射礼，让王族子弟合耦对射，也可以亲自参与竞射，与诸侯合耦对射。《礼记·射义》孔颖达《疏》云：“凡天子诸侯及卿大夫射礼有三：……三为燕射，为息燕而与之射。”[①] 据两篇铭文内容，燕射礼的核心人物是周天子，参与燕飨活动的小子和诸侯，则是燕射礼的参与者。

最后，燕射礼的具体仪程已不可考，但可以看出，燕射礼并不单独举行，而是燕礼的一个仪节。《周礼·春官·乐师》孙诒让《正义》曰：“燕射者，王与诸侯、诸臣因燕而射。”[②] 令鼎铭文记载的行礼过程是先行藉田，再有燕飨，最后举行燕射。鄂侯驭方鼎则是先行祼礼，再有燕飨，之后举行燕射，最后继续燕飨。由此可知，燕射礼在燕礼之后或中间举行，即噩侯驭方鼎铭文所说的“息燕”，息燕之后行射，射毕继续燕饮。简言之，燕射礼应是燕礼的一部分，仪程为“先燕后射再燕”。

综上所述，通过对令鼎和噩侯驭方鼎两篇铭文进行汇释疏解，并结合文献记载，可知，西周时期的燕射礼不是一个独立的礼仪，而是包含在燕礼中的一项仪节。燕射礼具有一定的娱乐性，是为烘托燕飨活动的热烈氛围而举行的，其参与者即天子、诸侯、小子、卿大夫等燕礼的参与者。

---

① （清）阮元校刻：《十三经注疏·礼记正义》，北京：中华书局，1980 年，第 1688 页。

② （清）孙诒让：《周礼正义》，北京：中华书局，1987 年，第 1811 页。

第三节　金文记载的宾射礼

宾射礼是诸侯朝见天子或诸侯相会时举行的射礼。《礼记·射义》孔颖达《疏》，宾射："诸侯来朝，天子入而与之射也，或诸侯相朝而与之射也。"① 李学勤称宾射是"天子、诸侯飨来朝之宾而与之射，也叫做飨射"②。"飨"同"享"，即飨礼，与燕礼相似，均有饮酒酬宾的环节，在此期间举行射礼，是为燕飨助兴的。但是，飨礼要比燕礼更加正式，不同身份的人待宾有不同的礼数，因此，宾射也比燕射更加正式，仪节更加繁复。与宾射礼相关的金文资料，仅有麦方尊与长由盉铭文，这是研究西周宾射礼的重要依据。

一　麦方尊铭文考论

麦方尊（《集成》06015）为清宫旧藏，收录于《西清古鉴》，为西周早期成王时器，也称周邢侯尊或作册麦尊，现下落不明，仅存图像与铭文拓本。该器高约 28 厘米，腹深 21.67 厘米，口径 22.67 厘米，重 3.47 千克。口部与颈部呈圆形，腹部与圈足呈方形，大侈口，腹部微鼓。器表以云雷纹铺地，饰蕉叶纹、对鸟纹和龙纹。颈部有四条扉棱，腹部和圈足则四角与中线均有扉棱，造型古朴大气华美。内壁有铭文 8 行，含重文共 167 字。（图 2 -6）释文如下：

王令（命）辟井（邢）侯出坏（坯），侯于井（邢）。雩（粤）若二月，侯见于宗周，亡迭（尤）。迨王

① （清）阮元校刻：《十三经注疏·礼记正义》，北京：中华书局，1980 年，第 1688 页。
② 李学勤：《柞伯簋铭考释》，《文物》1998 年第 11 期。

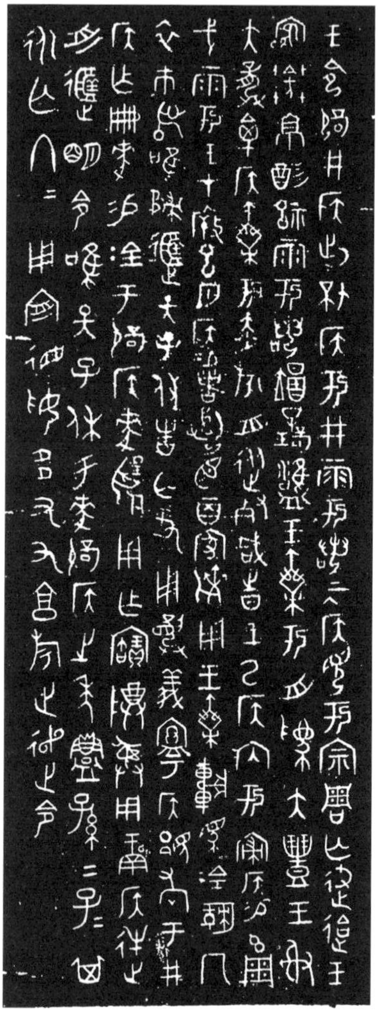

图2-6　麦方尊铭文拓本
（采自《铭图》11820）

褰（祼）莽京，酌（肜）祀。雩若竭（翌）日，才（在）璧（辟）盥（雍），王乘于舟，为大豊（礼），王射

大龏（鸿）禽，侯乘于赤旂舟从，死（尸）咸。之日，王以侯内（入）于寝，侯易（赐）玄琱（琱）

戈。雩王才（在）庈（斥），已夕，侯易（赐）者（赭）𢦚臣二百家，劑（齎）用王乘马车、金勒、冂（禊）

衣、市、舄。唯归，遅（扬）天子休，告亡尤，用龏（恭）义宁侯，覭（景）孝于井（邢）

侯，乍（作）册麦易（赐）金于辟侯，麦扬，用乍（作）宝尊彝，用鬲侯逆

造，遅明令（命）。唯天子休于麦辟侯之年铸，孙孙子子其

永亡冬（终），冬（终）用造德，妥（绥）多友，享旋走令（命）。

“王令（命）辟井（邢）侯出坏（坯），侯于井（邢）”。关于“辟”的意义，唐兰引《尔雅·释诂》云：“辟，君也。”他认为：“这是作册麦叙述他的君主邢侯的事。”[①]“辟”也有征召的意思，《管子·轻重乙》记载：“滕鲁之粟釜百，则使吾国之粟釜千；滕鲁之粟四流而归我，若下深谷者，非岁凶而民饥也。辟之以号令，引之以徐疾，施平其归我若流水。”马非百

① 唐兰：《西周青铜器铭文分代史征》，上海：上海古籍出版社，2016年，第257页。

《新诠》引安井衡曰："辟，召也。"[①] 可引申为君主征召某人，并授予官职，如"辟召""辟举""辟除"等词。另外，"辟"通"闢"，《说文·门部》云："闢，开也。"段玉裁《注》曰："引申为凡开拓之称，古多假借'辟'字。"[②]《诗·大雅·召旻》也有："昔先王受命，有如召公，日辟国百里，今也日蹙国百里。"[③] 这里的"辟"均是开拓疆土的意思，本铭"王命辟邢侯出坯"，以上几种释义均可说通。"侯于邢"的"侯"为名词作动词，即到邢地为侯。因此，本句铭文释义为周王征召邢侯从坯地离开，到邢地作诸侯，或周王命令邢侯离开坯地，到邢地开疆拓土，或依唐兰，以作册麦的角度，称周王命我的君主邢侯，到邢地作诸侯。"辟"的这几种释义对本句影响不大。

"雩（粤）若二月，侯见于宗周，亡迖（尤）"。"雩"文献皆作"粤"，"雩若为两虚词连用，无实际意义"[④]，"雩若"即"粤若"，"是西周以来追叙历史往事的发端词，为当时文章的惯例"[⑤]。"亡"即"无"，"尤"是过失的意思，"亡尤"就是没有过失。

"迨王窨（祼）莽京，酢（肜）祀"。"迨"是会合的意思，唐兰认为：邢侯"随王一起在莽京举行祼礼，这个莽京是和镐京在一起的，是宗周的一部分。在王行祭时，诸侯应助祭。"[⑥] 刘雨[⑦]、王玉哲[⑧]等从之，皆认为邢侯参与了祭祀或协助周王祭祀。但因铭文中没有邢侯佐王之类的记载，袁俊杰认为："会、合虽可互训，但此处则不适宜。前者强调的是时机，后者强调的是行为，二者着眼点不同，意思也大不一样。……邢侯并没有参加窨和酢祀，只是第二天参加了周王在莽京第三天举行的大礼和射礼。因此，'迨王窨莽京，酢祀'一句，实是对'侯见于宗周'的时间背景的交代，这里的'迨'确应读为会，是适逢的意思。"[⑨] 黄盛璋将"窨"读为

① 马非百：《管子轻重篇新诠》，北京：中华书局，1979 年，第 611 页。
② （清）段玉裁：《说文解字注》，上海：上海古籍出版社，1988 年，第 588 页。
③ （清）阮元校刻：《十三经注疏·毛诗正义》，北京：中华书局，1980 年，第 580 页。
④ 王辉：《商周金文》，北京：文物出版社，2006 年，第 75 页注③。
⑤ 李民、王健：《尚书译注》，上海：上海古籍出版社，2004 年，第 2 页注①。
⑥ 唐兰：《西周青铜器铭文分代史征》，上海：上海古籍出版社，2016 年，第 257 页。
⑦ 刘雨：《西周金文中的射礼》，《考古》1986 年第 12 期。
⑧ 王玉哲：《西周莽京地望的再探讨》，《历史研究》1994 年第 1 期。
⑨ 袁俊杰：《两周射礼研究》，北京：科学出版社，2013 年，第 204 页。

"馆"[1]，郭沫若则释为"客"[2]，皆认为其意与"居"相同，是说周王在莽京，但文献记载通常直接用"居"，没有用"馆"或"客"的情况。因此，唐兰将"窨"释为"祼"更加合理，祼祭在噩侯驭方鼎铭文也有出现，是一种祭祀礼仪，同彭祀及后文的大礼、射礼应是一个大型祭祀活动的不同仪节，是有机统一的整体。若将祼、彭祀、大礼和射礼视为一体，那么邢侯参与了第二天的大礼和射礼，也应该参加了前一天的祼、彭祀。据后文"侯乘于赤旂舟从"，可知，邢侯虽然参与了祭祀，但只是跟随在王的身后，并没有助祭。袁俊杰将"迨"释为"会"，作适逢之意是较为合理的，邢侯朝见周王，适逢周王举行祼、彭祀，但并不能证明邢侯没有参加这两项祭祀活动。从后文可以看出，邢侯只是没有助祭，而不是没有参加。

"为大豊（礼），王射大龏（鸿），禽"。"豊"与"丰"常混用，《金文编》即隶定为"丰"，称："金文醴之偏旁形与此同，与豊为一字。豆之丰满者所以为豊也。汉隶豊、丰二字皆作豊。"[3] 唐兰则把豊读为"礼"[4]，也有学者直接将"大豊"读为"大礼"[5]。袁俊杰认为本铭的"大礼"，"应是一年一度的天子始乘舟的典礼，有点类似今天的通航典礼或龙舟节"[6]。由此可知，大豊即大礼，是由周王亲自主持参加的一项重大典礼，举行大礼之前先要会合诸侯进行祼、彤祭祀，第二天才会在辟雍大池举行包含乘舟行射的大礼。"王射大龏（鸿）禽"的断句学界有较大争议。其一，以郭沫若为代表，读为"王射大鸿禽"，认为"'大龏禽'是禽名，以声类求之，疑即鸿"[7]。刘雨则直接将大鸿释为大雁[8]。按此说，句意虽然通顺，但缺乏如"无废矢""获"等对王行射的评判性词句，不符合西周有关射礼的金文规范。其二，以唐兰为代表，将本铭断为"王射，大龏禽"，认为"龏读如拱，大龏禽是说大

① 黄盛璋：《周都丰镐与金文中的莽京》，《历史研究》1956 年第 10 期。
② 郭沫若：《两周金文辞大系图录考释》，北京：科学出版社，1957 年，第 40 页。
③ 容庚编著，张振林、马国权摹补：《金文编》，北京：中华书局，1985 年，第 331 页。
④ 唐兰：《西周青铜器铭文分代史征》，上海：上海古籍出版社，2016 年，第 387 页。
⑤ 刘雨：《西周金文中的射礼》，《考古》1986 年第 12 期。
⑥ 袁俊杰：《两周射礼研究》，北京：科学出版社，2013 年，第 209 页。
⑦ 郭沫若：《两周金文辞大系图录考释》，北京：科学出版社，1957 年，第 41 页。
⑧ 刘雨：《西周金文中的射礼》，《考古》1986 年第 12 期。

量捕执鸟兽”[①]。如此一来，庄严肃穆的“大礼”不像是在辟雍举行的礼仪活动，而更像是一场田猎活动，与上下文记述的史事不符。其三，以杨树达为代表，认同郭将“龏”释为“鸿”的看法，句读为“王射大鸿，禽”，认为“此文当以‘王射大龚’四字为句，龚当如郭读为鸿。《孟子》记齐宣王顾鸿雁麋鹿于雪宫，周天子之璧雍有鸿，固其所也。‘禽’一字为句，为射而获之也”[②]。袁俊杰从杨树达观点，并进一步研究发现：“小称雁，大雁称鸿，大鸿称天鹅，总言之则均属于雁类。……‘禽’在这里既不是走兽之通名，也不是鸟类的总称，而是擒获之擒的古字。”[③] 我们认为第三种看法最为合理，“王射大鸿”是周王的竞射行为，“擒”则是对竞射的评价。大鸿即大雁，对飞禽的射猎是射礼的重要起源之一，也是周代贵族经常射猎的对象。《左传·襄公十四年》记载：“（卫）献公戒孙文子、甯惠子食。皆服而朝。日旰不召，而射鸿于囿。”[④] “囿”即圈养飞禽走兽的苑林，卫献公在囿射鸿与本铭周王在辟雍射鸿的情况应该是相似的。因此，本铭句意应是王射大鸿，擒获之。

“侯乘于赤旂舟从，死（尸）咸”。“侯”指邢侯，“赤旂舟”即悬挂有红色旗帜的船。《礼记·檀弓上》记载：“周人尚赤，大事敛用日出，戎事乘騵，牲用骍。”[⑤] 可见，周人是崇尚红色的。“旂”，《说文·方部》云：“旗有众铃，以令众也。”段玉裁《注》曰：“《尔雅》曰：‘有铃曰旂。’司常职曰：‘交龙为旂。’……画交龙于正幅，一升一降，象诸侯升朝下复也。”[⑥] 由此可知，旂是命令的象征，周代不同等级的贵族，所使用的旗帜也是不同的。《周礼·春官·司常》记载：“司常掌九旗之物名，各有属，以待国事。日月为常，交龙为旗……及国之大阅，赞司马，颁旗物。王建大常，诸侯建旂……凡祭祀，各建其旗。”[⑦] 邢侯为诸侯，按周礼规定，应使用红底画有交龙、悬挂有铃的旂。本铭记载的“大礼”规模宏大，可与《周礼》记载的“国事”

---

① 唐兰：《西周青铜器铭文分代史征》，上海：上海古籍出版社，2016 年，第 258 页。
② 杨树达：《积微居金文说》，上海：上海古籍出版社，2013 年，第 206 页。
③ 袁俊杰：《两周射礼研究》，北京：科学出版社，2013 年，第 209 页。
④ （清）阮元校刻：《十三经注疏·春秋左传正义》，北京：中华书局，1980 年，第 1957 页。
⑤ （清）阮元校刻：《十三经注疏·礼记正义》，北京：中华书局，1980 年，第 1276 页。
⑥ （清）段玉裁：《说文解字注》，上海：上海古籍出版社，1988 年，第 310 页。
⑦ （清）阮元校刻：《十三经注疏·周礼注疏》，北京：中华书局，1980 年，第 826～827 页。

“大阅”对应；铭文虽未说明周王所乘的舟上是否悬挂大常，但邢侯地位低于周王，故乘的舟跟随在周王的后面，且悬挂着供诸侯使用的旂，可知是符合文献记载的。辟雍大池上的船队，用不同的旗帜区别等级，排列整齐有序，这也从侧面反映出“大礼”的庄严肃穆。“死”读为“尸”，“与司同”[①]；“咸”是皆的意思，金文中常作完成之意。“死咸”是说在大礼中，邢侯掌管的事宜已全部完成。

“之日，王以侯内（入）于寝”。“之日”较难理解，郭沫若认为：“‘之日’二字原刻连为一字，余旧释旹，义亦可通，唯金文未见此例，故今分之。日者，与下‘巳夕’为对，当表时刻，疑指正午。”[②] 此说将“之日”与“巳夕”两个较难理解的词汇对应很有见地，但是日指正午，似有再探讨的余地。袁俊杰给出两种解释：其一，“‘之’，此。此日，这一日。……周王射大鸿亦当不会太晚，因而大礼、射礼之礼成时间肯定要早，故‘之日’实应为大礼结束的这一天”。其二，“‘之日’似又可理解为至日……即达到宗周的那一天”[③]。通过比较，我们认为袁俊杰的第一种说法更为合理。本铭记载史事顺序为，邢侯到达宗周朝见周王，之后参加了祼祭和肜祀，第二天又参加了大礼和射礼。若此处的“之日”为邢侯到达宗周的日子，“王以侯入于寝”却在完成大礼之后，显然是不符合时间逻辑的。将“之日”释为大礼结束的这一天，邢侯完成了大礼中的各项任务，获得了周王的赏赐，从记事上更加合理。“内”，《说文・入部》释曰：“内，入也。自外而入也。”[④] 不过，这里的“自外而入”并非简单地从室外到室内，而是从一个地方回归。《仪礼・大射》：“公入，《骜》。”杨天宇《注》曰：“入，谓将入，也就是将要返回都城。案射宫在国都之郊，现在君将从射宫返回国都，所以说君入。”[⑤] 由此可见，莽京与宗周镐京不在同一地方，周王在莽京举行大礼之后，返回镐京寝宫，所以本铭用了“内”也就是“入”，但也可以看出，两地相距不远，一日之内就可以往返。

---

① 唐兰：《西周青铜器铭文分代史征》，上海：上海古籍出版社，2016 年，第 258 页。
② 郭沫若：《两周金文辞大系图录考释》，北京：科学出版社，1957 年，第 41 页。
③ 袁俊杰：《两周射礼研究》，北京：科学出版社，2013 年，第 213 页。
④ （清）段玉裁：《说文解字注》，上海：上海古籍出版社，1988 年，第 224 页。
⑤ 杨天宇：《仪礼译注》，上海：上海古籍出版社，2004 年，第 216 页注①。

“雩王才（在）㡯（斥），已夕”。“㡯”为地名，据唐兰考证：“盠驹尊‘王初执驹于㡯’与此同地。㡯字从攴厈声，遣尊、遣卣和作册睘尊、作册睘卣都说‘王在厈’，当亦同地。厈即斥字，㡯即拆之本字……㡯地应与宗周相近。”并将“已夕”释为“祀月”，认为：“祀月就是祭月……祀月之地应在宗周之西。”① 这一看法得到了多数学者的赞同，“㡯”为地名或周王的宫殿名争议不大。但就“祀月”之说，袁俊杰隶定为“已夕”，认为：“本铭邢侯是二月到宗周朝见的，即使再逗留一个月，也与‘秋暮夕月’的秋分祭月不符。……已夕，也许是朝见结束的那天傍晚见周王，本次朝见公事办完、将要返回封国而见王，故有拜谢辞别的意思。”② 从后文承接周王赏赐邢侯车、马、金勒等车马器可以推断，邢侯在朝见之后向周王辞行的观点更加合理。

“龏义宁侯”。“龏”即“恭”，是恭敬的意思，“恭义”与“敬义”相同。《周易·坤卦》文言曰：“君子敬以直内，义以方外，敬义立而德不孤。”③ 可见，“敬义”二字是君子自身修养和对外态度的高度评价，邢侯朝见周王时，采用“敬义”的态度，体现了恭敬正直之心。“宁侯”指安宁顺从的诸侯，即如同邢侯这样，能够按时朝见天子的诸侯，与“不宁侯”相反。

“辟侯”。指邢侯，是铭文开篇时所言“王命辟邢侯”中“辟邢侯”的简称。前文已讨论过“辟”有开疆拓土的意思，此处直接用“辟侯”，是指开辟疆土的邢侯，也就是受周王册封的第一代邢侯。由此也可以推断，麦方尊的年代应该与第一代邢侯被册封的时代相同。《左传·僖公二十四年》记载：“凡、蒋、邢、茅、胙、祭，周公之胤也。”④ 可知，邢国的始封君是周公之子，受封于周成王四年，麦方尊也应是西周早期成王时器。

综上所述，本篇铭文大意可释为：周王命令邢侯离开“坯”地开辟疆土，到邢地去做诸侯。在二月，邢侯到镐京朝见周王，朝见的礼仪没有错误。适逢周王在葊京举行祼祭礼和肜祭，第二天，在辟雍，周王坐在船上，举行大

① 唐兰：《西周青铜器铭文分代史征》，上海：上海古籍出版社，2016 年，第 258 页。
② 袁俊杰：《两周射礼研究》，北京：科学出版社，2013 年，第 214 页。
③ （清）阮元校刻：《十三经注疏·周易正义》，北京：中华书局，1980 年，第 19 页。
④ （清）阮元校刻：《十三经注疏·春秋左传正义》，北京：中华书局，1980 年，第 1817 页。

礼。周王射大鸿，并擒获，邢侯坐在挂有红色旗帜的船上跟随周王，所主管的各个事情都很好地完成了。这一天，周王和邢侯回到镐京寝宫，王赏赐给邢侯黑色的雕戈。周王在斥，办完公事、朝见结束的那天傍晚，周王又赏赐邢侯赭色衣踝跣之臣二百家，并赠送了王乘坐的马车、铜勒、禖衣、蔽膝、鞋。邢侯朝见被赏赐之后返回封国，称扬天子的休美，告诉祖先自己没有过失。麦用敬义安宁侯来称扬、大孝邢侯。作册麦被开辟疆土的邢侯赏赐了铜，麦对扬邢侯的休美，用来做宝器。用来献享邢侯的来往使者，称美明命。这是第一代邢侯对扬天子休美的这一年铸造的，子子孙孙永远没有终尽，永远被有造就品德好的人使用，安和众友，侍奉天子并奔走操劳以效王命。

二 长由盉铭文考论

长由盉（《集成》09455），1954 年出土于陕西长安县斗门镇普渡村的一座西周墓①，现藏于中国国家博物馆，是西周中期穆王时器。该器通高 28.2 厘米，口径 17.5 厘米。口微外侈，束颈，肩的一侧有管状流向上斜伸，另一侧有牛首半环形鋬，弧形分裆，三足下部呈圆柱形，弧面形盖，顶部有半环形小纽，下有子口，盖沿一侧有小纽，以蛙形链条与鋬相连。器颈和盖沿均饰窃曲纹，以云雷纹填地，腹部饰双线“V”形纹，流饰三角雷纹。内有铭文 6 行，含重文共 56 字。（图 2－7）释文如下：

隹（唯）三月初吉丁亥，穆王

才（在）下淢𠂤（居）。穆王乡（飨）豊（醴），即（饮）

井（邢）白（伯），大祝射，穆穆王蔑长

由以逑（仇）即（饮）井（邢）白（伯），井（邢）白（伯）氏強（寅）不

奸，长由蔑历，敢对扬天

子不（丕）环（显）休，用肇乍（作）尊彝。

① 陕西省文物管理委员会：《长安普渡村西周墓的发掘》，《考古学报》1957 年第 1 期。

“穆王在下減应”。“下減”为地名，也见于元年师旋簋（《集成》04279－04282）、蔡簋（《集成》04340）铭文“王在減应”。卢连成、王辉二人认为“減”地在今陕西省凤翔县南，也就是《汉书》之《地理志》《郊祀志》记载的“棫阳”①。黄盛璋认为：“‘长由盉’之‘減’即‘囿’字，古‘囿’‘域’互假，‘毛传’：‘囿所以域养禽兽也。’‘孔疏’云：‘囿者筑墙为界域，而禽兽在其中，故云囿所以域养禽兽也。’囿必有界域，灵囿范围既大，孔谓筑墙，恐非古代力所能及，最合理当是以水域之。下減即下囿（当与上囿相对）。”② 黄盛璋“以水域之”的观点很有见地，周王在“減”地举行飨礼和射礼。自射礼开始形成的商代，到西周时的辟雍大池，射礼均在水泽之旁举行，将“減”释为“囿”，作为圈养动物的场所，这些动物又可作为竞射的对象，是非常合理的。从字形上看，囿有界域是可以肯定的，若为“減”，可能是以水为界；若为“域”，则疑是以墙为界。“应”，唐兰③和《集成》均释为“位”，但未作说明，疑与金文中常见的“武公右南宫柳即位中廷”（南宫柳鼎《集成》02805）等器铭中的“位”用法相同，表示方位。郭沫

1

2

图2－7　长由盉及其铭文拓本

1. 长由盉　2. 长由盉铭文拓本

（采自《铭图》14796）

① a. 卢连成：《周都減郑考》，考古与文物丛刊第二号《古文字论集》一，1983年。b. 王辉：《西周畿内地名小记》，《考古与文物》1985年第3期。

② 黄盛璋：《周都丰镐与金文中的莽京》，《历史研究》1956年第10期。

③ 唐兰：《西周青铜器铭文分代史征》，上海：上海古籍出版社，2016年，第387页。

若[1]、王辉[2]二位将其隶定为“居”，袁俊杰从之，并称：“‘穆王在下淢居’与金文‘王在雍居’（蔡簋，《集成》04340）、‘王在杜居’（师虎簋，《集成》04316）之句式相同。居有都城之义，如‘禹居阳城’，《国语·周语》韦昭注作‘禹都阳城’‘汤始居亳’‘营周居于洛邑而后去’，可证。”[3] 我们认为本铭“应”释为“居”是合理的，但与“禹居阳城”“汤始居亳”不同。此处的居应是名词，而不是动词，否则“穆王在下淢应”句式应是“穆王居下淢”，且“下淢”之地在山水间，从地理环境上也不适合营建都城，故与“禹居阳城”不同。陈梦家将“应”隶定为“廙”，认为“‘立’‘异’同音”，“金文之应即《说文》之‘廙，行屋也’”[4]。《说文·广部》云：“廙，行屋也。”段玉裁《注》曰：“行屋所谓幄也，许书《巾部》无幄篆。《周礼》：‘帷幕幄帟。’注云：‘四合象宫室曰幄，王所居之帐也。’”[5] 可见，“廙”指帝王出行时所搭建的帷帐，以供临时休息居住。下淢在山水之间，又是圈养动物的囿，且离镐京不远，正是穆王出行的上佳之选，在此地搭建帷帐，举行飨礼、射礼也十分合适。因此，陈梦家的考释可以作为本铭的最优解。另外，袁俊杰所说“考虑到下淢居的地理环境，它应是周穆王的一处离宫别馆”也可以接受，只是从字义上讲，是一处十分简易的“离宫别馆”。

“乡豊”。“乡”即“飨”，王辉释为“卿”，认为：“象两人相向就食之形，为飨之初文，本义为飨食，引申为向。”[6] 可见，无论释为“飨”或“卿”，其表意不变。唐兰认为“乡豊即飨礼，详见武王时朕簋，中䀠父作豊鬲，容庚读醴，殊不知鬲非盛醴酒之器”[7]。袁俊杰认为唐兰观点不确，称：“唐兰读为飨礼……意译时又把‘飨礼’译作饮醴酒的宴会，似亦前后不一，没有坚持注释中的观点。”“此处的‘乡豊’确应读作飨醴，飨谓以酒食待

① 郭沫若：《长由盉铭释文》，《文物参考资料》1955 年第 2 期。
② 王辉：《商周金文·长由盉》，北京：文物出版社，2006 年，第 107 页。
③ 袁俊杰：《两周射礼研究》，北京：科学出版社，2013 年，第 218 页。
④ 陈梦家：《两周铜器断代》，北京：中华书局，2004 年，第 142 页。
⑤ （清）段玉裁：《说文解字注》，上海：上海古籍出版社，1988 年，第 445 页。
⑥ 王辉：《商周金文·长由盉》，北京：文物出版社，2006 年，第 107 页。
⑦ 唐兰：《西周青铜器铭文分代史征》，上海：上海古籍出版社，2016 年，第 387 页。

人……醴谓以醴酒饮宾……飨醴即用甜酒肉食款待宾客。”[①] 陈梦家亦释为“飨醴”，认为：“穆王飨醴，并就井白与大祝同射，此先飨后射之礼。”[②] 我们认为陈梦家的观点最为全面，先飨后射是两部分流程，飨醴、竞射都属于飨礼。《左传·宣公十六年》周定王曰：“王享有体荐，宴有折俎。公当享，卿当宴，王室之礼也。”[③] 即诸侯朝见天子时，天子要举行飨（享）礼，用醴酒、肉食招待诸侯，并在席间举行射礼，称为宾射。因此，唐兰虽将“乡豊”释为“飨礼”，意译时说“饮醴酒的宴会”并不矛盾，飨礼本就是需要饮醴酒、吃肉食的。若只将本铭译为“饮醴酒”，则其仅是其中一个具体的环节，没有体现出“飨”的礼仪性，故释为“飨礼”更为合理。

“即（佽）邢伯，大祝射”。“即”，陈剑引金美京的观点，读“佽”[④]，王辉也将其释读为“佽”[⑤]，义为佐助、帮助。“大祝”是主管祭祀礼仪的文官，似乎不能参加竞射，更不会有他人佐助大祝竞射，大祝的身份是射礼的“赞”的可能性更大。本句铭文意译为，（长由）佐助邢伯，大祝主持举行射礼。由此，也可推知上文“乡豊”应释为“飨礼”，竞射是飨礼的一个环节。周王举行飨礼，故长由在席间佐助邢伯，大祝应是主持射礼仪节的司射。若释为“飨醴”，只是饮酒，则本处的“射”就显突兀，不知是飨礼的环节了。

“穆王蔑长由以逑（仇）即（佽）邢伯”。“蔑”是“蔑历”的简称，即勉励，“逑”释为“仇”，义为帮助、辅助，在前文讨论义盉盖铭文时已有说明，不再赘述。长由佐助邢伯竞射表现优异，因此受到周穆王的勉励，证明了上句“即（佽）邢伯”的主语是长由，且长由只佐助邢伯竞射，大祝并没有直接参与竞射。

“邢伯氏弜（夤）不奸”。该句的断句存在争议，陈梦家断为“邢伯，氏夤不奸”，认为：“‘氏夤不奸’指井白诚敬不伪。《尔雅·释诂》‘祇，敬也’，金文省示；《说文》‘寅，居敬也’，金文从弓；寅字也可能是弥字。《广雅·释言》‘奸，伪也’，《逸周书·宝典》‘不诚之行，故曰奸’。是氏夤

① 袁俊杰：《两周射礼研究》，北京：科学出版社，2013 年，第 218 页。
② 陈梦家：《两周铜器断代》，北京：中华书局，2004 年，第 142 页。
③ （清）阮元校刻：《十三经注疏·春秋左传正义》，北京：中华书局，1980 年，第 1889 页。
④ 陈剑：《据郭店简释读西周金文一例》，《北京大学中国古文献研究中心集刊》第二辑，北京：燕山出版社，2001 年，第 378 ~ 396 页。
⑤ 王辉：《商周金文·长由盉》，北京：文物出版社，2006 年，第 108 页注③。

是诚明，不奸也是不伪、不不诚，四字两词而其义正反相成。”[①] 袁俊杰将本铭断为“邢伯氏，夤不奸”，认为：“‘邢伯氏’即邢伯，诸侯后面附加‘氏’字有几种情况……但无论是世功世官、王之曾孙，还是诸侯觐王，这里的邢伯氏即指邢伯则是可以肯定的。”[②] 但在同篇铭文中，对一人的称呼一般前后相同，且氏夤与不奸相互对应，故此处从陈梦家之说。唐兰将“夤”隶定为“弥”，引《方言》十三：“弥，缝也。”[③] 刘雨也隶定为弥，认为：“‘弥’是终的意思，‘弥不奸’指始终很诚恳。”[④] 李亚农、王辉二人则将“夤”隶定为“弨”，从弓，寅声，为引字的异体字，引《说文》：“引，开弓也。”[⑤] 前文有长由佐助邢伯竞射，此处将“夤”释为开弓，似乎与文意更加符合。但是，飨礼在庙堂举行，相比在“寝”举行的燕礼更加正式、庄重，因此，此处的“氏夤”释为恭敬更加恰当。

综上所述，本篇铭文的意译为：三月上旬丁亥日，周穆王在下淢的临时驻所。穆王举行飨礼，席间长由佐助邢伯，大祝主持举行射礼。在长由的佐助下，邢伯行射时恭敬不伪，因此，穆王勉励了长由。长由受到穆王的嘉勉后，为对答称颂穆王正大光明的褒奖，制作了这件尊彝作为纪念。

三　宾射礼的特点

首先，就时间而言，宾射礼与燕射礼相同，都没有固定的时间。麦方尊铭文记载的宾射礼在二月举办，初代邢侯觐见周王时。长由盉铭文记载的则在三月，邢伯朝见周穆王时。具体时间虽然不同，但依《礼记·射义》孔颖达《疏》，宾射：“诸侯来朝，天子入而与之射也，或诸侯相朝而与之射也。”[⑥] 可知，麦方尊与长由盉铭文记载的射礼，都是在邢国国君朝见周天子时举行的，前者适逢周王举行大礼，后者是在周王飨邢伯的宴会上。因此，

① 陈梦家：《两周铜器断代》，北京：中华书局，2004 年，第 142 页。
② 袁俊杰：《两周射礼研究》，北京：科学出版社，2013 年，第 220～221 页。
③ 唐兰：《西周青铜器铭文分代史征》，上海：上海古籍出版社，2016 年，第 387 页。
④ 刘雨：《西周金文中的射礼》，《考古》1986 年第 12 期。
⑤ a. 李亚农：《“长由盉铭释文”注解》，《考古学报》1955 年第 9 期。b. 王辉：《商周金文·长由盉》，北京：文物出版社，2006 年，第 108 页注⑥。
⑥ （清）阮元校刻：《十三经注疏·礼记正义》，北京：中华书局，1980 年，第 1688 页。

举行宾射礼当没有具体的时间规定。

其次，举行宾射礼的地点在王都近郊。诸侯朝见天子应是在都城王宫中，但宾射礼并不在王都举行，可见，宾射虽然是“因朝而射”，但“朝”与“射”并不是同时、同地进行的。宾射礼是诸侯觐见周王之后，周王在举行飨礼来酬酢诸侯的场所举行射礼。麦方尊铭文记载周王在宗周附近的莽京辟雍大池举行射礼，而长由盉铭文记载的宾射则是在下淢的临时驻地举行。清代学者褚寅亮指出，“待客之礼有三：飨也，食也，燕也。飨重于食，食重于燕。飨主于敬，燕主于欢，而食以明养贤之礼。飨则体荐而不食，爵盈而不饮，设几而不倚，致肃敬也；食以饭为主，虽设酒浆，以漱不以饮，故无献仪；燕以饮为主，有折俎而无饭，行一献之礼，说（脱）屦升坐以尽欢，此三者之别也。飨、食于庙，燕则于寝，其处亦不同矣。”[①] 可知，庙堂也即王宫的前殿，是举行飨礼的地方，也是举行宾射礼的主要场所。但是，从麦方尊、长由盉两篇铭文来看，宾射礼并不在王宫举行，也说明了举行宾射并不拘泥于固定的地点。

再次，宾射礼的主要参与者是天子和诸侯，且各自有佐助其行射的“赞”。宾射是诸侯朝见天子时举行的射礼，金文资料也证实了这一点，而且巧合的是麦方尊与长由盉铭文皆记载了周天子与邢国国君的竞射。除了天子与诸侯之外，还有射礼的执事人员参与，麦方尊的器主麦和长由盉的器主长由都是以辅助者的身份参加了宾射礼，麦辅助周成王与邢侯竞射，长由辅助邢伯与周穆王竞射。通过长由盉铭文记载可知，还有大祝作为宾射礼的司射，其身份与长由相同，均为射礼的“赞”，可能佐助周王。因此，举行宾射礼时，竞射者只有天子与诸侯，但还有射礼的执事者分别辅助天子和诸侯行射，他们都是宾射礼的参与者。

最后，宾射礼是飨礼的一个环节。虽然，宾射礼主“敬”，燕射礼主“欢”，宾射较燕射更加庄重肃穆，但是二者在仪节上是相同的，均不是独立举行的礼仪。麦方尊铭文除了记载有宾射礼之外，之前有祼祭礼、肜祭礼，之后又有大礼，宾射只是周王举行大礼的一个仪节。长由盉铭文则有飨礼，

---

① （清）褚寅亮：《仪礼管见》卷六，（清）王先谦编：《清经解续编》，上海：上海书店，1988年，第898页。

飨礼是天子对来朝诸侯的酬酢，宾射只是飨礼的一个环节。依麦方尊铭文记载，大礼是一项隆重的礼仪，宾射是在辟雍大池的船上举行，行射的目标是大雁一类的鸟类，属于水上行射的礼仪。长由盉铭文记载的宾射礼仪程则是“先飨后射”，虽然只是在穆王下减的临时住所举行，但依然体现出了庄严肃穆的气氛。

综上所述，西周时期的宾射礼重点在于“敬”，无论射前的飨礼，还是天子与诸侯竞射，都体现出参与者恭敬不伪的态度，因此，佐助天子、诸侯行射的赞者会受到嘉勉和赏赐，可见举行射礼时对仪节程式的重视。另一方面，宾射对仪节规程的重视，也是对行射者德行修养的考察，故对行射的时间、地点的规定相对宽松。

第四节　金文记载的射牲礼

射牲礼是由田猎获取祭祀所用牺牲演变而来的一项重要射礼。古人为了表现祭祀鬼神、祖先时的诚信，往往要亲自射猎牺牲。《国语·楚语下》记载："天子禘郊之事，必自射其牲。……诸侯宗庙之事，必自射牛、刲羊、击豕。"① 有关射牲礼仪的铭文只有伯唐父鼎一篇。

一　伯唐父鼎铭文与射牲礼

伯唐父鼎（《铭图》02449）1986 年出土于陕西省长安县张家坡西周墓地 M183②，现藏于中国社会科学院考古研究所，是西周早中期昭王时器。该鼎通高 18 厘米，口横径 13.2 厘米，纵径 10.1 厘米，腹深 8.1 厘米。口微敛，呈桃圆形，折沿方唇，长方形附耳高出口沿之上，深腹略鼓，圜底，三足为圆柱形实足，足粗壮且高。鼎口沿下饰一周弦纹。底部有烟炱。腹部内壁有铭文 9 行，含合文共 67 字。释文如下：

乙卯，王窨莽京，［王］
桒辟舟，临舟龙，咸
桒。白（伯）唐父告备，王各（格），
乘辟舟，临桒白旂，
用射絼、𤉡虎、貉、白
鹿、白狼于辟池。咸

① 徐元诰撰，王树民、沈长云点校：《国语集解》，北京：中华书局，2002 年，第 519 页。
② 中国社会科学院考古研究所沣西发掘队：《长安张家坡 M183 西周洞室墓发掘简报》，《考古》1989 年第 6 期。

> 桒。[王] 蔑历，易（赐）矩鬯一卣、
> 贝廿朋。对扬王休，用
> 乍（作）□公宝尊彝。

“乙卯，王窨莽京”。“乙卯”是时间指示语，刘雨认为：“事情发生于王在莽京举行窨祭之年的乙卯日。”① 也就是说“王窨莽京”也是时间指示词，表示年份，“乙卯”表示日期。“窨”字金文习见，读为“祼”，即祼祭礼。通过前文对匽侯驭方鼎、麦方尊等器铭文的释读，可知祼祭礼并不是一个非常特殊的祭礼，麦方尊铭也有“王窨莽京”的记述，但并不能判定与本铭是同一次祼祭。简言之，若以“王窨莽京”作为纪年，则过于普遍，并不具有特殊性与标志性。因此，本铭可直接释为：乙卯日，周王在莽京举行窨祭。

“王桒辟舟，临舟龙，咸桒”。“桒”为祭名，也作“祷”，金文习见，多读为“祓”。《说文·禾部》云：“祓，除恶祭也。”② 也就是一种除凶去垢的祭祀礼仪。据袁俊杰考证，“祓祭的种类很多，如祓除不育之疾、祓除邪恶灾害、祓除路途之不详、祓除火灾、祓除人身秽气等，是知其为祓除不详之祭礼”③。“辟舟”在本铭中出现两次，另见“辟池”，刘雨认为：“辟是辟雍之辟。……舟行辟池水中，故又称辟舟。”④ 张政烺则认为：“（辟舟）疑是舟之特殊形状或特殊用途者。……或即鹢舟。”⑤ 胡新生根据《尔雅·释诂》云，“辟，君也”，认为辟舟也可能指“君舟”⑥。总之，辟舟应指停放在辟池中的舟船，结合下文可知，辟舟上饰有龙纹，应是周王专用的特殊形制的舟。但是，“辟池”并不一定就是辟雍大池，依麦方尊（《集成》06015）铭文“在辟雍，王乘于舟，为大礼，王射大鸿”，遹簋（《集成》04207）铭文“王在莽京，呼渔于大池”，静簋（《集成》04273）铭文“射于大池”等，或称辟雍，或称大池，皆指辟雍大池，但未见辟池的说法。《说文·辟部》云：“辟，

---

① 刘雨：《伯唐父鼎的铭文与时代》，《考古》1990年第8期。
② （清）段玉裁：《说文解字注》，上海：上海古籍出版社，1988年，第6页。
③ 袁俊杰：《两周射礼研究》，北京：科学出版社，2013年，第158～159页。
④ 刘雨：《伯唐父鼎的铭文与时代》，《考古》1990年第8期。
⑤ 张政烺：《伯唐父鼎、孟员鼎、甗铭文释文》，《考古》1989年第6期。
⑥ 胡新生：《“周人尚赤”说的历史考察》，《文史哲》2005年第2期。

法也。从卩辛，节制其辠也。从口，用法者也。”段玉裁《注》曰：“又引申之为辟除。如周礼阍人为之辟、孟子行辟人，以及辟寒、辟恶之类是也。”[①]可知，辟既可以释为法度、罪责，也可以引申为辟除。若将“辟”释为法度，则《礼记·月令》孟秋之月：“是月也，命有司修法制，缮囹圄，具桎梏，禁止奸，慎罪邪，务搏执。命理瞻伤、察创、视折、审断决。狱讼必端平。戮有罪，严断刑。天地始肃，不可以赢。”[②] 秋季是主刑罚的季节，与“辟”相同。若释为辟除，则与上文“祓祭”相合，辟舟即经过祓祭，是辟除灾厄的舟船。综上，本铭的“辟”当与秋季的祭祀活动相关。《国语·周语上》曰：“古者，先王既有天下，又崇立于上帝、明神而敬事之，于是乎有朝日、夕月以教民事君。”韦昭《注》：“礼，天子搢大圭、执镇圭，缫藉五采五就，以春分朝日，秋分夕月，拜日于东门之外，然则夕月在西门之外也。”[③]《周礼·春官·典瑞》：“缫藉五采五就以朝日。”郑玄《注》：“天子常春分朝日，秋分夕月。”[④] 以上文献提到了“春分朝日，秋分夕月”，即春分时祭祀太阳，秋分时祭祀月亮，也就是说秋祭的主要对象是月亮。《礼记·祭义》记载：“祭日于坛，祭月于坎。……祭日于东，祭月于西。”[⑤] 坛与坎相对，坛是圜丘，坎是方丘，《周礼·春官·大宗伯》贾公彦《疏》：“取方丘者，水锺曰泽。”[⑥]《说文·金部》云：“锺，酒器也。”段玉裁《注》曰：“引申之义为锺聚。”[⑦]《广雅·释地》：“泽，池也。”[⑧] 锺有汇聚的意思，泽即为水汇聚在一起后形成的池。综上所述，辟有刑罚、辟除之义，对应秋季祭月，祭月之处为坎，也称为方丘，方丘位于泽中，有大池。因此，辟池应该位于祭月的坎，而非辟雍。“临舟龙”，即靠近舟上绘有龙形图案处，“咸桒”即完成桒祭。

“伯唐父告备，王格，乘辟舟”。“伯唐父”是本器的器主，“告”即禀

---

① （清）段玉裁：《说文解字注》，上海：上海古籍出版社，1988 年，第 432 页。

② （清）阮元校刻：《十三经注疏·礼记正义》，北京：中华书局，1980 年，第 1373 页。

③ （春秋）左丘明撰，（吴）韦昭注，明洁辑评：《国语》，上海：上海古籍出版社，2008 年，第 16 页。

④ （清）阮元校刻：《十三经注疏·周礼注疏》，北京：中华书局，1980 年，第 776 页。

⑤ （清）阮元校刻：《十三经注疏·礼记正义》，北京：中华书局，1980 年，第 1595 页。

⑥ （清）阮元校刻：《十三经注疏·周礼注疏》，北京：中华书局，1980 年，第 758 页。

⑦ （清）段玉裁：《说文解字注》，上海：上海古籍出版社，1988 年，第 703 页。

⑧ （魏）张辑：《广雅》，北京：中华书局，1985 年，第 116 页。

告、上报。“备”，《说文·人部》云：“慎也。”段玉裁《注》曰：“备训具。”[①] 可知，告备即告具，是祭祀时的一种仪节，与《周礼·春官·小宗伯》记载“掌四时祭祀之序事与其礼……告时于王，告备于王”[②] 相同。“各”即到、至之义，与金文习见的“王格大室”用法相同。

“临桒白旂，用射絼、敄虎、貉、白鹿、白狼于辟池”。“临桒白旂”，即周王亲自祓祭白旗，因前文说王已登上了辟舟，所以这次祓祭的白旗应是树立在舟上的。舟上树立白旗，不见于文献记载，但《礼记·月令》孟秋之月记载：“（天子）驾白骆，载白旗，衣白衣，服白玉。”[③] 可见在秋季，天子要驾白马，穿白色衣服，佩戴白色的玉佩，但未言明白旗载于何处，若天子乘舟，那么舟上载白旗也无可厚非。“絼、敄虎、貉、白鹿、白狼”均为天子要亲自射杀的牺牲，但不同的是这些牺牲多为野牲，而非人工圈养的牺牲。《礼记·月令》季秋之月曰：“是月也，天子乃教于田猎……天子乃厉饰，执弓挟矢以猎。命主祠祭禽于四方。”[④] 季秋时天子要亲自举行田猎，命主祠官将猎获的野牲祭祀四方之神，这就解释了此次周王所射的牺牲以野牲为主的原因。除田猎野牲之外，对这些牺牲还有甄别，《礼记·月令》仲秋之月记载：“是月也，乃命宰、祝循行牺牲。视全具，按刍豢，瞻肥瘠，察物色。”[⑤] 其中“察物色”就是观察牺牲的毛色，按秋祭之礼，必以白色牺牲为佳，因此，白鹿、白狼应是此次射牲的重点。刘雨认为：“《国语·周语》《史记·周本纪》皆记穆王征犬戎，‘得四白狼四白鹿以归’，盖此一时期白狼白鹿为野牲之名贵者。”[⑥] 犬戎在宗周的西方，《说文·白部》：“白，西方色也。”[⑦] 可见，白狼、白鹿等白色动物是西方犬戎的象征，以其为牺牲，既是秋季祭月的需要，也是对犬戎的一种震慑，具有政治意义，但是否名贵就不得而知了。袁俊杰认为：“古人多谓殷人尚白，牲用白；周人尚赤，牲用

① （清）段玉裁：《说文解字注》，上海：上海古籍出版社，1988 年，第 371 页。
② （清）阮元校刻：《十三经注疏·周礼注疏》，北京：中华书局，1980 年，第 767 页。
③ （清）阮元校刻：《十三经注疏·礼记正义》，北京：中华书局，1980 年，第 1373 页。
④ （清）阮元校刻：《十三经注疏·礼记正义》，北京：中华书局，1980 年，第 1380 页。
⑤ （清）阮元校刻：《十三经注疏·礼记正义》，北京：中华书局，1980 年，第 1374 页。
⑥ 刘雨：《伯唐父鼎的铭文与时代》，《考古》1990 年第 8 期。
⑦ （清）段玉裁：《说文解字注》，上海：上海古籍出版社，1988 年，第 363 页。

骍。但本铭说明周人也继承了商人用白牲祭祀的传统。”① 此说也可商榷。周人不同的季节穿着不同颜色的衣服、佩戴不同颜色饰品，祭祀时也用不同毛色的牺牲，本铭所用的白牲是为秋季祭月服务的，而非继承了商人用白牲的传统。

“王蔑历”。“蔑历”前文已多次说明，即勉励、嘉勉之意，本铭周王嘉勉伯唐父，可能与其很好地完成“告备”任务有关。前文提到小宗伯有在祭祀时告备周王的职责，由此看，伯唐父应是类似于小宗伯之类的春官之属。

综上所述，伯唐父鼎铭文记述的射牲礼是周王秋季祭月礼仪的一部分。祭月需在秋季，要在坎泽辟池举行，且周王所树旗帜、所射牺牲皆以白色为尊，并兼顾了秋季田猎活动，还具有震慑犬戎的政治意义。本篇铭文大致可释为：乙卯日，周王在葊京举行祼祭。之后，周王祓祭辟池之舟，亲自祓祭舟龙，祭礼完毕。伯唐父向周王上报船体完好，准备就绪，周王到达，登上辟池之舟。王又亲自祓祭了舟上的白旗，在坎泽辟池举行射牲礼，对牛牲和斑纹虎、貉、白鹿、白狼等野牲行射，礼仪完毕。周王称赞并嘉奖了伯唐父，赐予他一卣秬鬯酒和二十朋贝。伯唐父对答了王的休美，作了这件祭奠先辈某公的宝器以为纪念。

二　射牲礼的特点

伯唐父鼎铭文记载的射牲礼是在坎泽辟池举行的，此次只有周王一个人行射。《国语·楚语下》记载：“诸侯宗庙之事，必自射牛、刲羊、击豕。”② 而周王乘龙舟射牲，只射了牛牲，没有羊牲和猪牲，却射了众多野牲，虘虎、白鹿、白狼等都是珍奇动物，所以，这次射牲不是一般的祭祀活动。通过对“辟”字的分析，以及铭中白旗、白鹿、白狼等注重白色的因素，论证了伯唐父鼎铭文记述的是西周时期周王秋季在坎泽辟池祭月的仪式，同时还具有震慑犬戎的政治意义。另外，伯唐父鼎铭文记载的祭祀活动与麦方尊铭文记载

① 袁俊杰：《两周射礼研究》，北京：科学出版社，2013 年，第 163 页。
② 徐元诰撰，王树民、沈长云点校：《国语集解》，北京：中华书局，2002 年，第 519 页。

的大礼十分相似，射礼只是一系列礼仪活动中的一项，不是单独举行的。二者不同的是，伯唐父鼎铭文记载的射牲没有与诸侯对射，而且所射的野牲、白牲比麦方尊铭中的“大鸿”更加珍贵，也更具特殊性。因此，伯唐父鼎铭文记载的包括射牲礼在内的一系列仪礼活动，应是比大礼更为隆重的一种祭祀礼仪。

第五节　金文记载的射鱼礼

射鱼礼与商代作册般铜鼋体现的射鼋相似，都是泽射的一种。以往学者对射鱼礼是否存在有很大争议，但随着出土金文资料的日渐丰富，越来越多的学者开始对其持肯定态度。井鼎（《集成》02720）、遹簋（《集成》04207）、公姞鬲（《集成》00753）三篇铭文都记载了渔礼，为论证射鱼礼提供了重要证据。但三篇铭文所记内容较为简单，且所记述的射鱼礼仪程基本一致，故仅以井鼎为例，进行考释。

一　井鼎铭文与射鱼礼

井鼎为孙鼎旧藏，现藏于上海博物馆，是西周中期昭穆王时器。通高18厘米，口径17厘米，重2.2千克。该器敛口折沿方唇，一对立耳对称铸于口沿上，鼓腹下收，圜底，三柱足上粗下细。颈部饰有一周弦纹。器内壁有铭文6行共30字。（图2-8）释文如下：

隹（唯）七月，王才（在）
莽京，辛卯，王
渔于𡨦池，乎（呼）
井从渔。攸，易（赐）
渔（鱼），对扬王休，
用乍（作）宝尊鼎。

“王渔于𡨦池”。“渔”在本铭中出现三次，均作上下结构，《说文·鱼

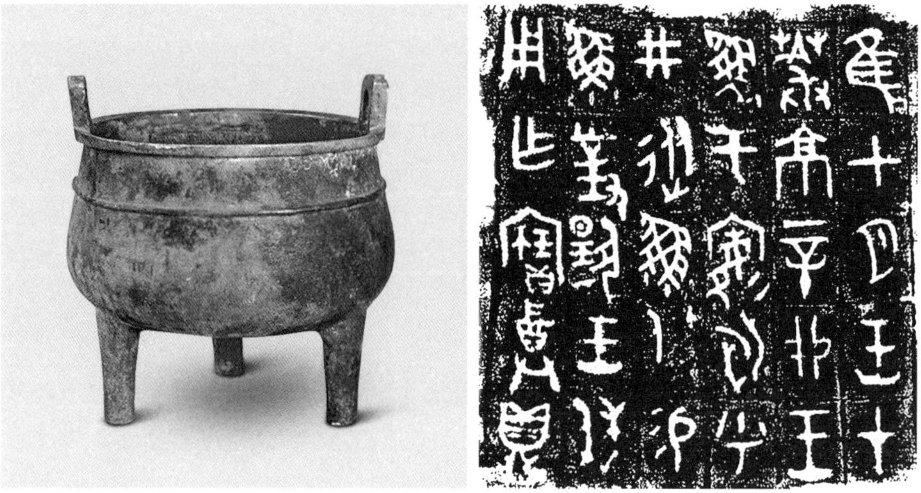

1　　　　2

图2－8　井鼎及其铭文拓本

1. 井鼎　2. 井鼎铭文拓本

（采自《铭图》02328）

部》云：“渔，搏鱼也。”段玉裁《注》曰：“搏，旧作捕，今正。”① 可知，渔泛指一切捕鱼的方法，射鱼也是其中一种。日本学者白川静认为：“本铭所说的渔则是当时的一种渔礼。”② “𦨶池”也见于公姞鬲铭文，当是同一地点。袁俊杰认为麦方尊铭文的辟雍，伯唐父鼎铭文的辟池，遹簋、静簋（《集成》04273）铭文的大池皆是同一地点，且都在葊京③。此说可存疑，经过前文分析，辟池除了指辟雍大池之外，也可能是秋季祭月的坎泽，虽都在葊京，但不一定是同一地点。另外，大池、辟池皆能行舟，可见其水域面积较大，而关于射鱼的铭文，均无周王乘舟的记载，若在岸边想射中池鱼难度极大。由此可推，𦨶池的规模应比大池、辟池小得多。

“乎井从渔”。“乎”同“呼”，是召唤、呼唤的意思。“井”为人名，也是本器的器主。“从”是跟从、跟随之义。本句句义为：传唤井来跟随周王一

① （清）段玉裁：《说文解字注》，上海：上海古籍出版社，1988年，第582页。

② 〔日〕白川静著，袁林译：《西周史略》，西安：三秦出版社，1992年，第67～68页。

③ 袁俊杰：《两周射礼研究》，北京：科学出版社，2013年，第255页。

起射鱼，井应是周王近臣、侍从一类的人。

“攸，赐渔”。“攸”字唐兰释为“修”或“脩”，义为善、治，并将其断入上句[①]。若释为善、治等形容词，可作为对上句井侍从周王射鱼的评价，井表现得没有错误，因此被赐鱼，故“攸”可单字成句。刘雨则释为人名，为作器者，并把本器命名为“攸鼎”[②]。这一观点尚可商榷，周王传唤井侍从射鱼，而攸并未出现，却由他赐鱼给井，不甚恰当。袁俊杰认为：“‘攸’，作语助，无义。”[③] 袁俊杰之说亦可释通，但不及将“攸”释为善，作为对井侍从周王射鱼的评价更为合理。

综上所述，本篇铭文的大意是：七月，周王在莽京，辛卯日，周王在𣳡池举行渔礼，并传唤井侍从周王捕鱼，井表现很好。周王赏赐井鱼，井称颂王的休美，因此做了这件宝尊鼎作为纪念。

二　射鱼礼的特点

《左传·隐公三年》孔颖达《疏》云：“特牲，少牢、祭祀之礼，皆有鱼为俎实。”[④] 可知，鱼可以作为祭祀用的牺牲。井鼎等三篇记载渔礼的金文资料显示，渔礼的主导者是周王或王后，若射鱼作为祭祀用的牺牲，则与射牲礼性质类似。麦方尊、伯唐父鼎铭文记载的射牲在辟雍大池和坎泽辟池举行，除所射对象不同外，仪节与射鱼有很多相合之处。此外，害簋（《集成》04260）铭文有“官司夷仆、小射、底鱼”的记载。“底”通“抵”，是刺、叉的意思，陈梦家认为“底鱼”是“射鱼之官”[⑤]。《左传·隐公三年》有“公矢鱼于棠”的记载，矢为箭，矢鱼即用弓箭射鱼。《淮南子·时则训》也有“季冬之月……命渔师始渔，天子亲往射鱼”的记载[⑥]。因此，射鱼是我国古代捕鱼的一种方法，射鱼礼在专用大池或𣳡池举行，周王和王后是主射

① 唐兰：《西周青铜器铭文分代史征》，上海：上海古籍出版社，2016 年，第 375 页。
② 刘雨：《西周金文中的射礼》，《考古》1986 年第 12 期。
③ 袁俊杰：《两周射礼研究》，北京：科学出版社，2013 年，第 255 页。
④ （清）阮元校刻：《十三经注疏·春秋左传正义》，北京：中华书局，1980 年，第 1727 页。
⑤ 陈梦家：《西周铜器断代》，北京：中华书局，2004 年，第 455 页。
⑥ （西汉）刘安著，（东汉）高诱注：《淮南子》，国学整理社编：《诸子集成》七，北京：中华书局，2006 年，第 83 页。

者，另有其他人员（掌管射鱼的官员）辅助行射，盛行于西周中期早段的周昭王、周穆王时期，射获的鱼可作为祭祀的牺牲。另外，射鱼礼应该只是一种仪式，象征性的射毕后，疑改用其他方式捕鱼，否则周王动辄以百条记的赏赐规模，仅靠射恐怕是不够的。

第六节　金文记载的周王习射

习射即练习射艺。《大戴礼记·保傅》记载："帝入太学，承师问道。"① 周王到太学问道，其中就包括"射"。射礼是周代贵族子弟必须掌握的技能之一，即便贵为天子，也要时常练习射艺，为此，周王不仅要到太学请教，还在王宫附近修建射庐，以便随时习射。记载周王习射的青铜器铭文有三篇，分别是十五年趞曹鼎（《集成》02784）、师汤父鼎（《集成》02780）和匡卣（《集成》05423）。由于记载周王习射的金文资料皆较精短易读，且记录习射的内容大体相似，故仅以十五年趞曹鼎为例，对其铭文进行考释解读。

一　十五年趞曹鼎铭文与周王习射

十五年趞曹鼎，为吴大澂旧藏，现藏于上海博物馆，为西周中期共王时器。鼎通高23.4厘米，口径22.9厘米，腹深11.9厘米，重3.94千克。器形为敛口折沿方唇，口沿上铸有对称立耳，浅腹，斜直壁，下腹略向外垂，器底较平，三柱足内侧平直。器身饰有一周垂冠回首尾下卷的接连夔龙纹。腹内壁有铭文8行，共57字。（图2-9）释文如下：

隹（唯）十又五年五月
既生霸壬午，龏（共）
王才（在）周新宫。王射
于射卢（庐），史趞曹

① （清）王聘珍撰，王文锦点校：《大戴礼记解诂》卷三，北京：中华书局，1983年，第52页。

易（赐）弓矢、虎卢、九（厹）、胄、
干、殳。趞曹敢对，曹
拜韻（稽）首，敢对扬天子休。
用乍（作）宝鼎，用乡（飨）倗（朋）畜（友）。

1

2

图2-9 十五年趞曹鼎及其铭文拓本
1. 十五年趞曹鼎 2. 十五年趞曹鼎铭文拓本
（采自《铭图》02434）

"龏王在周新宫"。"龏王"即"共王"，西周时期穆王之子。"周"指代西周的都城，本铭陈梦家认为是指成周洛邑①。袁俊杰遵从这一观点，称："周王朝先都宗周镐京，后又建成周，二这都可以简称周，本铭周即指成周。"②"新宫"，郭沫若认为："新宫者，新建之宫。"③郭沫若的看法过于简单，据望簋铭文"王在周康宫新宫"（《集成》04272），可知新宫是在康宫的基础上新建的宫殿。

"王射于射卢"。"射卢"还见于匡卣（《集成》05423）铭文，师汤父鼎（《集成》02780）铭文作"射庐"，可知，射卢即射庐。据陈梦家考证，射庐是洛邑新宫中习射的序，位于宫中东西厢的廊庑，也就是射宫。他还认为，西周共王以前的射礼多在宗周辟雍举行，而共王以后的射礼则多在成周洛邑

① 陈梦家：《两周铜器断代》，北京：中华书局，2004年，第155页。
② 袁俊杰：《两周射礼研究》，北京：科学出版社，2013年，第247页。
③ 郭沫若：《两周金文辞大系图录考释》，北京：科学出版社，1957年，第70页。

新宫的射庐举行[①]。

“史趞曹赐弓矢、虎卢、九（厹）、胄、干、殳”。“史”为官名，是西周时期太史寮系统的重要官职。“趞曹”为人名，陈梦家认为：“曹是其私名，而趞当是氏名。”[②] 趞曹虽为文官，但从其侍从周王习射、因功受赏赐的物品多为武具来看，也可能兼具武职。弓矢即弓和箭。虎卢，郭沫若认为：“盖‘虎卢’即殳之古称，以为庐器之属故称卢，其曰‘虎卢’者，盖殳为虎贲所持，故又冠以虎也。”[③] 总之，虎卢是长柄的戈。九是厹的省文，为三棱矛。《诗·秦风·小戎》有：“厹矛鋈錞，蒙伐有苑。”毛亨《传》曰：“厹，三隅矛也。”孔颖达《疏》云：“厹矛，三隅矛，刃有三角。”[④] 胄，即头盔。干写作毌，即盾。殳为竹制顶端无刃的撞击兵器，《说文·殳部》云：“殳，以杖殊人也。《周礼》：‘殳以积竹，八觚，长丈二尺，建于兵车，旅贲以先躯。’”段玉裁《注》曰：“殳、殊也。有所撞至于车上使殊离也。……此所谓兵车也。殳戟矛皆插车輢。”[⑤] 可知，殳是战车上的战士使用的，用于抵挡敌人靠近战车的长柄兵器。

综上所述，本篇铭文的大意为：周共王十五年五月新月初见的壬午日，共王在成周新宫。共王在射庐习射，史官趞曹因侍御王射有功，被王赏赐了弓矢、虎纹斑竹做的长柄兵器、三棱矛、头盔、盾和殳。趞曹对答说：“曹拜揖叩头，对答王的休美。”因此做了这件宝鼎，用来燕飨朋友。

二　周王习射的特点

周王习射的地点是在射庐，也就是射宫。按金文记载，射宫是在成周洛邑的宫殿内。习射的是周王，另有一些佐助行射的官员，这些人或奏乐、或助射，往往会受到周王赏赐，多是射具等兵器。习射并没有固定的时间限制，

---

① 陈梦家：《两周铜器断代》，北京：中华书局，2004 年，第 156 页。
② 陈梦家：《两周铜器断代》，北京：中华书局，2004 年，第 156 页。
③ 郭沫若：《两周金文辞大系图录考释》，北京：科学出版社，1957 年，第 69 页。
④ （清）阮元校刻：《十三经注疏·毛诗正义》，北京：中华书局，1980 年，第 370 ~ 371 页。
⑤ （清）段玉裁：《说文解字注》，上海：上海古籍出版社，1988 年，第 118 ~ 119 页。

其旨在使周王熟练掌握行射的礼仪和技巧，以提高射艺。行射过程中，周王还会起舞，并伴有音乐，似与《周礼·春官·乐师》记载燕射“帅射夫持弓矢舞”① 类似，可能习射的仪程中也有这一项。因此，周王习射时，有礼有乐，故列为射礼。

① （清）阮元校刻：《十三经注疏·周礼注疏》，北京：中华书局，1980 年，第 794 页。

第七节　金文记载的小子学射

小子是指商周时期的贵族子弟，古时“学在官府”，只有贵族子弟才能入学接受教育。这些贵族子弟十五岁以后要进入太学学习六艺，学射是他们的重要课程之一，有专门的教官教导他们学习射礼。贵族子弟在太学学射期间，天子还会去视察他们的学习情况，并对教官的教习做出评判，静簋铭文就记述了学射礼仪的过程。

一　静簋铭文与小子学射

静簋（《集成》04273）为清宫旧藏，后归李山农、罗振玉等，现藏于美国华盛顿史密斯学院赛克勒艺术博物馆，是西周中期穆王时器。簋高约 13. 67 厘米，口径约 24. 33 厘米，重 3. 97 千克。器形侈口方唇，束颈，腹部下垂，兽首双耳对称铸于器身两侧，有垂珥，圈足外撇。颈部饰有一周垂冠回首接连夔龙纹，并以浮雕牺首隔开。腹部饰有垂冠回首凤鸟纹。内壁有铭文 8 行，含重文共 90 字。（图 2 – 10）释文如下：

隹（唯）王六月初吉，王才（在）葊京。丁卯，
王令（命）静嗣（司）射学宫，小子眔服、
眔小臣、眔尸（夷）仆学射，雩（越）八月
初吉庚寅，王以吴来、吕犅（犅）卿（佮）
豳（豳）𨛧师、邦君射于大池。静学（教）
无眈（尤），王易（赐）静鞞剢（璲）。静敢拜稽
首，对扬天子不（丕）显休，用乍（作）文
母外姞尊簋，子子孙孙其万年用。

“王命静司射学宫”。“静”为人名，即本器的器主。袁俊杰认为其与小臣静卣（《集成》02655）、静方鼎（《铭图》02461）铭文中的静为同一人，身份是小臣①。“司”是掌管之义，司射学宫即掌管学宫之中有关射箭的一切教学事务，并非礼书中所记的司射。“学宫”，杨树达将其断入下句，与小子连读，认为：“学宫者，所谓天子之大学日辟雍者是也。”② 杨树达列举了三条证据，为学界所信服。

1

2

图 2－10　静簋及其铭文拓本

1. 静簋　2. 静簋铭文拓本

（采自《铭图》05320）

“小子眔服、眔小臣、眔尸仆学射”。郭沫若认为“小子、服、小臣、尸仆，均为官名”③。此说尚可商榷。“眔”为连接词，从本句“眔”字的使用来看，“小子”为本句的主语，“服”“小臣”“尸仆”为并列关系的宾语，即可看出小子与他们的身份是有区别的。唐兰认为：“此小子似为贵族子弟在学者。……服可以由动词转成名词，即从事政事的人，但不是某一官名。……小臣应是年青的高级奴隶……仆是比臣较低的高级奴隶。”④ 小子和服、臣、仆的身份等级完全不同，这一观点甚是合理，但也有一定争议。关于“服”，袁俊杰认为：“服于射礼当为司射以下的

① 袁俊杰：《两周射礼研究》，北京：科学出版社，2013 年，第 229 页。
② 杨树达：《积微居金文说》，上海：上海古籍出版社，2013 年，第 295 页。
③ 郭沫若：《两周金文辞大系图录考释》，北京：科学出版社，1957 年，第 56 页。
④ 唐兰：《西周青铜器铭文分代史征》，上海：上海古籍出版社,. 2016 年，第 369 页。

职官们，而不应是从事政事之人。已经从事政事的人习射当自有去处，如射宫、射庐等，并不是非要到学宫与小子们一起学射。”[①] 关于“小臣”，刘雨认为是“王左右近幸之臣”[②]，王辉以为是“低级官吏”[③]。我们认为较之奴隶说，刘、王二人的观点更为合理，服、小臣、仆在《周礼》中皆有记述，其身份皆是士一级的贵族，只是与小子相比，等级地位较低，而当不会是奴隶。学宫是天子举行射礼的太学，射礼也是天子主持的一项礼仪，即便执事者，也是低等级的贵族，断不是奴隶能够参与的。《周礼·小司徒》记载军队建制曰：“五人为伍，五伍为两，四两为卒，五卒为旅，五旅为师，五师为军。”[④] 即西周时期的军队是以贵族成员作为核心、“国人”作为主力的。“国之大事，在祀与戎”[⑤]，战争不会让奴隶参加，祭祀礼仪活动就更不会有奴隶出现了。小子的身份等级高于服、小臣和尸仆，那么他们所学的射的内容也是不同的。小子主要学习行射，而服、小臣和尸仆则是学习如何为射礼提供服务，日后成为射礼的执事者，当然，在小子学习射礼竞射期间，他们也可能承当陪射的角色。

“王以吴桒、吕犅（犅）卿䜌（豳）盠师、邦君射于大池”。“以”学界以往皆释为“与”[⑥]，即王与吴桒等人进行竞射。而且，从句式上看，王与吴桒、吕犅三人为一组，与䜌师、盠师、邦君三人一一合耦对射。除此之外，《说文·以部》云：“以，用也。”段玉裁《注》曰：“用者，可施行也。凡以字皆此训。”[⑦] 因此，我们认为此处的“以”也可释为“用”“命”，即王用吴桒、吕犅与䜌师、盠师、邦君合耦竞射。如此，王仅作为射礼的主持，并没有直接参与竞射。以上两种解释皆可通。关于吴桒、吕犅的身份，唐兰认为吴桒是班簋铭文中的吴伯，吕犅则是吕伯，二人都是周穆王时期的重臣[⑧]。

---

① 袁俊杰：《两周射礼研究》，北京：科学出版社，2013 年，第 230 页。
② 刘雨：《西周金文中的射礼》，《考古》1986 年第 12 期。
③ 王辉：《商周金文·静簋》，北京：文物出版社，2006 年，第 98 页注④。
④ （清）阮元校刻：《十三经注疏·周礼注疏》，北京：中华书局，1980 年，第 711 页。
⑤ （清）阮元校刻：《十三经注疏·春秋左传正义》，北京：中华书局，1980 年，第 1911 页。
⑥ a. 袁俊杰：《两周射礼研究》，北京：科学出版社，2013 年，第 231 页。b. 唐兰：《西周青铜器铭文分代史征》，上海：上海古籍出版社，2016 年，第 370 页。
⑦ （清）段玉裁：《说文解字注》，上海：上海古籍出版社，1988 年，第 746 页。
⑧ 唐兰：《西周青铜器铭文分代史征》，上海：上海古籍出版社，2016 年，第 370 页。

袁俊杰也认为吴𠦪、吕犅为吴伯、吕伯，但根据本铭对其称名而不称爵，推断学射之时吴𠦪、吕犅二人尚年轻，未继任为国君①。杨树达则认为吴、吕二人是吴伯和吕伯的子弟，因身份显赫，所以能够进入学宫学射②。三位学者的观点均有可取之处，但我们认为无论吴、吕二人是否就是吴伯、吕伯，或是否已经继任国君，可以肯定的是，他们的年龄不会太大。《礼记·内则》记载："成童，舞象，学射御。"郑玄《注》曰："成童谓十五以上。"③ 可知，贵族子弟十五岁以上进入太学学习射、御，其学习的年限也不会太长。相比而言，袁俊杰的观点更为合理，除继任国君后不能再直呼其名外，若吴、吕二人成为封君或国君，则需到封地就封，自然不会再在学宫学射了。"𩞁菈师"为𩞁师和菈师，二者皆为人名，是当时西六师之二。"邦君"之义与义盉盖铭文相同，指未受周王分封但隶属于周王朝的邦国之君。因此可推，𩞁师和菈师已是穆王重臣，邦君的封地距离西周王畿也有千里之遥，不可能是在学宫学射的学员，故本铭提到的在学宫学射的小子应是指吴𠦪、吕犅。周王来到辟雍大池，让吴𠦪、吕犅与𩞁师、菈师、邦君合耦对射，是对众小子学射情况的视察。据《仪礼·乡射礼》《大射仪》记载，射礼有三番射，第一番射是教射，也称为诱射，首先由司射行射，然后由在学的子弟匹合射耦，但只作为教学的竞射，不计入成绩，第二、三番射才是真正的竞射。由此可见，周王视察小子学射情况，很可能就是通过第一番射，考察静教小子学射是否有偏差。

"静学无肬"。"学"古文作"斅"，郭沫若直接读为"教"④。《说文·教部》云："教，上所施，下所效也。"又曰："斅，觉悟也。"段玉裁《注》："《学记》曰：'学然后知不足。知不足然后能自反也。'按：'知不足所谓觉悟也。《记》又曰：'教然后知困，知困然后能自强也，故曰教学相长也。'《兑命》曰：'学学半'，其此之谓乎。按《兑命》上学字谓教。言教人乃益己之学半。教人谓之学者，学所以自觉，下之效也；教人所以觉人，上之施

① 袁俊杰：《两周射礼研究》，北京：科学出版社，2013 年，第 232 页。
② 杨树达：《积微居金文说》，上海：上海古籍出版社，2013 年，第 296 页。
③ （清）阮元校刻：《十三经注疏·礼记正义》，北京：中华书局，1980 年，第 1471 页。
④ 郭沫若：《两周金文辞大系图录考释》，北京：科学出版社，1957 年，第 55 页。

也。故古统谓之学也。"[①] 可见，教和学是一个事情的两个方面，古人经常混用。"眈"即"尤"，是过失、错误之义，无尤是没有过错，用法与麦方尊铭文"无尤"相同。本铭的无尤是指，王观看吴桒、吕犅等小子的竞射，对静的教学工作表示肯定，认为静教授小子学射没有过错，因此，也引出了下文王对静的赏赐。

"王赐静鞞刹"。"鞞"，《说文·革部》云："刀室也。"[②] 也即皮革制作的刀或剑的鞘。"刹"，袁俊杰认为读"璲"，即玉佩[③]。郭沫若释为鞞璏，认为是剑鞘上端的玉饰剑璏[④]。唐兰则认为："刹当是刀鞘的系带"，"与玉饰无涉"[⑤]。以上观点虽都有据可依，但是与本铭似乎关联不大。首先，"鞞"单独而言是指刀剑的鞘，但静因教射有功而被周王赏赐，不赐剑却单赐剑鞘，即便是有系带或有玉饰的鞘也不合理。其次，十五年趞曹鼎、师汤父鼎铭文记载，侍从周王习射的趞曹和师汤父所受赏赐均为武具，静因教射受赏，比侍射更近于武事，那么，周王赏赐静武具是合理的。若"刹"为玉佩也不符合赏赐的特点。吴大澂将"刹"释为"遂"，即射箭时佩戴的护臂，也称为"韝"，杨树达从其说，认为："王喜静之善教而赐以射韝，犹静卣之赐静以弓，射韝与弓皆射事之用具也。"[⑥] 王辉说鞞刹是连鞘带璲的刀[⑦]。杨、王二人均认为鞞刹是武具，无疑是正确的，相较而言，杨树达的解读与静所从事的教射工作更为贴近，因教射得到了射具作为赏赐是最为合理的。

"文母外姞"。"文母"是静对其母亲的称谓，与"文考"相类。《诗·周颂·雝》有："既右烈考，亦右文母。"郑玄《笺》："文德之母。"[⑧] 以"文"为谥或称谓，在周代是对一个人非常高的评价。《逸周书·谥法解》："经天纬地曰文。道德博闻曰文。学勤好问曰文。慈惠爱民曰文。愍民惠礼曰文。锡

① （清）段玉裁：《说文解字注》，上海：上海古籍出版社，1988 年，第 127 页。
② （清）段玉裁：《说文解字注》，上海：上海古籍出版社，1988 年，第 108 页。
③ 袁俊杰：《两周射礼研究》，北京：科学出版社，2013 年，第 232 页。
④ 郭沫若：《两周金文辞大系图录考释》，北京：科学出版社，1957 年，第 56 页。
⑤ 唐兰：《西周青铜器铭文分代史征》，上海：上海古籍出版社，2016 年，第 370 页。
⑥ 杨树达：《积微居金文说》，上海：上海古籍出版社，2013 年，第 296 页。
⑦ 王辉：《商周金文·静簋》，北京：文物出版社，2006 年，第 99 页注⑨。
⑧ （清）阮元校刻：《十三经注疏·毛诗正义》，北京：中华书局，1980 年，第 596 页。

民爵位曰文。”[①]“外”为封邑名，外叔鼎（《集成》02186）铭文可证，“姑”为女子的母国之姓。“外姑”是对嫁给外封君的姑姓女子的称谓。

综上所述，本篇铭文大意为：六月上旬，周王在莽京。丁卯这天，周王命令静作为射宫的司射，管理射宫的教射事宜，贵族子弟和服、小臣、尸仆等执事人员跟随静学习射艺。到八月上旬庚寅这一天，周王命吴桒、吕犅匹合豳师、莁师、邦君在大池举行射礼。竞射中，静教授小子学射没有过错，周王赏赐给静射箭时需要佩戴的皮革制作的护臂。静拜谢叩头，对扬天子显赫的休美，用来制作了文母外姑的祭祀用簋，期望子子孙孙万年使用。

二　小子学射的特点

首先，小子学射的地点是在射宫。周代实行官师合一的教学体制，静是周王朝的官员，又被任命为掌管贵族子弟在学宫学射的教官，自任命之日起，静便到学宫去教授射艺。

其次，小子学射是周王举行射礼的一部分。静簋铭文记载，王命令静去教授小子们学射，两个月之后，周王又会合邦国封君等在大池举行射礼。大池在辟雍，辟雍就是周代的太学，而且在此期间，周王称赞静教学工作做得很好，可见，学射的小子们也参加了这次射礼。按《仪礼·乡射礼》记载，举行射礼时要进行三番射，司射诱射之后，第一番射是由在校学习的子弟合耦对射，这一仪节应该与静簋铭文记载相同。静是学宫的教官，教射之后，学射的小子们也参加射礼的竞射。

再次，射礼的仪程繁复。小子学射只是静簋铭文记载射礼的一个部分，铭文中出现王、邦君、司射、小子、服、小臣、尸仆等诸多人物，这些人既有竞射者，也有执事者，虽不及文献记载得详细，但射礼仪程的繁复性表露无遗。

---

① 佚名撰，袁宏点校：《逸周书》，《帝王世纪·世本·逸周书·古本竹书纪年》，济南：齐鲁书社，2010年，第68页。

最后，西周贵族教学实行天子视学制度。“视”即“见”，也通“监”，有监督、视察的意思。周王任命静负责弓矢教学，两个月后又来到射宫检查静的教学情况和小子们的学习情况，结果得到了周王的认可，所以才有了对静的赏赐。静簋铭文记载的虽是射礼，但也可以从中窥得西周的教育制度。

第八节　传世文献记载的巫射

巫射是远古时期流传下来的巫术性射礼，具有明显的宗教色彩，以诅咒、厌胜为手段，往往能起到超越自然力的作用，来达到行射者的目的。这类射礼不见于金文资料，只存在于文献记载当中。

一　武王六射

武王六射是由两次“三番射”组成的，武王克商进入朝歌，举行了一个盛大的入城仪式。入城之后，武王两次射三发箭，共射六箭，标志着彻底祛除了商王朝在城中的统治。这一事件被记录在《逸周书》和《史记》中。《逸周书·克殷解》记载：“商师大败，商辛奔内，登于廪台之上，屏遮而自燔于火。武王乃手太白以麾诸侯，诸侯毕拜，遂揖之。商庶百姓，咸俟于郊。群宾佥进曰：‘上天降休！’再拜稽首。武王答拜，先入，适王所，乃尅射之，三发而后下车，而击之以轻吕，斩之以黄钺。斩悬诸太白。适二女所，乃既缢。王又射之三发，乃右击之以轻吕，斩之以玄钺，悬诸小白。乃出场于厥军。”《集注》潘振云：“先诸侯入朝歌城。往商受自焚之处，乃急射之，防奸也。”[①]《史记·周本纪》记载：“武王至商国……遂入，至纣死所。武王自射之，三发而后下车……以黄钺斩纣头。……至纣之嬖妾二女，二女皆经自杀。武王又射三发，击以剑，斩以玄钺。”[②]

以上记载说明周武王进入朝歌之后，先对纣王自焚之处“射之三发而后下车”，继而对二女自缢之处“又射三发”。这六箭是对纣王住所射的，而不

① 黄怀信、张懋镕、田旭东撰，黄怀信修订，李学勤审定：《逸周书汇校集注》（修订本），上海：上海古籍出版社，1995 年，第 360 ~ 368 页。

② （汉）司马迁：《史记》，北京：中华书局，1982 年，第 124 页。

是对死去的纣王和二女射的，有诅咒和厌胜的巫术色彩。《礼记·檀弓上》记载："生有益于人，死不害于人。"[①] 古人既有"死不害于人"的观点，可见，也会认为有"死害于人"的情况，而弓箭有辟邪的作用，对着人死亡的场所行射，是消灭死者灵魂的方式。故潘振称武王进入朝歌之后的行射是"防奸"，也就是防止纣王和嬖妾二女的灵魂作祟。

武王六射，既是在显示战争胜利者的自豪与威严，也是一种防止敌人灵魂作祟的巫术性射礼。同时，武王对象征商王朝统治中心的王宫行射，不仅表示杀死了纣王，斩下了其头颅，还通过两次各射三箭消灭了纣王的灵魂，这从政治上到心理上，都祛除了商庶民对商王朝的依托，从而彻底推翻了商王的统治，建立了自身的合法政权。

二　太公射丁侯

相传为姜太公所作，成书于战国时期的《六韬》记载："武王代殷，丁侯不朝。太公乃画丁侯于策，三箭射之，丁侯病困。卜者占云：祟在周，恐惧，乃请举国为臣。太公使人甲乙日拔丁侯着头箭，丙丁日拔着口箭，戊己日拔着腹箭，丁侯病稍愈。四夷闻，各以来贡。"[②] 这是说姜太公对不忠于周朝的丁侯，用巫术逼其前来向周武王臣服，也起到了震慑其他诸侯的作用。《论衡·乱龙》记载的"射无道诸侯也"[③]，就是指这样的巫术性射礼。在西周初期，周王朝的统治尚不稳固，商人崇尚巫术，姜太公亦用巫术来惩治不归顺周朝的殷商旧属，则能起到更直接有效的作用。

---

① （清）阮元校刻：《十三经注疏·礼记正义》，北京：中华书局，1980 年，第 1292 页。

② （宋）李昉、李穆、徐铉等编著：《太平御览》卷七百三十七，北京：中华书局，1960 年，第 3267～3268 页。

③ （汉）王充：《论衡》，上海：上海人民出版社，1974 年，第 284 页。

第九节 传世文献记载的郊射

郊射见于《礼记·乐记》。孔子答宾牟贾问《武》乐为何迟久，孔子说："武王克殷……济河而西，马散之华山之阳，而弗复乘；牛散之桃林之野，而弗复服。车甲衅而藏之府库，而弗复用。倒载干戈，包之以虎皮；将帅之士，使为诸侯；名之曰'建橐'。然后天下知武王之不复用兵也。散军而郊射，左射《狸首》，右射《驺虞》，而贯革之射息也；裨冕搢笏，而虎贲之士说剑也；祀乎明堂，而民知孝；朝觐，然后诸侯知所以臣；耕藉，然后诸侯知所以敬，五者，天下之大教也。食三老五更于大学，天子袒而割牲，执酱而馈，执爵而酳，冕而揔干，所以教诸侯之弟也。若此，则周道四达，礼乐交通。则夫《武》之迟久，不亦宜乎。"① 这段记载说明，武王克商之后，解散了军队，表明天下大治，不再兴兵，举行郊射。郊射又分为左射和右射，皆配以音乐，有射有乐。可见，郊射是西周初期的射礼之一。

推行以郊射为代表的礼仪制度，是周武王一系列"止武修文"治国理念的体现，说明礼乐教化成为治理国家的手段。但是，郊射是与贯革之射相对的，停止了贯革之射，才有郊射，所以郊射源自武射，是较为原始的礼射。随着西周国力的增强，政治统治的稳定，礼乐教化的推行，作为过渡期的郊射就被仪程更加完备的大射、宾射、燕射、乡射等射礼取代了。

---

① （清）阮元校刻：《十三经注疏·礼记正义》，北京：中华书局，1980年，第1542～1543页。

第十节　西周射礼的特点

西周是射礼最繁荣的时期，射礼作为“礼”的性质非常明显，原始性大大降低。其中有些射礼在商代就已经形成，到西周时期得到了进一步的延续和完善，有些则是到西周时期才出现的，这反映了西周射礼对商代射礼的继承和发展。

一　种类多、规模大

西周时期的射礼有大射、宾射、燕射、郊射、射牲、射鱼、习射、学射、射不宁侯等，种类不仅比殷商时期要多，而且比传世文献记载的射礼也要多。礼书记载的射礼在西周时期就已经形成，也证实了东周礼书所记的射礼是西周礼制的遗存。柞伯簋铭文记载的大射礼、麦方尊铭文记载的宾射礼和令鼎铭文记载的燕射礼，三者规模最为宏大，参与射礼的有主持者、竞射者和执事者，分工明确，人员众多，是西周鼎盛时期作为天下共主的西周王朝国力的体现。

二　礼制性突出

西周时期具有原始性的田猎射、泽射比例降低，射鱼礼和射牲礼虽还留有田猎的影子，但行射的地点由殷商时期的水泽原野，转移到了人工建造的辟雍大池，且只注重行射礼的仪式，而不注重射猎的实际效果。武射则随着“贯革之射息也”被郊射取代，而后更加成熟的大射礼、宾射礼和燕射礼又取代了郊射。武射消失，文射兴盛，射礼已不再具备实战的性质。

西周射礼的仪节程式已经趋近成熟。金文资料虽然通常较短，记录不够详细，但已经可以看出，包括射礼在内的礼仪流程已经较为完善。从令鼎、噩侯驭方鼎、麦方尊等铭文可以看出，射礼不是单独举行的，而是与藉礼、飨礼、燕礼等共同举行，而且形成了“先燕后射再燕”的仪节。“无废矢”“休阑”“扬”“无尤”等评价射礼的专用术语涌现，可知西周时期的射礼不仅有一套完整的技术标准，而且具备固定的评价术语，反映出严格的仪节和制度。

三　政治目的显著

宗法制是西周统治的政治基础，主张长幼有序，尊卑有别。在射礼上，如小子学射，只有高级贵族的子弟才能进入太学，跟随周王亲自任命的教官学习射礼。举行比较盛大的射礼时，参与的人员虽然很多，但主持者一般是周王，竞射者多是以周王、诸侯以及小子为代表的贵族，而执事者也就是服务人员，则是服、小臣、尸仆等低级贵族，射礼的等级性显露无遗。

另外，召集诸侯邦君举行的射礼又具有安抚与震慑的政治目的。义盉盖铭文记载了周王在鲁国召集诸侯邦君举行的大射。鲁国地处东夷地区，周边有许多尚未获周王册命的异邦小国，周初就发生了大规模的叛乱，周王在鲁国举行大射无疑是对这些东夷小国的一种震慑。噩侯驭方鼎记载的周王与噩侯对射，则是对噩侯的安抚。噩国是西周南疆影响力较大的诸侯国，时叛时附。据禹鼎铭文，此次安抚之后不久，噩国便带领南淮夷、东夷诸国叛乱，最后被周王平定。可见西周的射礼具有明显的政治目的。

四　娱乐性开始显现

西周时期的燕射、宾射作为燕礼和飨礼的一部分，都是燕飨活动的中间环节，目的是烘托燕飨活动的热烈氛围。随着西周王朝政权稳固、社会稳定和社会经济文化的发展，诸侯国君对天子的朝见开始增多，射礼的娱乐性开始凸显，举行燕射礼和宾射礼时往往还会伴之以音乐，配之以舞蹈，将燕飨活动推向高潮。到西周晚期，四夷并起，周王朝衰落，但燕飨不减，而且燕射礼的娱乐性达到巅峰，礼仪的威严已所剩无几，这也加速了周王朝的崩溃。

西周灭亡之后，真正的燕射礼也随之消失，取而代之的是仪程更加灵活、娱乐性更强的投壶礼。西周的射鱼礼也有明显的娱乐性，周王射鱼并不是为了食用，而且相较于用网捕鱼，射鱼的效率极低，加之对臣属动辄数百条鱼的赏赐，可知射鱼并不是为了捕鱼，只是象征性的娱乐活动。

第三章

东周时期的射礼

东周时期，王室衰微，“礼乐征伐自诸侯出”，加之私学兴起、教育下移，以“六艺”为主要内容的教学被“六经”取代，射礼在这一时期急速衰落，不再是贵族阶级独享的一项礼仪制度。这一时期，射礼虽然不再具有高高在上的威严，但是成为士大夫阶层的主要礼仪和娱乐方式。东周时期的射礼不见于金文资料，除青铜器纹饰描绘的射礼之外，其余皆见于此时成书的各种文献资料，射礼的仪节程式被完整甚至理想化地记录下来，为后世举行射礼提供了依据。

第一节　大射礼的形式与仪节

东周时期的大射礼与西周时期相比有较大不同，其不再是由周天子主持举行的规模宏大的礼仪，甚至《仪礼》记载的大射仪也不是天子之礼，而是诸侯的大射礼[①]。其实，大射礼的实际举行者身份地位更低，描绘有诸侯大射的青铜器，往往出自士大夫甚至戎狄之墓。可见，东周时期礼崩乐坏，大射礼的等级、仪节已经被完全破坏了。

一　铜器纹饰描绘的大射礼

东周时期的人物画像纹铜器是描绘这一时期射礼的重要载体，其图案内容丰富，包含的射礼种类多样。据袁俊杰考证，描绘大射礼的器物有高王寺

---

① （清）孙希旦：《礼记集解》，北京：中华书局，1989 年，第 1437 页。

宴饮射猎纹铜壶、后川宴饮射侯纹铜匜、中霍村宴饮竞射纹铜匜、洛阳飨射养老纹铜匜、黄泥坑宴饮射侯纹铜匜等①。其中，高王寺宴饮射猎纹铜壶出土于秦国王室贵族墓地，洛阳飨射养老纹铜匜为传世品，器主人身份无法确定，其余各器均出土于大夫一级的贵族墓葬，不能以《仪礼》记载的诸侯大射礼仪节为参考，且这些器物多有破损，导致描绘的射礼残缺不全。故本节以高王寺宴饮射猎纹铜壶为例，简要分析其图案描绘的大射礼。

高王寺宴饮射猎纹铜壶出自陕西凤翔高王寺窖藏，共有两件，形制大体相同，但纹饰稍有不同②。（图 3－1）器身用嵌错方式刻画人物画像纹，自上而下共分为四层。其中第一层描绘射礼，倒刻于壶的颈部，图案共有三组，描绘内容大体相同。三组图案皆呈上中下结构，上为一座建筑，应是射庐、射宫一类，建筑内有二人，左向对束腰形侯先后行射。建筑楹外左侧有二人，一人持旌，为获者，另一人持筭，为释获者。建筑楹外右侧有

图 3－1　高王寺宴饮射猎纹铜壶纹饰

（采自韩伟、曹明檀：《陕西凤翔高王寺战国铜器窖藏》，《文物》1981 年第 1 期）

① 袁俊杰：《两周射礼研究》，北京：科学出版社，2013 年，第 456 页。
② 韩伟、曹明檀：《陕西凤翔高王寺战国铜器窖藏》，《文物》1981 年第 1 期。

一人，手握箫弓，当是司马。中部排列六人，皆右向，手持弓矢，表现为行将升堂继射的形象。下部有跽坐者三人，其中两人身前各有一鼎，似正在烹煮食物。第一、三组图案完全一致，第二组图案除有两个射侯外，也与另两组一致。总体而言，三组图案应是描绘了八人匹为四耦，对两个射侯的三番竞射。

《礼仪·大射仪》贾公彦《疏》："若耦及侯数，天子大射宾射六耦三侯，畿内诸侯则二侯四耦。"[①] 伪《古文尚书·益稷》孔颖达《疏》："《射人》云：'王以六耦射三侯五正，诸侯以四耦射二侯三正'……所云诸侯者，谓圻内诸侯。"[②] 高王寺宴饮射猎纹铜壶的射礼图案，绘有二侯四耦，且出自秦国畿内的窖藏坑，应是秦国王室所用之物，其耦与侯数与文献记载的大射、宾射相同。"侯"，《说文·矢部》段玉裁《注》曰："天子诸侯宾射于朝。燕射于寝。大射于泽，于射宫。"[③] 本图案中有射宫一类的建筑，正与大射礼相合，因此，描绘的是秦国国君或畿内诸侯举行大射的场景。

与西周时期的大射礼相比，高王寺宴饮射猎纹铜壶描绘的大射礼为畿内诸侯举行的，规模虽然不大，但是匹耦射侯的数量和场地，与文献记载基本一致。不过，目前所发现青铜器的射礼图案中，也仅有本器合乎礼制，没有僭越现象。

二　传世文献记载的大射礼

春秋晚期，孔子去世之后，儒家门生亦在其冢前举行大射礼。《史记·孔子世家》记载："孔子葬鲁城北泗上，弟子皆服三年。三年心丧毕，相诀而去，则哭，各复尽哀；或复留。唯子赣庐于冢上，凡六年，然后去。弟子及鲁人往从冢而家者百有余室，因命曰孔里。鲁世世相传以岁时奉祠孔子冢，而诸儒亦讲礼乡饮大射于孔子冢。孔子冢大一顷。故所居堂弟子内，后世因庙藏孔子衣冠琴车书，至于汉二百余年不绝。高皇帝过鲁，以太牢祠焉。诸

① （清）阮元校刻：《十三经注疏·仪礼注疏》，北京：中华书局，1980 年，第 1034 ~ 1035 页。
② （清）阮元校刻：《十三经注疏·尚书正义》，北京：中华书局，1980 年，第 143 页。
③ （清）段玉裁：《说文解字注》，上海：上海古籍出版社，1988 年，第 226 页。

侯卿相至，常先谒然后从政。”[①] 以上记载的大射礼，虽然具有很强的特殊性，但是大射礼的几个要点都存在。

首先，“子赣庐于冢上”，司马贞《索隐》：“按：《家语》无‘上’字，且《礼》云：‘适墓不登垄。’其合庐于冢上乎？盖‘上’者，亦是旁侧之义。”[②] 可见，子赣在孔子墓旁搭建了草庐，为孔子守墓。子赣离开之后，孔子的弟子和鲁国的庶民就住在孔子墓冢附近，此地被称为“孔里”。子赣所建的草庐，也成为后世儒家讲经说道、举行大射的地方。此时，“庐”的意义发生了变化，成为举行大射礼的场所，即与射庐相同了。

其次，“岁时”，《周礼·地官·州长》记载：“若以岁时祭祀州社，则属其民而读法。”贾公彦《疏》云：“此云岁时，唯谓岁之二时春、秋耳。”[③] 可知，“岁时”即每年的固定时节，鲁国国民每年在固定时节祭祀孔子，儒家弟子也在固定时间在孔子冢前举行大射礼。《诗·小雅·宾之初筵》郑玄《注》曰：“将祭而射，谓之大射。”[④]《周礼·天官·司裘》郑玄《注》曰：“大射者，为祭祀射。”[⑤] 因此，在祭祀孔子时举行大射礼，是符合大射礼仪节的。

最后，“以太牢祠”，《大戴礼记解诂·曾子天圆》记载：“诸侯之祭，（牲）牛，曰太牢。”[⑥] 所以，用太牢祭祀是诸侯之礼。汉高祖刘邦以诸侯之礼祭祀孔子，足见其对孔子的尊崇。

综上所述，孔子门生在孔子冢前的大射礼，虽然具有特殊性，而且具体的仪节程式已不可考，但是，举行大射礼的几个要素都是具备的。

三 《仪礼·大射仪》的仪节内容

成书于东周时期的《仪礼》有对大射礼的专篇记载，而且后世的大射礼虽有变化，但大体以《仪礼》的记载为标尺。杨宽认为大射礼是更高规格的

---

① （汉）司马迁：《史记》，北京：中华书局，1982 年，第 1945～1946 页。
② （汉）司马迁：《史记》，北京：中华书局，1982 年，第 1946 页注③。
③ （清）阮元校刻：《十三经注疏·周礼注疏》，北京：中华书局，1980 年，第 717 页。
④ （清）阮元校刻：《十三经注疏·毛诗正义》，北京：中华书局，1980 年，第 484 页。
⑤ （清）阮元校刻：《十三经注疏·周礼注疏》，北京：中华书局，1980 年，第 683 页。
⑥ （清）王聘珍撰，王文锦点校：《大戴礼记解诂》，北京：中华书局，1983 年，第 101 页。

乡射礼[①]，刘雨将《大射仪》的仪节归纳为46项[②]。陈成国则归纳为12项，其中第四、五、六、七项，又分别划分为11节、4节、10节和6节[③]。袁俊杰把《大射仪》的内容归纳为54项[④]。在诸的基础上，我们将《大射仪》归纳为7项共79节。（图3－2～3－4）

第一项，射前准备。1. 君戒众臣；2. 宰通知大射礼执事者；3. 射人通知参加大射礼的公卿；4. 司士通知士中的赞；5. 射前三日，宰、司马、射人视涤；6. 量人、巾车张侯设乏；7. 射前一日，乐人布设大射所用乐器。

第二项，射前宴饮。8. 司官陈设所用食器、酒器；9. 射人请公，公升堂就席；10. 卿大夫就席；11. 君命某大夫为宾；12. 主人从宾升堂就席，奏《肆夏》；13. 宴前，宾、主行盥洗仪式；14. 酌酒荐脯，正式开宴；15. 宾酢主人，主人坐祭；16. 主人献公，奏《肆夏》；17. 公酢主人；18. 主人取媵觯酬宾；19. 公命长者二人作媵爵者；20. 媵爵者觯祭，致酒；21. 公取媵觯酬宾；22. 主人献卿；23. 二长者再媵爵如前；24. 公再取媵觯酬宾；25. 主人献大夫；26. 工歌《鹿鸣》三终；27. 主人献工；28. 工管《新宫》三终；29. 公立摈者为司正。

第三项，第一番射。30. 司射请射，配耦；31. 司射讲大射规则；32. 三耦取弓矢；33. 司射诱射三侯；34. 负侯者执旌负侯；35. 司射命射；36. 三耦射毕，获而不释获；37. 司射告于君，三耦射毕；38. 司马正命小臣取矢置于楅。

第四项，第二番射。39. 司射请射；40. 命宾侍射，以配三耦；41. 三耦取弓矢；42. 司射作射，宣布"不贯不释"；43. 三耦射毕，唱获释获；44. 公与宾耦射；45. 诸公卿皆射；46. 释获者告于公，左右卒射；47. 司马正命小臣取矢置于楅；48. 释获者算，向公汇报成绩；49. 司射命设丰，实觯，不胜者罚酒；50. 司马献服不氏；51. 获者祭侯；52. 司马师献仆人、巾车、获者；53. 司射献释获者。

---

① 杨宽：《射礼新探》，《西周史》，上海：上海人民出版社，2016年，第767页。
② 刘雨：《西周金文中的射礼》，《考古》1986年第12期。
③ 陈成国：《中国礼制史·先秦卷》，长沙：湖南教育出版社，2002年，第370～371页。
④ 袁俊杰：《两周射礼研究》，北京：科学出版社，2013年，第495～496页。

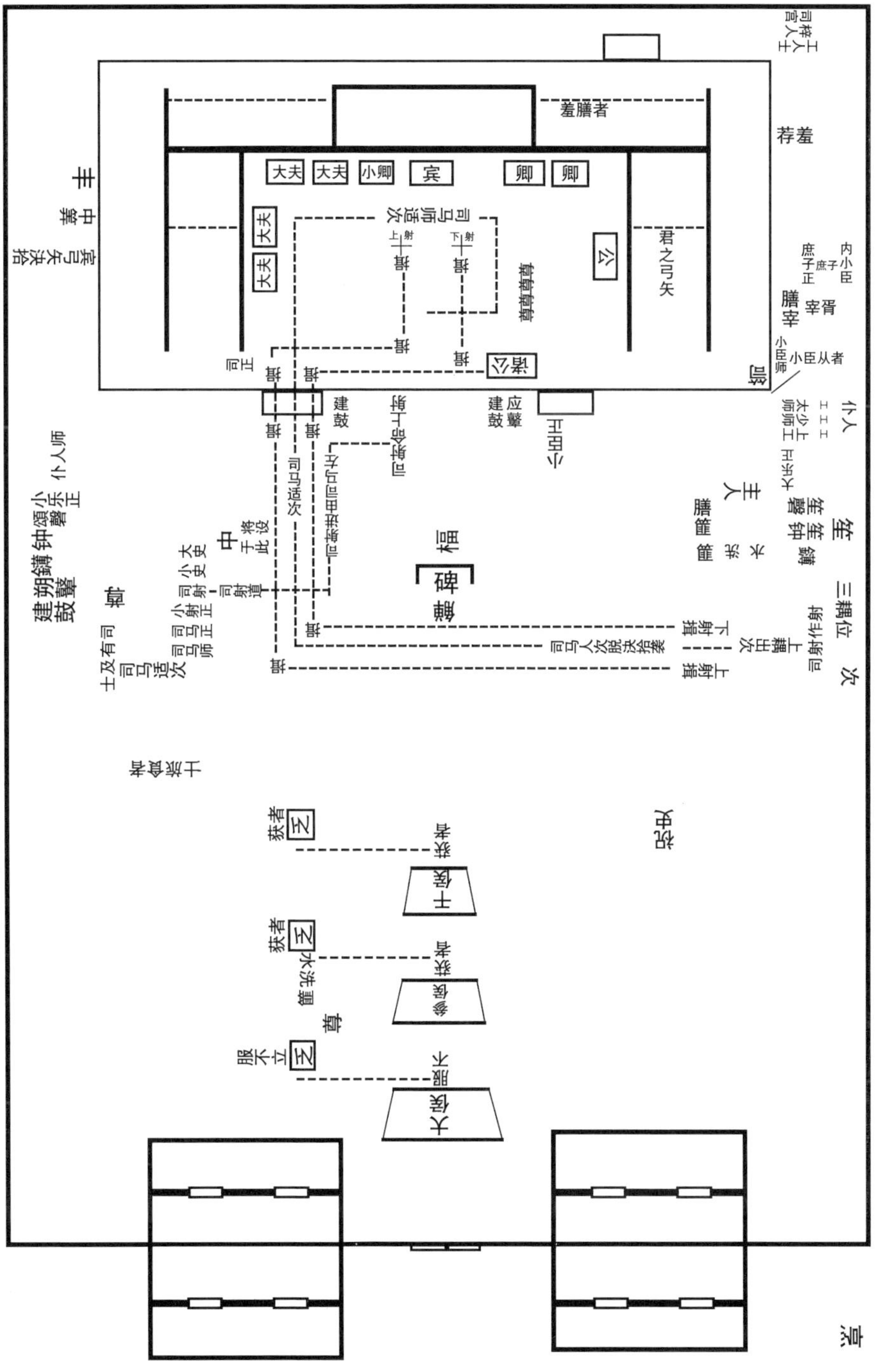

图 3－2 大射礼三耦射仪节示意图

（改绘自杨天宇：《仪礼译注》，上海：上海古籍出版社，1994 年。
文字方向代表人物或器物朝向，下文示意图皆依此例）

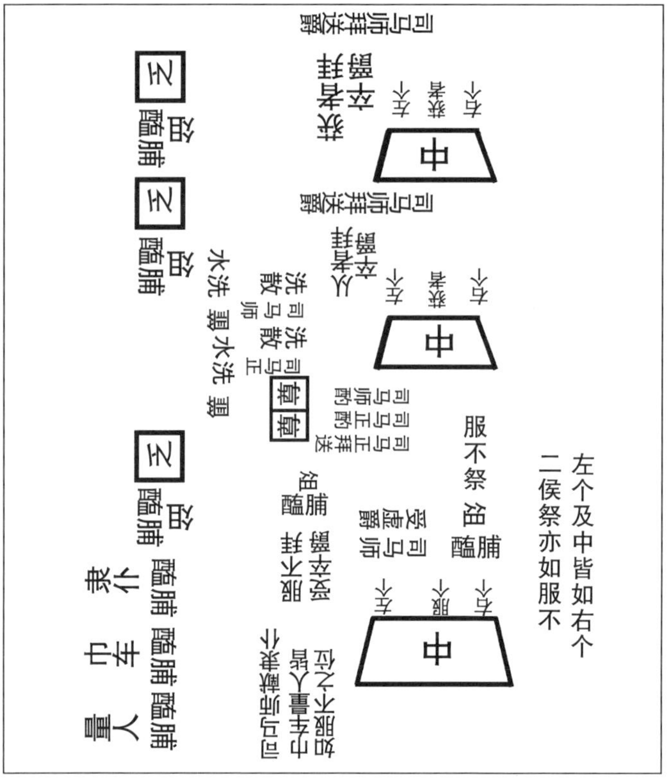

图 3－3　大射礼献获者示意图

（改绘自杨天宇：《仪礼译注》，上海：上海古籍出版社，1994 年）

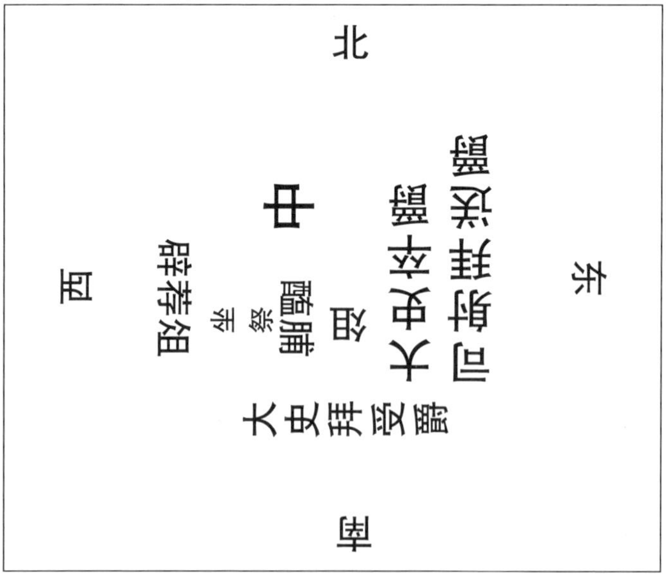

图 3－4　大射礼献释获者示意图

（改绘自杨天宇：《仪礼译注》，上海：上海古籍出版社，1994 年）

第五项，第三番射。54. 司射请射，命三耦；55. 三耦取矢；56. 众射者取矢；57. 司射作射，司马命去侯；58. 司射向公请乐；59. 奏《狸首》以射；60. 三耦射毕；61. 公卿大夫众射者继射；62. 释获者告左右卒射于公；63. 司马正命小臣取矢置于楅；64. 司射视筭；65. 释获者向公汇报成绩；66. 司射命设丰，实觯，不胜者罚酒；67. 退诸射器。

第六项，射后宴饮。68. 公旅酬众宾；69. 司马请撤俎；70. 司正以公命饮；71. 主人献士；72. 众宾为士旅酬；73. 宴或复射；74. 主人献庶子；75. 坐宴，不筭爵，不筭乐。

第七项，礼毕退场。76. 入夜执烛；77. 宾出，奏《陔》；78. 公入，奏《骜》；79. 大射礼结束。

第二节　宾射礼的形式与仪节

《礼记·射义》孔颖达《疏》云："凡天子、诸侯、卿大夫射礼有三：……二为宾射，诸侯来朝，天子入而与之射也，或诸侯相朝而与之射也。"[①] 东周时期，诸侯几乎不再朝见天子，而且从目前所发现的反映宾射礼的实物来看，也不见诸侯相朝时举行宾射礼。上海博物馆藏的宴舞射猎纹铜椭栝上的射礼图案，是卿大夫与士举行的宾射礼。《左传》记载的范献子朝见鲁襄公时举行的宾射礼，则是诸侯与大夫之间的朝聘。可见，东周时期宾射礼也出现了严重的僭越现象。

一　铜器纹饰描绘的宾射礼

上海博物馆收藏的宴舞射猎纹铜椭栝，器形呈长椭圆形，敛口，深鼓腹，斜直壁下收，平底，腹部对称饰有环耳，并有附环。椭栝内外壁皆刻画有纹饰，线条极细，所绘图像内容丰富，共有建筑三座、车四辆、人四十八个、鸟三十三只、兽十头，以及其他礼乐器等。图案大致可分为四组，第一组为宴饮乐舞和弋射情景，第二组为卿大夫与士举行射礼的场景（图 3－5），第三组为宴飨宾客的情景（图 3－6），第四组为狩猎场景。其中，第二组和第三组图案既有宴飨宾客，又有主宾竞射。宾射亦称飨射，是飨礼的一部分，以上两组图案表现了因飨而射的场景，故构成了一幅举行宾射礼的画面。

第二组图像中部为一座高台建筑。建筑顶部已残，两个楹柱将建筑分为左、中、右三间，建筑两侧有台阶可登入内部，应即文献中的东、西二阶。建筑地板下有三个支柱立于水波纹上，上下五个支柱由木条交错搭建而成。

① （清）阮元校刻：《十三经注疏·礼记正义》，北京：中华书局，1980 年，第 1688 页。

图 3-5　宴舞射猎纹铜椭栝第二组图案摹本

（采自马承源：《漫谈战国青铜器上的画像》，《文物》1961 年第 10 期）

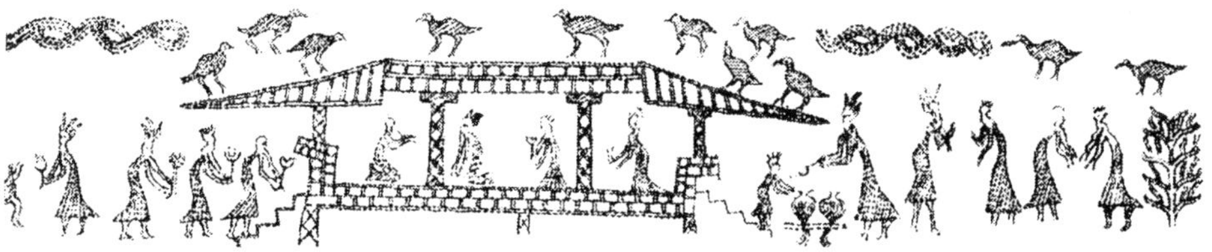

图 3-6　宴舞射猎纹铜椭栝第三组图案摹本

（采自马承源：《漫谈战国青铜器上的画像》，《文物》1961 年第 10 期）

《尔雅・释宫》云："阇谓之台，有木者谓之榭。"郭璞《注》"榭"曰："台上起屋。"郝懿行《疏》："台上有木起屋者，名榭。"① 可见，图像中修建在水旁高台上的木屋建筑应是文献记载的"榭"，其形制与本组图案的射礼场景相符。

榭内中堂有二圆壶，其中一人执勺斟酒，另一人执觚以受。榭的左室内二人相向跽坐，一人将觚授与另一人，授觚者面前还放置一个豆。榭外左边地面放置一件兽耳三足大鼎，似在烹饪食物。鼎左边一人拿有长匕盛肉，右边二人则轮流用豆接肉，并送入榭的左室。袁俊杰认为他们"当为膳宰、羞膳之类的执事人员"②。此观点甚确。从图案中可以看出，负责烹煮与运送肉食的人员应是不参与宴飨的，榭内左室地板放置的豆，疑即由榭外鼎旁的二人送入榭内，以供宾客食用，而且，豆用以盛装脯醢，也与图中符合。

榭内右室，袁俊杰认为："应为二人一耦竞射，现只残存一人的下半身。"③ 但依据图像，只见一人的下半身就推为二人，还可商榷，故暂且认为

① （清）阮元校刻：《十三经注疏・尔雅注疏》，北京：中华书局，1980 年，第 2597 页。

② 袁俊杰：《两周射礼研究》，北京：科学出版社，2013 年，第 443 页。

③ 袁俊杰：《两周射礼研究》，北京：科学出版社，2013 年，第 443 页。

只有一人。该人若在行射，其所瞄准的方向，树立有一个四边带框的双重束腰射侯，侯上已有两箭，一箭正中有圆形鹄，另一箭稍偏。榭的右阶下有二人，持弓搢矢俟射。《仪礼·乡射礼》记载："三耦俟于堂西，南面东上。司射适堂西，袒决遂，取弓于阶西，兼挟乘矢，升自西阶。"[①] 可知，三耦在堂西俟射，则本图中的右室即为西室，右阶即为西阶。三耦在堂西俟射时，司射已经由西阶升堂，所处的位置正是西堂，与本图相对应，西堂内应有且只有一人，该人的身份是司射。俟射者背后是一棵树，树后跽坐一个面朝东的人（被资料的发表者剪裁入第一组图案），虽不见其执旌，但当为获者，与《仪礼·乡射礼》记载的司射"命去侯，获者……坐东面偃旌，兴而俟"[②] 相同。故本图案中举行射礼的所需的司射、三耦、获者等要素均已具备，可能受器物尺寸限制，图像不能将三耦全部绘出，仅以俟射的二人象征三耦。

伪《古文尚书·益稷》孔颖达《疏》云："王以六耦射三侯五正。诸侯以四耦射二侯三正。孤卿大夫以三耦射一侯二正。"郑玄《注》曰："五正者，五彩中朱次白、次苍、次黄、玄居外。三正者，去黄、玄。二正者，去白、苍，而画以朱、绿，此宾射之侯也。"[③] 本图的射侯为束腰形，只有内外两重，可知，即涂画的朱、绿，当是宾射所用的射侯，又图中仅有一个射侯，故应描绘的是孤卿大夫一级的贵族举行的宾射礼。

第三组图像中部仍是一座架于高台上的建筑，形制与第二组图像完全一致，亦即举行射礼的榭。榭内有四人，袁俊杰认为："一人右向跽坐，双手捧觚饮酒，当为宾。三人左向，前一人跽坐，双手拱揖，似刚把酒杯献给对面的饮酒者，当为主人，第二、第三人捧觚立于主人之后，此仪节当时主人酬宾。"[④]

有两点还可以再讨论。首先，堂内三人所执的器皿形状各不相同，若都认为是觚，略显牵强。从图案中器皿的形制看，右向跽坐之人所持器物不明，但可以肯定是酒器；左向第二人所执与榭下左侧之人所持器物相同，当是豆；

① （清）阮元校刻：《十三经注疏·仪礼注疏》，北京：中华书局，1980年，第996页。
② （清）阮元校刻：《十三经注疏·仪礼注疏》，北京：中华书局，1980年，第1000页。
③ （清）阮元校刻：《十三经注疏·尚书正义》，北京：中华书局，1980年，第143页。
④ 袁俊杰：《两周射礼研究》，北京：科学出版社，2013年，第443页。

左向第三人所执之器与其他几组图像相比，可知是觚。

其次，就人物身份而言，右向跽坐之人应不是宾。《仪礼·乡射礼》记载："乃席宾，南面，东上。众宾之席，继而西。席主人于阼阶上，西面。"① 可知，宾的位置在堂的中间，众宾在其西，主人在其东，因此，左向第一人位于中间，且衣冠异于众人，当是宾。又《乡射礼》记载"主人坐取爵于序端"②，序即图像中的榭，可见，主人的位置在榭的端点，且手中执爵，所以，图像中右向之人为主人，手持所持酒器是爵。如此一来，左向的第二、第三人即位于宾西侧的众宾，且二人并非站立，因为图中所有站立、行走的人都描绘有直立的腿，唯独榭中四人没有画直立的腿，故左向的第二、第三人并不是站立状态。榭的左侧地面置一口大鼎，有四人持豆，依次将鼎中的肉食送至堂上。榭的右侧地面上放置一个禁台，上置两个圆壶，一人持勺斟酒，一人执觚以受。又从众宾一人持豆、一人持觚可以看出，这是主人酬众宾、荐脯醢的场景。

以上两组图像共同描绘了孤卿大夫与士之间宾见燕飨活动的场景，从一侯三耦及侯的形制也可以看出，其呈现了在飨礼时举行宾射的情况。虽有僭越，但先飨后射的制度却保存了下来。

二　传世文献记载的宾射礼

东周时期，诸侯国之间的朝聘活动日益增多，在举行飨礼的过程中也举行射礼，但文献中记载的宾射礼并非诸侯相朝而射。《左传·襄公二十九年》记载："范献子来聘，拜城杞也。公享之，展庄叔执币，射者三耦，公臣不足，取于家臣。家臣展瑕、展玉父为一耦。公臣，公巫召伯、仲颜庄叔为一耦，鄫鼓父、党叔为一耦。"③ 晋国大夫范献子到鲁国聘问，感谢鲁国帮助晋平公的母国杞国修筑城墙，鲁襄公举行享礼接待范献子，并在享礼期间举行射礼。此时，鲁国三桓执政，公室衰微，加之射礼仪程复杂，朝臣竟然不能选出六人匹合三耦，于是只得从卿大夫的家臣中选了二人为一耦，才举行了宾射礼。

① （清）阮元校刻：《十三经注疏·仪礼注疏》，北京：中华书局，1980 年，第 993 页。
② （清）阮元校刻：《十三经注疏·仪礼注疏》，北京：中华书局，1980 年，第 995 页。
③ （清）阮元校刻：《十三经注疏·春秋左传正义》，北京：中华书局，1980 年，第 2005 页。

由此可见，春秋晚期诸侯国之间的朝聘礼中还保留了宾射礼的传统，诸侯国君也展现了想要举行邦交礼仪的愿望。但是，即便是在礼乐制度传承最为完备的鲁国，公室也找不出六个熟悉射礼、能够行射的人员，还需要卿大夫的家臣匹耦行射，也反映出这一时期射礼的衰落势微。

第三节　燕射礼的形式与仪节

《周礼·春官·乐师》记载："燕射，帅射夫以弓矢舞。"孙诒让《正义》曰："燕射者，王与诸侯、诸臣因燕而射。《梓人》注云：'燕谓劳使臣，若与群臣饮酒而射。'是也。"[①] 可见，燕射是因燕饮而射，具有很强的娱乐性，在燕饮席间行射，也需要开阔的场地。随着东周时期王室衰微，这种天子与诸侯、诸臣的燕饮活动几乎不见，燕射礼也被仪节更加灵活且所需场地不大的投壶礼取代。

据袁俊杰考证，目前所见的战国人物画像纹青铜器描绘燕射场景的比例较高，如王家山宴乐射猎纹铜鉴、赵固宴乐射猎纹铜鉴、故宫燕射狩猎纹铜鉴残片、高庄宴乐囿园射侯纹铜盘、王沟宴舞狩猎纹铜鉴、平度宴饮射侯纹铜匜等[②]。以上器物大部残缺严重，画面支离破碎，多只有燕饮、射侯图案，没有行射画面，给研究带来了诸多不便。但是，东周时期燕射礼依然存在是不争的事实，只是燕射已经开始衰落，仪节规程不再严格，参与者的身份地位也不再是高等级的贵族。

① （清）孙诒让：《周礼正义》，北京：中华书局，1987年，第1811页。
② 袁俊杰：《两周射礼研究》，北京：科学出版社，2013年，第458页。

第四节　乡射礼的形式与仪节

乡射礼是由乡大夫或州长主持，在乡学举行的射礼。乡射礼的等级较低、规模不大，除了礼仪作用外，也是诸侯国君选人择士的一种衡量标准，盛行于东周时期。乡射礼不见于金文资料，但可通过传世文献的记载，推知部分青铜器上的人物画像纹饰反映的是乡射礼场景。

一　铜器纹饰描绘的乡射礼

乡射礼是人物画像纹铜器纹饰描绘的重要题材，如百花潭采桑宴饮乐舞攻战纹铜壶和故宫采桑宴乐射猎攻战纹铜壶上的射礼图案，展现了春、秋两季举行的乡射礼。两壶形制大体相同，纹饰构成也较为一致，纹饰应是当时该类铜壶统一的内容。本节以百花潭采桑宴饮乐舞攻战纹铜壶为例，对其所表现的乡射礼进行分析。

百花潭采桑宴饮乐舞攻战纹铜壶，1965年出土于四川成都百花潭中学十号墓[①]。该器有盖，盖面微向上凸，有三个鸭形钮，侈口，束颈，溜肩，肩部有对称铺首衔环，鼓腹下收，矮圈足。等分的三圈堆塑纹饰将器身分为四个部分，每部分为一组金银嵌错图案，自上而下分别描绘了采桑射礼、宴乐射礼弋射、水陆攻战和狩猎动物四层图像。（图3－7）现对与乡射礼相关的第一、二层图像进行解析。

第一层图像以铺首衔环为界，分为左、右两个部分，左侧为射礼场景，右侧为采桑的画面。左侧射礼场景可分为上、中、下三层。

上层一座无墙的建筑，应为射庐，在乡射礼中即州学。射庐内外共有五

① 四川省博物馆：《成都百花潭中学十号墓发掘记》，《文物》1976年第3期。

图3-7　百花潭采桑宴饮乐舞攻战纹铜壶纹饰

（采自四川省博物馆：《成都百花潭中学十号墓发掘记》，《文物》1976年第3期）

人，皆左向。左起第一人双手持旌，当为获者，发掘者认为其为引导[①]有待商榷。第二人跽坐于地面，手中有筭，为释获者。第三人引弓行射，是射礼第一耦的上耦。第四人作行射准备，并未拉弓，是下耦。第五人位于楹柱之外，双手持箫弓，为司马。

中层亦有五人，皆右向。右起第一人双手向前，头向后顾，应是佐助司马主持射礼的司射。第二至四人，皆持弓搢矢，以待升堂继射，是射礼的第二、三耦。

下层有三人，皆左向，跽坐在地面，面前有鼎、俎等炊具，正在烹饪食物，是射礼的服务人员。《礼记·射义》记载："古者诸侯之射也，必先行燕

① 四川省博物馆：《成都百花潭中学十号墓发掘记》，《文物》1976年第3期。

礼；卿大夫之射也，必先行乡饮酒之礼。”[①] 下层烹饪的画面，正是为射礼之前的乡饮酒礼做准备。右侧为采桑场景，共有15人正在采集桑叶。采桑的季节是春季。《诗·豳风·七月》：“春日载阳，有鸣仓庚。女执懿筐，遵彼微行，爰求柔桑。” “蚕月条桑，取彼斧斨，以伐远扬，猗彼女桑。”程俊英《注》：“春日，指夏历三月。” “蚕月，养蚕的月份，指三月。”[②] 采桑图像为本层呈现的射礼提供了时间指示，证明这次射礼是在春季举行。

第二层图像可分为左、中、右三部分，左侧为宴乐场景，中间是弋射图像，右边是举行射礼的情景。

左侧宴乐场景中有一座只见楹柱的建筑，应与第一层图像相同，是射庐或州学，堂内屋顶悬挂一张弓也可作为证明。堂内有六人，左边两人右向，手持长勺状的工具，正在斟酒，应是宴饮活动的执事者。右边四人左向，手执觚作酬酒状，描绘的正是宴饮的场景。射庐下层有四枚编钟和四枚编磬，各有二人正在演奏；另有四人跽坐于地面，正在吹笙。射庐外，有两人击打建鼓，四人手持弓矢起舞，俨然一幅行射后歌舞升平的场景。

中间为弋射图像，四人以矰矢弋射天上的飞鸟，已有数只被射落在地面上。

右侧为射侯场景，射庐右楹外有一人持旌，为获者。获者右侧是一张束腰形侯，侯中有圆形的鹄。庐内四人匹合二耦竞射，司射则立于左楹之外。庐下还有四人，其中二人为竞射者，正在俟射，剩下二人应是射礼的执事者。射庐的正下方还有一座似帐篷的建筑，应是与弋射的图像相连。帐篷是田猎弋射时的临时居所，帐篷内有六人，正在处理地面上放置的射获的飞鸟。帐篷外有二人，正在解除被射获飞鸟身上的矰矢线绳，它们描绘了弋射射获的情景。

这一层图像所描绘的场景应该发生在秋季。首先，《诗·大雅·灵台》孔颖达《正义》引《韩诗说》云：“辟雍者，天子之学……所以教天下春射秋飨。”[③] “射”与“飨”所指相同，均为先飨后射的仪节，为避免重复，分为两种说法，本层所呈现的宴乐场景就是秋飨。其次，《礼记·月令》季秋之月：“是月也，天子乃教于田猎，以习五戎，班马政。”[④] 可知秋季是田猎的

---

① （清）阮元校刻：《十三经注疏·礼记正义》，北京：中华书局，1980年，第1686页。

② 程俊英：《诗经译注》，上海：上海古籍出版社，2004年，第232页注⑫、㉑。

③ （清）阮元校刻：《十三经注疏·毛诗正义》，北京：中华书局，1980年，第524页。

④ （清）阮元校刻：《十三经注疏·礼记正义》，北京：中华书局，1980年，第1379页。

季节，候鸟在此时飞往南方过冬，弋射所获的候鸟正膘肥体健。弋射也是人们为冬季储备食物的活动，符合古人“春生、夏长、秋收、冬藏”的理念。因此，第二层图像描绘的画面正是秋季收获后，举行的宴饮竞射礼。

综上所述，百花潭采桑宴饮乐舞攻战纹铜壶第一、二层图像描绘了春、秋两季所举行的射礼，正与《周礼·地官·州长》记载的“春、秋以礼会民，而射于州序”[①] 相合。州序即一州的官学，是州长与乡大夫会合州学子弟举行乡射礼的地点。又图像中无论春射还是秋射，均为一侯三耦，与伪《古文尚书·益稷》孔颖达《疏》云“孤卿大夫以三耦射一侯二正”[②] 相合。可见，一侯三耦是孤卿大夫举行射礼的配置，也与州长和乡大夫身份相符。因此，百花潭采桑宴饮乐舞攻战纹铜壶第一、二层图像描绘的射礼，正是东周时期州长、乡大夫主持春、秋两季举行的乡射礼。

二　传世文献记载的乡射礼

孔子同他的学生在矍相之圃所演习的射礼即乡射礼。南宫中鼎铭文有“射圃”的说法，孔子将其演习射礼的地方也称为“圃”，是为了表明他复兴西周射礼的愿望。

《礼记·射义》记载：“孔子射于矍相之圃，盖观者如堵墙。射至于司马，使子路执弓矢出延射，曰：‘贲军之将，亡国之大夫，与为人后者，不入。其余皆入。’盖去者半，入者半。又使公罔之裘、序点，扬觯而语。公罔之裘扬觯而语曰：‘幼壮孝弟，耆耋好礼，不从流俗，修身以俟死，者不？在此位也。’盖去者半，处者半。序点又扬觯而语曰：‘好学不倦，好礼不变，旄期称道不乱，者不？在此位也。’盖仅有存者。”[③]

由此可知，首先，在孔子生活的春秋时期，射礼已经开始没落。孔子举行射礼，围观的人密如一堵围墙，证明当时射礼已经是较为罕见的礼仪，故会引起围观。另外，通过筛选，能够参与射礼的人寥寥无几，也可看出当时

① （清）阮元校刻：《十三经注疏·周礼注疏》，北京：中华书局，1980 年，第 717 页。
② （清）阮元校刻：《十三经注疏·尚书正义》，北京：中华书局，1980 年，第 143 页。
③ （清）阮元校刻：《十三经注疏·礼记正义》，北京：中华书局，1980 年，第 1687～1688 页。

的人们已经基本不学习射礼了。

其次，孔子举行的射礼应是乡射礼。孔子曾任鲁国大夫，与乡射礼的主持者身份相同。《诗·大雅·行苇》孔颖达《疏》云："孔子此射，盖为大夫时也。大夫射礼有五：大射，宾射，燕射，乡射，主皮之射。此射先行饮酒之礼，则孔子用乡射礼。何则？大射自择其臣，非外人得入。宾射则与宾为之，无询众之义。燕射与所燕者射，不得有外人观之。且燕在于寝，不当处矍相之圃。主皮之射，则求中而已，不在于礼。而此射行礼，又非主皮射，明孔子此射用乡射礼矣。《射义上》又云：'古者天子诸侯将射必行燕礼，乡大夫之射必行乡饮酒之礼。'其下则说孔子射事，明孔子射前饮酒者，是乡饮酒之礼；射者，即是乡射也。故《地官·乡大夫职》云：'三年则兴贤者能者，以礼宾之。厥明，献贤能之书于王，退而以乡射之礼询众庶。'注引孔子射于矍相之圃，使序点扬觯而语众庶之义，引证乡射，明孔子用乡射之礼也。"[①] 孔颖达将射矍相圃的性质说得十分清楚，是乡射礼无疑，但从具体仪节来看，它应是经过孔子改造过的接近于民间的乡射礼。

三 《仪礼·乡射礼》的仪节内容

乡射礼以三番射为核心，流传时间很长，至明代仍是一项重要的礼仪，其仪节程式虽有变化，但大体以《仪礼》的记载为标尺。杨宽认为乡射礼的主要程序是三番射，把第一番射分为 10 项仪节，第二番射分为 11 项仪节，第三番射除配以音乐，并有撤去射具外，与第二番射相同[②]。刘雨将《乡射礼》的仪节归纳为 51 项[③]。陈戍国则归纳为 8 项，其中第五、六、七项为三番射，又分别划分为 9 节、13 节和 9 节[④]。袁俊杰把《乡射礼》的内容归纳为 51 项[⑤]。在诸的基础上，我们将《乡射礼》归纳为 8 项共 61 节。(图 3－9～3－11)

---

① （清）阮元校刻：《十三经注疏·毛诗正义》，北京：中华书局，1980 年，第 535 页。

② 杨宽：《射礼新探》，《西周史》，上海：上海人民出版社，2016 年，第 762～765 页。

③ 刘雨：《西周金文中的射礼》，《考古》1986 年第 12 期。

④ 陈戍国：《中国礼制史·先秦卷》，长沙：湖南教育出版社，2011 年，第 328～329 页。

⑤ 袁俊杰：《两周射礼研究》，北京：科学出版社，2013 年，第 494～495 页。

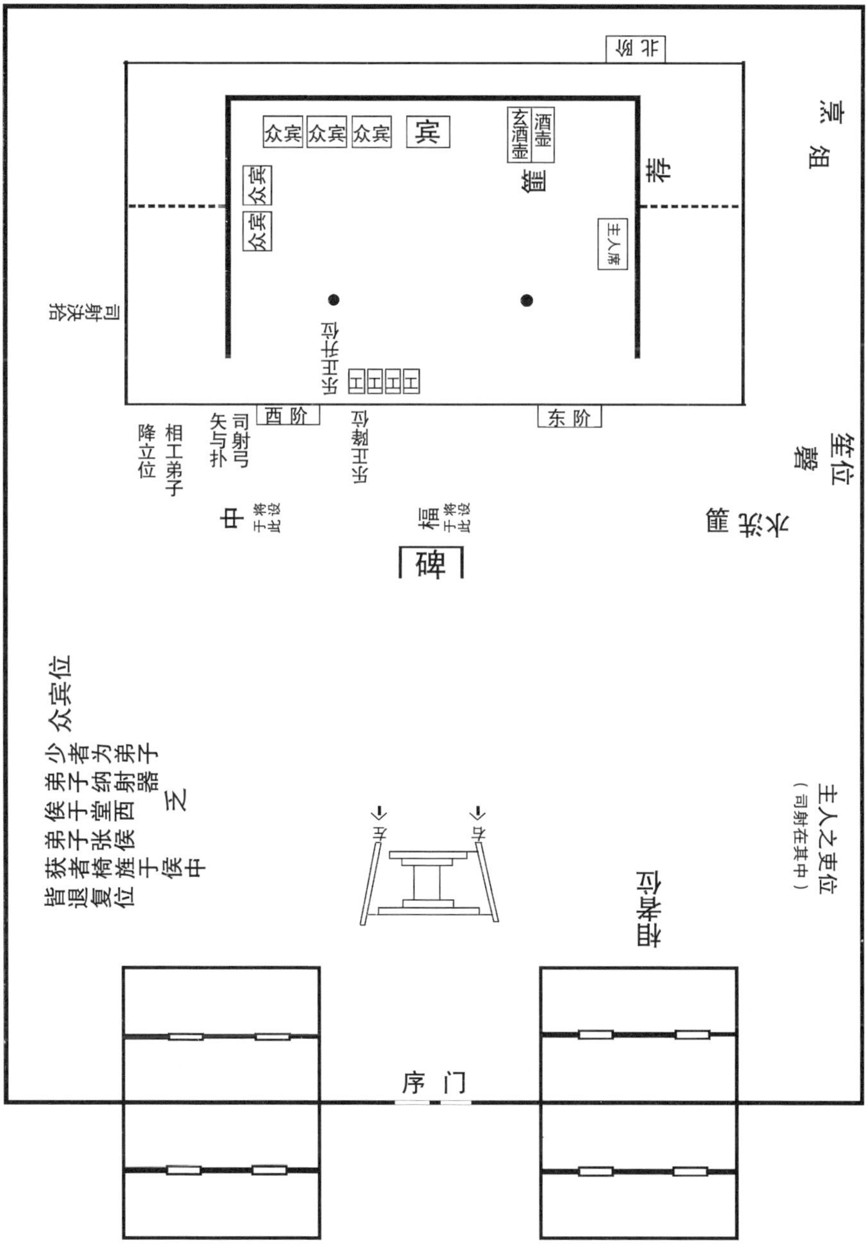

图 3－8　乡射礼座席示意图
（改绘自杨天宇：《仪礼译注》，上海：上海古籍出版社，1994 年）

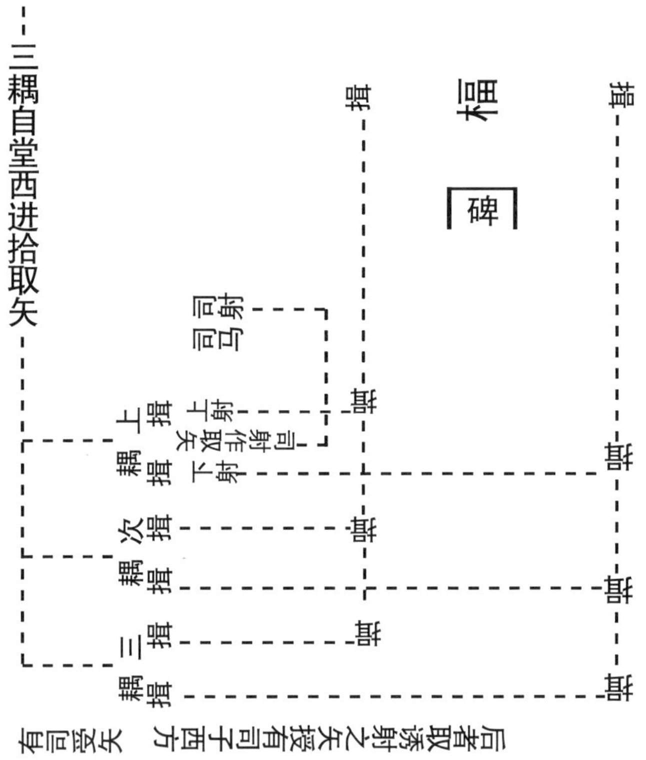

图 3-9　乡射礼三耦取矢示意图

（改绘自杨天宇：《仪礼译注》，上海：上海古籍出版社，1994 年）

第一项，宴前准备。1. 主人请宾；2. 布设座席。

第二项，宴饮仪式。3. 主人迎宾、献宾；4. 主宾酬酢；5. 主人献众宾；6. 一人旅酬；7. 主人与尊者献酢。

第三项，宴饮奏乐。8. 工笙合奏；9. 主人献工与笙。

第四项，第一番射。10. 命相为司正；11. 主、宾许射；12. 取纳射具；13. 司射配耦；14. 乐工下移；15. 三耦取弓矢。16. 司射诱射；17. 上耦俟射；18. 获者离侯；19. 三耦射；20. 获者唱获；21. 司射告宾三耦射毕；22. 司马命弟子取矢置楅。

第五项，第二番射。23. 司射请射；24. 主与宾配耦，大夫与士配耦；25. 三耦取弓矢；26. 众宾受弓矢；27. 司射作射，请释获于宾；28. 司射命"不贯不释"；29. 三耦射毕，筭计释获；30. 主宾对射；31. 大夫与士对射；32. 众宾继射；33. 释获者告宾射毕；34. 司马取矢置楅；35. 司马监督唱获；

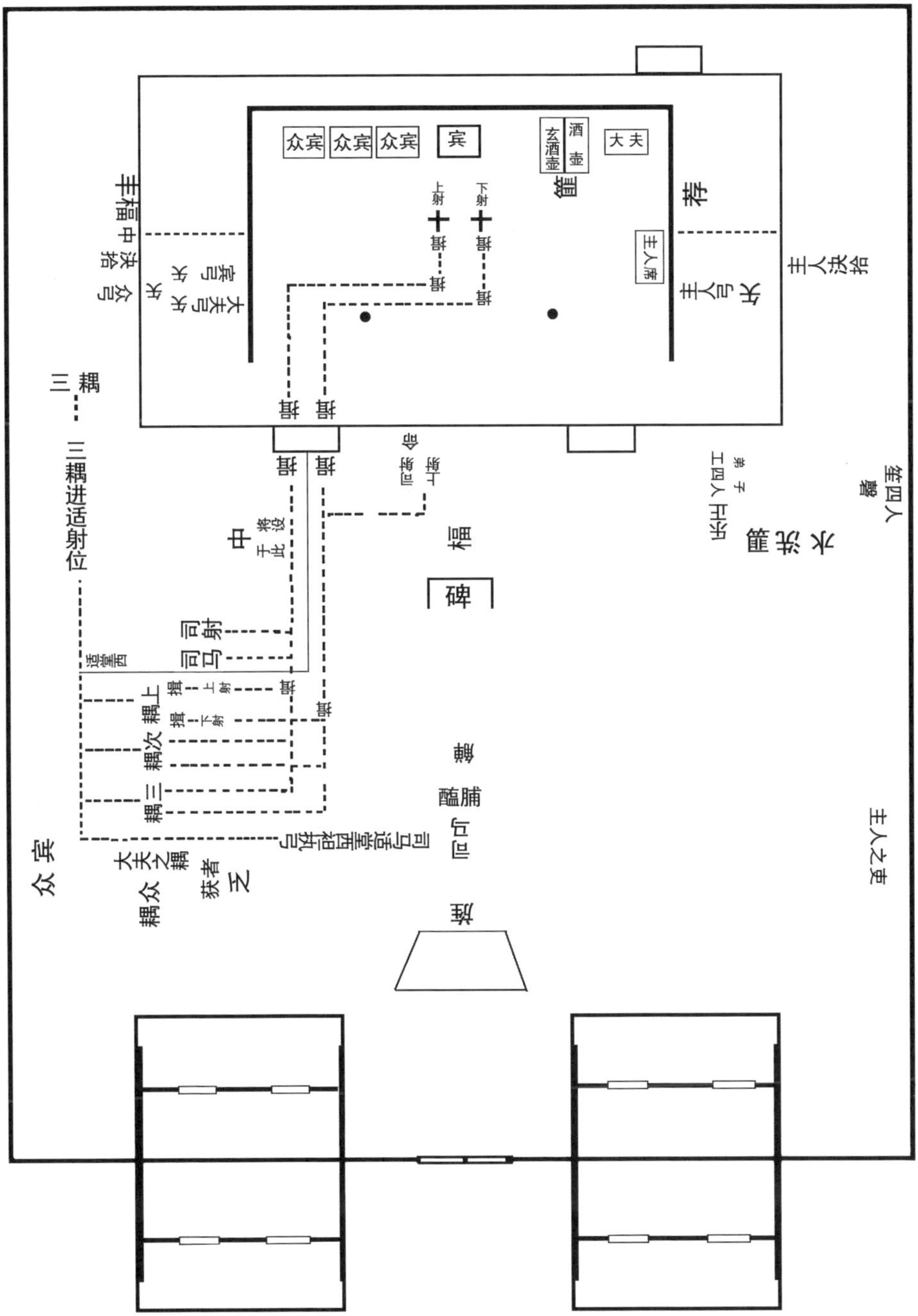

图 3－10　乡射礼三耦射示意图
（改绘自杨天宇：《仪礼译注》，上海：上海古籍出版社，1994 年）

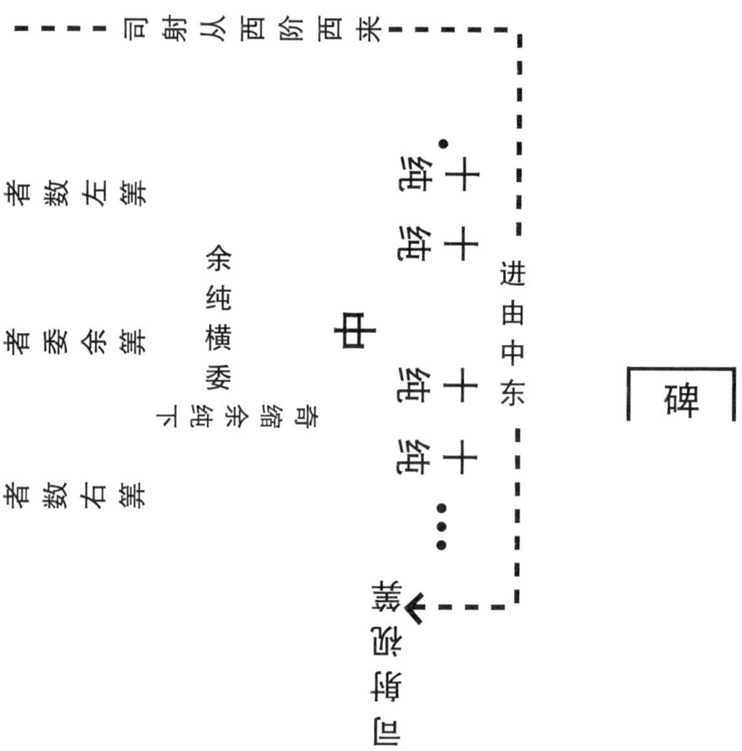

图 3 – 11　释获者数筭示意图

（改绘自杨天宇：《仪礼译注》，上海：上海古籍出版社，1994 年）

36. 释获者告宾结果；37. 胜者罚不胜者酒；38. 司马献获者，获者祭侯；39. 司射献释获者。

第六项，第三番射。40. 司射请射，命三耦；41. 三耦、宾、主、大夫取矢；42. 司射向宾请乐；43. “不鼓不释”；44. 奏《驺虞》以射；45. 三耦、宾、主、大夫射毕；46. 获者唱获，释获者释获；47. 司射视筭，释获者公布成绩；48. 司射命设丰，赏罚如初；49. 司射命取矢；50. 司马命弟子撤去一应射具；51. 司射命释获者撤去筭中。

第七项，射后宴饮。52. 司马复为司正，旅酬；53. 司正使工人与宾、大夫酬酒；54. 司正奉主人命撤俎于宾；55. 坐宴，不筭爵，不筭乐。

第八项，宴终送宾。56. 宾降，奏《陔》；57. 主送宾于门外；58. 明日，宾拜赐，主人不见；59. 主人释服，息司正；60. 主人答谢乡射礼执事者；61. 乡射礼结束。

第五节　弋射的射具与方法

弋射是田猎射的一种，也称缴射。《诗·郑风·女曰鸡鸣》云："将翱将翔，弋凫与雁。"郑玄《注》曰："闲于政事，则翱翔习射。《笺》云：'弋，缴射也。'"孔颖达《正义》："缴射，谓以绳系矢而射也。《说文》云：'缴，谓生丝为绳也。'"① 由此可知，弋射是将线绳系于箭镞，对天上的飞鸟进行射猎。

弋射的起源很早，甚至是射礼起源的动因之一。陈春慧认为："射礼起源于原始狩猎文化中的射禽鸟类活动。"② 前文提到作册般铜鼋铭文"王弋于洹"，应即记载商王在洹河弋射。

战国时期，弋射深受广大贵族阶层喜爱。《吕氏春秋·当贵》记载曰："夫事无大小，固相与通，田猎驰骋，弋射走狗，贤者非不为也，为之而智日得焉，不肖主为之，而智日惑焉。"③ 也可看出这一时期弋射的"礼"的属性已经较少，成为一项娱乐活动，甚至意志不坚定的人（不肖主）会因弋射玩物丧志。

由于弋射的普及，其场景也成为人物画像纹铜器的重要题材之一。如考古发掘出土的采桑宴乐射猎攻战纹青铜壶、曾侯乙墓漆箱等，其图案描绘的弋射场景与文献记载高度一致，皆是用缴有线绳的矰矢射猎天上的飞鸟。（图3-12、3-13）用弋射的方式射猎，是为了获取完整的未受伤的飞禽，特别是大雁。大雁在古人的生活中有很重要的作用，如《仪礼·士婚礼》记载："昏礼，下达纳采，用雁。"郑玄《注》曰："用雁为挚者，取其顺阴阳往来。"④

---

① （清）阮元校刻：《十三经注疏·毛诗正义》，北京：中华书局，1980年，第340页。

② 陈春慧：《论射礼兴衰与嬗变》，《南京理工大学学报》2002年第1期。

③ （战国）吕不韦著，（汉）高诱注：《吕氏春秋》，国学整理社编：《诸子集成》六，北京：中华书局，2006年，第316页。

④ （清）阮元校刻：《十三经注疏·仪礼注疏》，北京：中华书局，1980年，第961页。

图 3-12　采桑宴乐射猎攻战纹铜壶弋射图案

（采自宋兆麟：《战国弋射图及弋射溯源》，《文物》1981 年第 6 期）

图 3-13　曾侯乙漆箱弋射图案

（采自湖北省博物馆：《曾侯乙墓：战国早期的礼乐文明》，北京：文物出版社，2007 年）

大雁是候鸟，古人认为其知时节，有信义，是作为信物的不二之选，故射获完整的活雁正是弋射的目的之一。

通过弋射的方式可知，其所用的箭镞也较为特殊。《周礼·夏官·司弓矢》载曰："凡矢，枉矢、絜矢利火射，用诸守城、车战；杀矢、鍭矢用诸近射、田猎；矰矢、茀矢用诸弋射；恒矢、痺矢用诸散射。"郑玄《注》曰："此八矢者，弓弩各有四焉。枉矢、杀矢、矰矢、恒矢，弓所用；絜矢、鍭矢、茀矢、痺矢，弩所用也。"[①] 所以，矰矢、茀矢虽皆为弋射所用，但各自搭配的射具不同，挽弓行射时用矰矢，举弩行射时用茀矢。因此，弋射是用线绳结缴于箭锋呈圆形的矰矢、茀矢，行射时缠绊高空中的飞鸟，可能与麦方尊铭文记载王在辟雍大池乘舟射大鸿类似。

1　　2

图 3－14　徐楼墓地 M2 出土矰矢

1. D 型镞　2. E 型镞

（采自山东博物馆、枣庄市博物馆：《大君有命，开国承家：小邾国历史文化展》，北京：时代华文书局，2018 年）

山东省枣庄市徐楼墓地二号墓共出土箭镞 39 枚，其中有 3 枚形制特殊，发掘报告将其定为 D 型镞和 E 型镞。（图 3－14）D 型镞，2 件，形制、大小相同。桃形首，亚腰形关，圆锥形铤。首最大径 3 厘米，通长 13.4 厘米。E 型镞，1 件。首上方下圆，呈喇叭形，粗关，圆锥形铤，下残。首上端边长 0.6 厘米，下端直径 2.8 厘米，残长 13 厘米。[②] 这两种箭镞的铤均呈圆锥形，并不具有直接的杀伤性，推测是用于弋射的箭镞。

① （清）阮元校刻：《十三经注疏·周礼注疏》，北京：中华书局，1980 年，第 856 页。

② 枣庄市博物馆、枣庄市文物管理办公室、峄城区文广新局：《枣庄市峄城徐楼东周墓葬发掘报告》，《海岱考古》第七辑，北京：科学出版社，2014 年，第 99 页。

第六节　巫射的发展与衰亡

巫射在东周时期虽仍然存在，但作为射礼已经走向了衰亡。后世也有以巫术伤害为目的的行射，不过越来越与宗教趋同，已经不再属于射礼的范畴。东周时期是巫术性射礼发展的最后一个阶段。

文献记载东周时期的巫射并不多，春秋和战国各有一例。《史记·封禅书》记载："是时苌弘以方事周灵王，诸侯莫朝周，周力少，苌弘乃明鬼神事，设射貍首。貍首者，诸侯之不来者。依物怪，欲以致诸侯。诸侯不从，而晋人执杀苌弘。"裴骃《集解》引徐广曰："貍，一名'不来。'"[①] 此事也见于《汉书·郊祀志》："后五十年，周灵王即位。时诸侯莫朝周，苌弘乃明鬼神事，设射不来，不来者，诸侯之不来朝者也。依物怪，欲以致诸侯。诸侯弗从，而周室愈微。后二世，至敬王时，晋人杀苌弘。"颜师古《注》："苌弘，周大夫。《春秋左氏传·哀公三年》称'刘氏、范氏世为婚姻，苌弘事刘文公，故周与范氏赵鞅以为讨，周人杀苌弘'也。"[②] 以上两则文献《史记》作"设射貍首"，《汉书》作"设射不来"，又"貍首"即为"不来"，可知所记载的史事是相同的。诸侯不朝见周王，苌弘通鬼神之事，设射不来，即"射不宁侯"。两周时期以巫射的形式射不朝见天子的诸侯，是一种固定的射礼，与西周早期姜太公射不来朝见的丁侯的性质一样，其目的是通过这种巫蛊伤害术，对诸侯起到震慑的作用。

战国时期的巫射集中在宋国。《战国策·燕策二》记载苏代约燕王时说："秦欲攻安邑，恐齐救之，则以宋委于齐，曰：'宋王无道，为木人以写寡人，射其面。寡人地绝兵远，不能攻也。王苟能破宋有之，寡人如自得之。'" 又

① （汉）司马迁：《史记》，北京：中华书局，1982 年，第 1364 页。
② （汉）班固撰，（唐）颜师古注：《汉书》，北京：中华书局，1962 年，第 1199 页。

记苏秦对齐王说："今宋王射天笞地，铸诸侯之像，使侍屏匽，展其臂，弹其鼻。"《宋策》说宋康王："灭滕伐薛，取淮北之地。乃愈自信，欲霸之亟成，故射天笞地，斩社稷而焚灭之。曰：威服天下鬼神。"[①]《史记·宋微子启世家》记载宋王偃："盛血以韦囊，县而射之，命曰'射天。'"[②] 这里所说的宋王铸造诸侯的像来弹射，雕刻木人写上秦王的名字，用箭射其面，以及射天都是巫术性射礼。尤其是宋王射天，与商代武乙射天如出一辙。商人信奉巫术，而宋国正好是殷商后裔的封国，承袭了商人的巫蛊之术，宋国灭亡后，这种巫术性射礼也随之走到了尽头。

---

① （汉）刘向集录：《战国策》，上海：上海古籍出版社，1998 年，第 1080、1114、1157 页。
② （汉）司马迁：《史记》，北京：中华书局，1982 年，第 1632 页。

第七节　武射的繁盛

武王克商之后，以贯革之射为代表的武射便停止了，但到了东周时期，列国争霸，战争频繁，武射重新兴起。贯革之射专以战甲为侯靶，并以是否射穿侯靶为评定标准，是一种不追求仪容风度，只注重射箭力度的射礼。

《左传·成公十六年》记载了潘党、养由基的穿札之射，原文为："癸巳，潘尫之党与养由基蹲甲而射之，彻七札焉。"[①] 潘党是潘尫的儿子，养由基是楚国的大夫，有百步穿杨之能。《史记·周本纪》记载："楚有养由基者，善射者也，去柳叶百步而射之，百发而百中之。左右观者数千人，皆曰善射。"[②]"蹲甲"就是将战甲放置在其他物品上，作为侯靶，"彻"即贯穿、穿透。"七札"指厚薄复叠七层的战甲。可见，潘党与养由基都是射艺和武力兼备的人，能够一箭射穿七层战甲。

另外，《列女传·晋弓工妻》记载："弓工妻者，晋繁人之女也。当平公之时，使其夫为弓，三年乃成。平公引弓而射，不穿一札。平公怒，将杀弓人。弓人之妻请见曰：'繁人之子，弓人之妻也。愿有谒于君。'平公见之，妻曰：'……今妾之夫，治造此弓，其为之亦劳矣。其干生于太山之阿，一日三睹阴，三睹阳。傅以燕牛之角，缠以荆麋之筋，餬以河鱼之胶。此四者，皆天下之妙选也，而君不能以穿一札，是君之不能射也，而反欲杀妾之夫，不亦谬乎！妾闻射之道，左手如拒石，右手如附枝，右手发之，左手不知，此盖射之道也？'平公以其言为仪而射，穿七札，繁人之夫立得出，而赐金三镒。"[③] 以上虽记述了弓匠的妻子为晋平公讲述良弓的制法与用法，从而搭救自己丈夫的故事，但也可看出，测试弓箭的办法是射穿战甲。起初，晋平公

① （清）阮元校刻：《十三经注疏·春秋左传正义》，北京：中华书局，1980 年，第 1918 页。
② （汉）司马迁：《史记》，北京：中华书局，1982 年，第 165 页。
③ （汉）刘向：《列女传》，沈阳：辽宁教育出版社，1998 年，第 59～60 页。

仅能射穿一层战甲，便认为弓的力道不足，因此要杀弓匠。后经弓匠妻子点拨，晋平公能射穿七层战甲，弓匠不仅被释放，而且获得了赏赐，足见“贯革”在武射中的重要性。

《韩诗外传》也有相似的故事，称：“齐景公使人为弓，三年乃成，景公得弓而射，不穿三札，景公怒，将杀工人。弓人之妻往见景公曰：‘此弓者，太山之南，乌号之柘，骍牛之角，荆麋之筋，河鱼之胶也。四物，天下之练材也，不宜穿札之少如此。’……景公以为仪而射之，穿七札。”① 由此看出，以贯革之射为代表的武射在东周时期非常流行，且备受列国国君推崇。楚国的大夫养由基、潘党因武射技艺精湛被楚王重用，并在战场上塔救楚王性命。晋平公或齐景公更是亲自引弓而射，且能贯穿七层战甲。可见，东周时期无论国君或大夫，都有较高的射艺，是武射盛行的反映。

综上所述，东周时期贵族追求的贯革之射，不仅要有超人的武力、精湛的射艺，而且要有优良的射具。对这些要素的追求，也可以看出贯革之射在当时的兴盛，而且，此时贯革往往以贯穿七层战甲为标准，因此，贯革之射虽是武射，但也有一定的仪节规程。

---

① （汉）韩婴撰，许维遹校释：《韩诗外传集释》卷八，北京：中华书局，1980 年。

第八节　东周时期射礼的特点

东周时期的射礼经历了衰落和复兴两个阶段，衰落是指春秋时期传统射礼的衰落，复兴是指战国时期经过改造的新型射礼的复兴。两个时期各具特色，不可一概而论。

一　春秋时期射礼的特点

春秋时期是射礼急速衰落的时期，相比西周时期，无论规模还是种类都呈现明显下降的趋势。射礼仅见于传世文献的零星记载，没有金文资料佐证。相较西周时期的射礼，春秋射礼具有明显的不同。

首先，射礼的规格低、规模小。春秋时期，王室衰微，周王以天下共主的名义组织的举国体制下的高规格射礼已经消失。文献记载，春秋时期等级最高的射礼是射牲、射鱼等，射礼的主导者是诸侯国君。除此之外，以卿大夫身份主持的射礼也很多。以孔子为例，他曾任鲁国大夫，其举行的射礼不过是在乡间，而且对射礼的仪节也有改动，使其更加世俗化。春秋时期的射礼与西周时期规模宏大、参与人员众多的大射、宾射、燕射相去甚远。

其次，文射日渐衰落，武射日益兴起。春秋时期懂得射礼仪程的人十分稀少，《左传·襄公二十九年》记载，公室中懂得射礼，能够胜任竞射者不足六人，连举行射礼最起码的三耦都匹合不齐，可见文射的衰落。孔子在矍相圃行射，围观的人密如一堵墙，也证明在当时举行射礼是一件极其罕见的新鲜事。春秋时期争霸战争频繁，各国国君、将士对武射十分重视，在西周时期几近消失的主皮之射、贯革之射又重新兴盛起来。齐景公、养由基等人都以射穿七层战甲的射术名扬天下，制弓匠人的妻子能详细地说出制作弓箭的材料和使用方法，都是武射兴盛的体现。当时认为武射射箭的三要素是膂力、射艺和射具，膂力强才能射得远，射艺精才能射得准，射具优良才能完全发挥行射者的技艺。在这种情况下，就形成了文射只重视行射的礼仪，武射只重视射箭的效果两极发展的局面。

最后，射礼社会化、娱乐化程度加深。西周时期，射是贵族子弟才能学习的技能，射礼也是有周王、诸侯等少数人才能参与的礼仪。到了春秋时期，射礼的庄严和肃穆已经基本不见，或只重仪节，或只重技艺，将射礼的要素割裂开来。另外，从孔子射矍相圃可以看出，对射礼的参与者虽有甄别，但只是从德行层面的考察，对身份、地位已没有要求，射礼已经由贵族礼仪向平民礼仪发展。随着射礼走向民间，它的娱乐性质也开始显现。春秋时期礼仪制度的约束力开始松弛，以燕射礼为代表的射礼更加追求娱乐化，特别是这个时期投壶礼出现之后（详见第五章），射礼的娱乐化走向顶峰。

二　战国时期射礼的特点

战国时期是射礼恢复和发展的时期，与春秋时期相比，战国时期射礼的种类和规模都有所提升，但射礼的仪节规程继续被弱化。此时僭越成风，射礼已经不再是表示身份和地位的严肃礼仪，而是一种经过改造的日渐世俗化的礼仪。

战国时期旧射礼的等级制度完全崩溃。以大射礼为例，本应是由天子主持举行的，但通过对战国人物画像纹青铜器图案的分析可知，诸侯国君和列国士大夫也纷纷举行大射。另外，图案体现的射侯有五大类，匹合射耦的人数也不尽相同，这种现象在等级制度严格的情况下是不可能出现的，反映了礼崩乐坏的局面完全形成。

战国时期射礼的规模大小不一。射礼的规模也不再以行射者的身份等级决定，有的参加人数众多，仪式繁琐，内容丰富，场面恢宏。但有的射礼参加人员很少，仪节内容简单，规模也很小。可知，虽然战国时期射礼种类较多，但仪程和参与人员不再那么严格。

战国时期射礼的世俗化进一步加强。此时投壶实物大量涌现，证明经过春秋时期的发展，投壶和六博一样成为社会下层比较喜欢的游戏，而且，男女会同坐投壶、饮酒，也体现了社会大众对投壶的热衷。（详见第五章）除投壶外，弋射也深受社会各阶层的欢迎。在这种情况下，射礼知识空前普及，射礼也继投壶之后开始向民间发展。战国时期射礼的大众化、世俗化进一步加深了。

第四章

秦汉时期及后世的射礼

经过夏商周三代的发展，秦汉及后世的射礼成为一套规范化、文本化的制度。这样一方面使得射礼彻底成为礼仪符号，再无实际意义，无论兴衰，都成了权贵阶层维护其统治秩序的工具。另一方面，在汉代儒家思想占据主导地位之后，射礼也被人们当作规范日常行为的准则之一。但总体而言，秦汉及后世的射礼几经兴衰，已不复三代的盛况了。

第一节　秦汉时期的射礼

秦至汉初战乱不断，这一时期的射礼保留了大量武射的遗风，形成了通过武射保持边疆军队战斗力的秋射制度。而大射礼等逐步成为一种礼仪符号，仅在国家举办重大典礼时举行。弋射因不受仪节限制，越来越受到各个阶层喜爱，得到了长足的发展。

一　秦汉时期的大射礼

秦汉时期关于大射礼的记载虽然不多，但其并没有失传，即便是秦末乱世，大射礼至少在曲阜鲁国故城一带保留了下来。《汉书·儒林传》记载："及高皇帝诛项籍，引兵围鲁，鲁中诸儒尚讲诵习礼，弦歌之音不绝，岂非圣人遗化好学之国哉？于是诸儒始得修其经学，讲习大射乡饮之礼。"[①] 可见，鲁国作为周公封国、孔子故乡，礼仪制度保存得相对完好，即便鲁国早已覆

① （汉）班固撰，（唐）颜师古注：《汉书》，北京：中华书局，1962 年，第 3592 页。

灭，但儒家子弟仍将周礼一直传承至秦汉时期。但经过传承，此时的大射礼已与三代不同，杨志刚认为：“秦汉时期以后，先秦时期存在的三种射礼统称为大射，赋予了大射礼复杂的属性……大射礼的属性主要有观德、尚武和欢愉。”① 杨志刚的观点很有见地，秦汉时期已不见宾射礼、燕射礼的记载，统一称为大射，即由皇帝参与或观看的射礼。

《汉书·五行志》记载：“鸿嘉二年三月，博士行大射礼，有飞雉集于庭，历阶登堂而雊。后雉又集太常、宗正、丞相、御史大夫、大司马车骑将军之府，又集未央宫承明殿屋上。……音复对曰：‘陛下安得亡国之语？不知谁主为佞谄之计，诬乱圣德如此者！左右阿谀甚众，不待臣音复谄而足。公卿以下，保位自守，莫有正言。如令陛下觉寤，惧大祸且至身，深责臣下，绳以圣法，臣音当先受诛，岂有以自解哉！……宜谋于贤知，克己复礼，以求天意，继嗣可立，灾变尚可销也。’”②

“博士”这一称谓最早见于战国时期，泛指博学多才之士，秦汉时成为一种官名，汉武帝设五经博士，专门研习儒家经典。鸿嘉二年（公元前19年），博士举行大射礼时有野鸡飞来，聚集在皇宫和大臣的衙署，有人认为是上天对皇帝不满的征兆，并力谏皇帝要克己复礼，才能保住江山社稷。可见，大射礼具有了与天沟通的功能，通过举行大射礼时的情况，可以推知天意，同时也是大臣向皇帝谏言的依据。然而，此次大射礼皇帝并未亲自参加，因此，这一时期的大射礼，除重大场合外，并不是每次都有皇帝参与。

《汉书·王莽传》曰：“居摄元年正月，莽祀上帝于南郊，迎春于东郊，行大射礼于明堂，养三老五更，成礼而去。置柱下五史，秩如御史，听政事，侍旁记疏言行。”③ 西汉末年，王莽效仿周公摄政的第一年，就举行了祭天、迎春、大射等只有皇帝才能举行的大礼。可见，这一时期射礼衰微，只在重要场合作为象征皇权的礼仪形式而存在。正如崔乐泉所言：“有周一代，礼射作为礼仪教化的一种形式曾盛极一时，但随着社会的发展，至西汉时期，礼射活动几乎完全废止。”④

---

① 杨志刚：《中国礼仪制度研究》，上海：华东师范大学出版社，2001年，第450页。
② （汉）班固撰，（唐）颜师古注：《汉书》，北京：中华书局，1962年，第1417～1418页。
③ （汉）班固撰，（唐）颜师古注：《汉书》，北京：中华书局，1962年，第4082页。
④ 崔乐泉：《从汉画看汉代的射箭活动》，《考古与文物》1999年第2期。

东汉初年，光武帝刘秀崇尚古礼，重建了明堂、辟雍、灵台等礼制建筑，又命人复原了三代的礼法，到明帝时才又有在辟雍举行大射礼的记载。《后汉书·明帝纪》记载："二年春正月辛未，宗祀光武皇帝于明堂……群僚藩辅，宗室子孙，众郡奉计，百蛮贡职，乌桓、濊貊咸来助祭，单于侍子、骨都侯亦皆陪位。……三月，临辟雍，初行大射礼。"[①] 此次大射礼规模宏大，是汉明帝继位第二年，在春祭大典祭祀光武帝之后举行的，不仅有汉朝的官员参加，还有番邦蛮夷的贵族陪祭，与西周时期的义盉盖铭文记载"合即邦君、诸侯、正、有司大射"的情况相似，而且汉明帝来到辟雍举行大射礼，也与古礼吻合。可见，东汉早期国力恢复，在复原古礼上卓有成效，大射礼得以延续和传承。除此之外，东汉和帝永元十四年（公元102年）、顺帝阳嘉元年（公元132年）均有"临辟雍飨射，大赦天下"的记载[②]。东汉一朝，虽然大射礼在统治者的推崇下得以恢复，但也是在国力强盛时昙花一现，随后便无力会合诸侯番邦行射。射礼又沦为了一种礼仪形式，不再具有实际意义。

由此可见，汉代有皇帝（王莽摄政时已代行皇帝事）参与的大射礼的记载，在明堂、辟雍举行，往往配合祭天、祭祖、迎春、改元、大赦等重大庆典，大射礼是这些礼仪活动的重要组成部分，是皇权的象征。另外，由五经博士举行的大射礼则是一项例行的礼仪活动，完全是符号化的礼仪，以在行射过程中发生的情况，作为上天下达的征兆，来推断某件事情的性质，具有一定的宗教色彩。

二　秦汉时期的武射

秦以武力统一六国，汉初则经历楚汉战争、汉匈战争，二者都是尚武的王朝，武射在这一时期非常盛行。汉代的军队出现了以弩射为主的秋射，文献称为"都试"。《汉官仪》记载："民年二十三岁为正，一岁以为卫士，一岁以为材官骑士，习射御骑驰战阵。八月，太守、都尉、令长、相丞，会都试，课殿最。"[③] 东汉光武帝继位，罢诸郡都尉，立秋都试随之取消。薛英群

---

① （南朝宋）范晔：《后汉书》，北京：中华书局，1965年，第100～102页。
② （南朝宋）范晔：《后汉书》，北京：中华书局，1965年，第189、260页。
③ （清）孙星衍等辑，周天游点校：《汉官六种·汉官仪》，北京：中华书局，1990年，第152～153页。

认为："内郡，特别是京师'都试'，以典仪为主，骑射多属余兴；而边郡，重在'秋射'考核，检验训练成绩，有明确的考核时间、地点和规则，赏罚严格。"①

1. 举行秋射的时间和地点

秋射竞射的时间当在秋季，按《汉官仪》记载是在每年的八月。目前发现并已整理的居延汉简有"第四部甘露三年八月吏肄射伤弩名籍"②，与文献记载的时间吻合，但也有"吞远侯长放昨日诣官上功不持射具当会月廿八日部远不及到部谨持弩诣官射七月丁亥蚤食入"③，又说秋射在七月初的丁亥日举行。总之，秋射大体在秋季举行，具体时间则由掌握秋射的侯官掌控，根据具体情况而定。

秋射是在西北边郡举行的射箭比赛，汉代西北边境的防御系统由居延都尉府和肩水都尉府（《盐铁论·复古》作扇水都尉④）组成，都尉府的驻地为城，城有城尉。都尉府下设侯官，长官称侯；侯官下设塞，长官称塞尉；塞下设部，长官称侯长；部下设燧（亭），长官称燧（亭）长。通过《新简》E. P. T58：32 和《旧简》203 · 18 两简关于"诣官射""侯长""部"等的记载可知，秋射是在侯官所在地举行的。秋射举行的地点设在较为基层的侯官，而不是在都尉府或郡府，是有其特殊意义的。薛英群总结为以下几点："一是不致使戍守吏卒离开驻地过远过久，不利边防守卫；二是不使参加考核人员往返疲劳，徒增负担；三是不使考核者过分集中贻误军情，如有紧急情况，便于分头行动；四是较易解决食、宿、行等问题；最后一点，可以节约时间，短缩考核会期。"⑤

---

① 薛英群：《居延汉简中的"秋射"与"署"》，《史林》1988 年第 1 期。

② 甘肃省文物考古研究所、甘肃省博物馆、文化部古文献研究室等：《居延新简》，北京：文物出版社，1990 年，E. P. T58：32。下文简称《新简》，E. P. T58：32 为该简在书中的编号，故不再标注页码。

③ 谢桂华、李均明、朱国炤：《居延汉简释文合校》，北京：文物出版社，1987 年，203 · 18。下文简称《旧简》，203 · 18 为该简在本书中的编号，故不再标注页码。

④ （汉）桓宽：《盐铁论》，国学整理社编：《诸子集成》七，北京：中华书局，2006 年，第 7 页。

⑤ 薛英群：《居延汉简中的"秋射"与"署"》，《史林》1988 年第 1 期。

2. 参加秋射的人员

秋射是对军中将士射艺的考核，其参与者包含了所有中下级将官以及士兵。薛英群认为："二百石以下（的官员）都要参加考比，实际上包括了都尉以下的所有武职人员。"①《旧简》（6・5）记载："五凤二年九月，庚辰朔己酉，甲渠候汉强敢言之，府书曰：侯长、士吏、烽燧长以令秋射，署功劳，长吏杂试□□。"依此，都尉以下的侯和塞尉并未参加秋射，参加者是自侯长以下的底层军官。魏巍则认为不仅军官参加秋射，而且士兵也要参加，称"每年参加秋射活动的人员，人数至少在 10 万人左右"②。地处边疆的基层军事组织是否能组织参与度如此高的秋射活动尚未可知，但是，边境战争不断，弓弩是守城士兵面对来犯者的最佳武器，娴熟的射艺不仅是士兵保家卫国的保障，更是其安身立命的前提，故最大限度地组织秋射，以磨炼考核基层将官、士兵的射艺不无道理。因此，秋射可以说是西汉时期规模最大的军事技能考试，同时也是规模最大的军事体育竞赛③。

3. 秋射的仪节流程

秋射礼仪在汉代西北边疆盛行百余年，形成了一套完整的仪节程式，居延汉简对其有较为明确的记载。

首先，每年秋季太守府发布本年度举行秋射的文书。《旧简》（6・5）中的"府书"就是太守府颁发的文书，其体例内容一般是固定的，即通知下级军官准备举行秋射，规定秋射的考核内容、比赛目的，并将秋射的一切相关事宜移交都尉府全权负责。

其次，检查射具，举行比赛。秋射所用的射具一般是弩，而且以"石"为单位，将弩分为若干不同的种类。如"大黄刀十石弩"（《旧简》82・15）"八石具弩"（《旧简》52・17）"六石具弩"（《新简》E. P. T51：89）"四石弩"（《旧简》341・3）"三石具弩"（《旧简》515・64）等，其中以六石弩为行射的标准射具。比赛时竞射者需射十二支箭，命中六支则为合格。"功令

---

① 薛英群：《居延汉简中的"秋射"与"署"》，《史林》1988 年第 1 期。

② 魏巍：《居延汉简中汉代边塞地区的"秋射"活动考》，《兰台世界》2014 年第 10 期。

③ 陈直：《居延汉简研究》，天津：天津古籍出版社，1986 年，第 48 页。

第辩五候长、士吏皆试射，射去埻帍，弩力如发，弩发十二矢，中帍矢，六为程，过六矢，赐劳十五日”（《旧简》45·23），“埻帍”相当于侯，薛英群认为：“‘帍’，是靶子，以红、白色丝织品相间缝制而成，悬挂于木板之上，目的是醒目易识，便于瞄准。然后将带板立于埻上，此即‘埻帍’。”[①] 居延汉简还有对秋射成绩的记录，如“城北燧长归来，发矢十二，中帍矢八”（《新简》E. P. T53：41），“鸿嘉三年，以令秋试射，发矢十二，中帍矢十二”（《新简》E. P. T50：18）。以上两则记录的竞射者，一人中八矢，一人十二矢全中，皆为秋射合格。“发矢十二中帍四”（《旧简》45·13），此竞射者十二矢仅中四矢，其成绩则不合格。秋射成绩优异者会得到相应的奖励，成绩不合格者则会受到惩罚。

再次，侯官统计秋射成绩报于都尉府审核，都尉府审核完毕报于太守府。秋射比赛结束之后，侯官逐级统计成绩，以部、燧为单位编为爰书移交给都尉府审核。“十月甲□□，元行侯事敢言之都尉。□劳谨移射爰书，名籍一编。”（《旧简》485·40）即记载了十月侯官将编好的名籍爰书移交给都尉府的史事。都尉府核实秋射成绩之后，将存在问题的退回，并要求侯官彻查原因，查清事实后，酌情重新比赛或取消成绩，以保证秋射的公平公正。待所有问题都解决之后，将最终成绩报于太守府。

最后，太守府将秋射成绩优异者报于朝廷，予以嘉奖。太守府依据秋射的规定，对成绩优异者予以赐劳。“劳”即为功劳，汉代对秋射劳绩，不仅有钱帛等物质奖励，更重要的是将其作为升迁的重要依据。刘丽琴认为因秋射成绩优异，被上报朝廷得以升迁者是有爵位的军官，普通军官、士兵则多获得赐劳十五日的奖励[②]。无论如何，通过秋射考核，成绩优异者会有升迁的机会是无疑的，这也保留了周代“射以择士”的传统，只是秋射不再注重仪容体态，而是一种纯粹的武射制度。

三　秦汉时期的弋射

弋射在秦汉时期非常流行，不仅见于文献记载，而且通过考古工作，发现

---

① 薛英群：《居延汉简中的“秋射”与“署”》，《史林》1988 年第 1 期。

② 刘丽琴：《居延汉简所见秋射制度》，《和田师范专科学校学报》2006 年第 2 期。

了大量描绘弋射的画像石（砖）和弋射所用矰矢、茀矢的实物。弋射的对象主要是飞禽，汉代墓葬中也发现较多的射鸟图案，有着较为神秘的宗教意义。

1. 秦始皇陵陪葬坑的弋射场景

秦始皇陵园K0007陪葬坑位于秦始皇陵园外城垣东北角外900余米处，2001年8月8日至2003年3月20日，陕西省考古研究所（现陕西省考古研究院）与秦始皇兵马俑博物馆联合对其进行发掘。此次发掘发现了一条象征性的两岸带有建筑的河道，河道内出土青铜禽46件，其中铜鹤6件、天鹅20件，其他为鸿雁等禽类，另外还出土跽姿和箕踞姿的陶俑15件。(图4－1～4－3)

对于该遗迹的性质，发掘者认为："水禽和陶俑放置在一起，说明它们和人之间有一种和谐、亲善的关系，是经过人工驯化过的。出土陶俑、同出的小件器物表明陶俑可能执掌一定的乐器，以音乐来驯化水禽。"[①] 此观点并没有得到学界的广泛认同，刘钊认为："该陪葬坑应是对秦始皇王室苑囿的一种局部仿造……这些握持乐器的陶俑就是宴乐俑，是为君王游幸苑囿提供乐舞以用于欣赏和助兴的。"[②] 焦南峰赞同将K0007解释为鹤池、雁池的观点，但认为将其解释为象征"左弋外池"更贴切，跽姿和箕踞姿陶俑可称为"左弋射士"，其中箕踞姿陶俑可称之为"蹶张士俑"[③]。罗明亦认为K0007象征弋射场景，但陶俑手中应持弓弩，纠正了焦南峰将跽姿陶俑解释为"手持短矛的猎手"的看法[④]。

箕踞姿俑又称"笮舟俑"，被认为是"正在划船的姿态"，发掘者则认为这种箕踞的坐姿严重违反礼制，不见于其他俑类，应是一种独处时或非正规场合的坐姿[⑤]。秦始皇陵园K0007陪葬坑虽然发现了象征性的河道，但并没有

① 陕西省考古研究所、秦始皇兵马俑博物馆：《秦始皇陵园K0007陪葬坑发掘简报》，《文物》2005年第6期。

② 刘钊：《论秦始皇陵园K0007陪葬坑的性质》，《中国文物报》2005年8月5日第7版。

③ 焦南峰：《也论秦始皇陵园K0007陪葬坑的性质》，《中国文物报》2005年11月25日第7版。

④ 罗明：《秦始皇陵园K0007陪葬坑弋射场景考》，《考古》2007年第1期。

⑤ 陕西省考古研究所、秦始皇兵马俑博物馆：《秦始皇陵园K0007陪葬坑发掘简报》，《文物》2005年第6期。

1

2

图 4－1　秦始皇陵园 K0007 陪葬坑铜水禽出土场景

1. 铜天鹅　2. 铜鸿雁

（采自陕西省考古研究所、秦始皇兵马俑博物馆：《秦始皇帝陵园考古报告（2001—2003）》，北京：文物出版社，2007 年）

1

2

图 4–2　秦始皇陵园 K0007 陪葬坑出土陶俑

1. 箕踞姿俑　2. 跽姿俑

（采自陕西省考古研究所、秦始皇兵马俑博物馆：《秦始皇帝陵园考古报告（2001—2003）》，北京：文物出版社，2007 年）

图 4－3　秦始皇陵园 K0007 陪葬坑出土铜水禽

1. 天鹅　2. 鸿雁　3. 立鹤　4. 立雁

（采自陕西省考古研究所、秦始皇兵马俑博物馆：《秦始皇帝陵园考古报告（2001—2003）》，北京：文物出版社，2007 年）

发现舟船遗迹，而且陪葬坑内所展示的场景应是极其考究的，人俑也都是以写实的手法刻画了当时的人物状态，若以一种违反礼制的坐姿出现，似乎不大可能。罗明通过考证，认为两种姿态的人俑是相互配合的，共同完成在园囿里的弋射，箕踞姿俑是“主射手双足踏强弩，双手拉弓弦，上身前倾，正准备向后仰身腰引弩的瞬间”，跽姿俑则是“主射手的副手，手执缴线轴”①。

从战国时期的人物画像纹铜器的弋射图案就可以看出，弋射不是一个人就能完成的，其所用的矰矢、茀矢系有较长的线绳，因此，至少需要一人行

① 罗明：《秦始皇陵园 K0007 陪葬坑弋射场景考》，《考古》2007 年第 1 期。

射，一人缴线，正与罗明分析的两种人俑姿态相合。另外，包括弋射在内的射礼，最初就是在水泽之旁举行的，经过周代改造，仪式化之后的射礼在大池、辟池等处举行，依然离不开水，而且其行射的目标多为禽类。如麦方尊铭文“王射大鸿”的记载，侯靶的中心被称“鹄”，也是对禽类行射的写照。秦始皇陵园 K0007 陪葬坑河道内放置的众多禽类，正是箕踞姿俑和跽姿俑行射的目标。

秦始皇陵园 K0007 陪葬坑发掘之前曾遭焚毁，弋射所用的弓弩箭杆可能已被烧毁或腐朽，但是陪葬坑出土有弩机、缴线轴等器物。（图 4－4）按《周礼·夏官·司弓矢》记载：“矰矢、茀矢，用诸弋射。”郑玄《注》：“茀矢……弩所用也。”① 与弩机相伴出土的应是茀矢，足以证明该陪葬坑表现的是弋射场景。此外，秦始皇陵园内出土的弋射用矢并非仅此一例，陵园西侧陪葬坑的一号铜车马车舆内的铜箭箙内发现 54 支箭，其中 50 支箭带有锋利的箭镞，另 4 支箭则为圆柱形箭镞，不具有杀伤力，应即矰矢。据冉万里考证，铜车马应是外出田猎所驾的田车，故载有矢，其中普通的矢用以射猎猛兽，矰矢用以弋射飞禽；秦始皇陵西侧陪葬坑出土的一号、二号铜车马则是秦始皇外出狩猎的田车车队②。

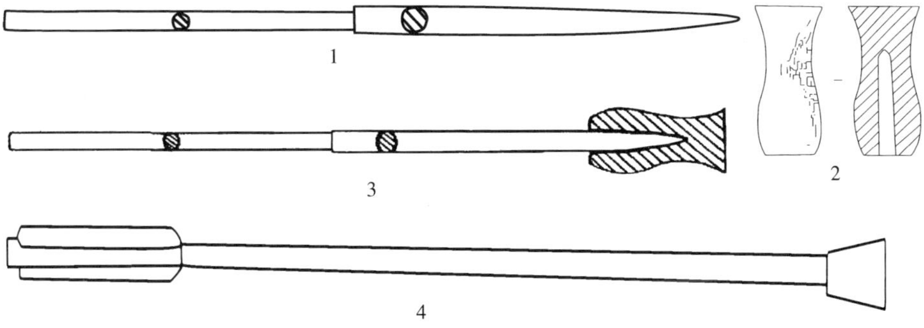

图 4－4 秦始皇陵园陪葬坑出土的矰矢、茀矢

1. K0007 陪葬坑锥形器 2. K0007 陪葬坑喇叭形器

3. K0007 陪葬坑锥形器、喇叭形器复原茀矢 4. 秦始皇陵一号铜车马箛箙内Ⅱ型镞

（1、2. 采自陕西省考古研究所、秦始皇兵马俑博物馆：《秦始皇帝陵园考古报告（2001—2003）》，北京：文物出版社，2007 年；3、4. 采自罗明：《秦始皇陵园 K0007 陪葬坑弋射场景考》，《考古》2007 年第 1 期）

① （清）阮元校刻：《十三经注疏·周礼注疏》，北京：中华书局，1980 年，第 856 页。

② 冉万里：《由弋射之矢看秦始皇陵车马坑》，《大众考古》2015 年第 1 期。

综上所述，秦始皇陵园K0007陪葬坑发现了象征性的河道，意为行射的水泽，水泽之中有鹤、雁等弋射的目标，又有正在拉弩（撅张）的箕踞姿俑和手执缴线轴的跽姿俑，以及弋射所用弩机、茀矢、缴线轴等器物，因此，该陪葬坑即表现了秦代在皇家园囿内举行弋射的场景。

2. 汉代画像石（砖）中的弋射

汉代的弋射活动受众更加广泛，是上至皇帝贵族，下至平民百姓的一项重要的娱乐方式和渔猎手段。《汉书·贾邹枚路传》记载："（武帝）……封泰山，塞决河宣房，游观三辅离宫馆，临山泽，弋猎射驭狗马蹴鞠刻镂，上有所感，辄使赋之。"[①] 可见弋射是汉武帝外出巡狩时的一项活动。

东汉弋射收获画像石（见图0－1），描绘的画面由弋射鸿雁和收割谷物两部分组成。上半部分有两人，一人挽弓射向斜上方，另一人则屈腿垂直射向正上方。两人身旁均放置有缴线轴，用作捆绑矰矢。天上的大雁因被弋射，四散而飞。弋射者是在水畔行射的，水中有荷叶、莲蓬，水上有野鸭，水下有数条大鱼，整体与秦始皇陵园陪葬坑表现的弋射环境类似。画像石下半部分则是一片秋忙的场景，在一片稻田中共刻画六人，右边两人正在使用长镰刀割禾，中间三人俯身收割谷穗，左边一人肩挑扁担，为正在收割的五个人送饭。该画像砖刻画的弋射与收获相伴，可知时间当是秋季，与战国百花潭采桑宴饮乐舞攻战纹铜壶描绘的秋季弋射场景类似，因此推测战国至秦汉时期均在秋季举行弋射。这一季节不仅大雁最为肥美，而且与收获稻谷相搭配，是冬季储备食物，象征着一年的劳动成果，以及祈求来年丰收。

另外，征集于南阳市靳岗乡的弋射画像石（图4－5），虽然没有收获场景，但是将矰矢的形象完美地表现出来：两个弋射者一前一后，前者射出的矰矢缠绕在大雁的颈部，矢与弓之间连着一条长绳，后者手执射获的完整大雁，满载而归。由此可以看出，弋射或象征着收获，是以射猎完整的活雁为

① （汉）班固撰，（唐）颜师古注：《汉书》，北京：中华书局，1962年，第2367页。

图 4－5　弋射画像砖拓本
（作者摄于“格古通今——纪念昆阳之战 2000 年东汉画像石拓片邀请展”）

目的，可能食用，也可能作为婚礼之前下聘的信物。总之，秦汉时期的弋射活动十分盛行。

第二节　魏晋南北朝时期的射礼

魏晋南北朝时期天下动荡不安，世家大族垄断政治，著书立传，家学兴盛。儒家提倡学习六艺，射礼的传承主要在士大夫阶层。而将门多注重射箭的技法，频繁的战争也让武射备受关注。前赵的开国君主刘渊“姿仪魁伟”，“猿臂善射，膂力过人”①，其子刘聪“骁勇绝人，博涉经史，善属文，弯弓三百斤”②，二人均以射艺闻名于天下。《十六国春秋·前秦录》记载氐族人苻洪“好学多权略，善骑射”，他的儿子苻健“勇果便弓马”，他的孙子苻生“力举千钧，雄勇好杀，手格猛兽，走及奔马，击刺骑射，冠绝一时”③，祖孙三代都勇猛善射。虽然魏晋时期弓矢活动非常流行，但实战性更强，多数不能归入射礼的范畴。

一　魏晋南北朝时期的大射礼

大射礼是这一时期大型典礼必须举行的礼仪之一。《三国志·魏书·高堂隆传》记载高堂隆上书魏明帝：“宜崇礼乐，班叙明堂，修三雍、大射、养老，营建郊庙，尊儒士，举逸民，表章制度，改正朔，易服色，布恺悌，尚俭素，然后备礼封禅。……帝从其议，改青龙五年春三月为景初元年孟夏四月，服色尚黄，牺牲用白，从地正也。”④ 可知，在魏明帝时恢复了东汉末年以来因战乱荒废的古礼，其中大射礼也是被恢复的古礼之一，但文献中没有记载大射礼的具体仪程。

---

① （唐）房玄龄等：《晋书》，北京：中华书局，1974 年，第 2646 页。

② （宋）司马光：《资治通鉴》，北京：当代中国出版社，2001 年，第 608 页。

③ （北魏）崔鸿：《十六国春秋》，北京：中华书局，1985 年，第 19、20、21 页。

④ （晋）陈寿撰，（宋）裴松之注：《三国志》，北京：中华书局，1982 年，第 712 页。

北魏孝文帝学汉制，兴儒学，文献中也有其举行大射礼的记载。《魏书·高祖纪》记载："（太和）十有六年……丁酉诏祀唐尧于平阳，虞舜于广宁，夏禹于安邑，周文于洛阳。丁未改谥宣尼曰文圣尼父，告谥孔庙。……四月丁亥朔，班新律令，大赦天下。……五月癸未，诏群臣于皇信堂更定律条，流徒限制，帝亲临决之。六月己丑，高丽国遣使朝贡。……秋七月……将行大射之礼。"① 可以看出，北魏孝文帝在太和十六年（公元 492 年）进行了一系列大刀阔斧的改革，力图摆脱鲜卑族的旧制，先祭祀中原王朝的上古先王，又为孔子修改谥号，颁布新的律法，在高丽使者来访之际，举行大射礼。经过以上措施，北魏鲜卑族逐步汉化，为太和十八年（公元 494 年）迁都洛阳，彻底入主中原打下了坚实的基础。鲜卑族在汉化的过程中，学习中原王朝的礼制是不可或缺的，大射礼作为一项重要的典礼，在北魏时期得以保存。

与北魏相比，偏安江南一隅的东晋王朝，在政治统治稳定之后，启用荀崧，重新修订古礼，大射礼也得到了很好的保存。《宋书·志第四》记载西晋初立时，称："世祖武皇帝圣德钦明，应运登禅，受终于魏。崇儒兴学，治致升平。经始明堂，营建辟雍，告朔班政，乡饮大射，西阁东序、图书禁籍，台省有宗庙太府金墉故事，太学有《石经古文》。"② 经过曹魏时期礼制的恢复和发展，到西晋初年，不仅礼制完备，而且礼制建筑、文献资料都十分丰富。虽然东晋南渡之后，礼仪制度有所损失，但基础犹存，又经过荀崧的修复，可知东晋包括大射礼在内的古礼应是完备的。

与南渡的东晋、力求汉化的北魏不同，之后的北齐王朝，其统治者崇尚武力，好骑射，对大射礼进行了深刻的改造。北齐的大射礼每年春秋各举行一次，春射被称为小射，每年三月初三举行；秋射被称为大射，举行时间不固定。《隋书·礼仪志》记载："后齐三月三日，皇帝常服乘舆，诣射所，升堂即坐，皇太子及群官坐定，登歌，进酒行爵。皇帝入便殿，更衣以出，骅骝令进御马，有司进弓矢。帝射讫，还御坐，射悬侯，又毕，群官乃射五埒。""一品二品三十发，三品二十五发，四品二十发，五品十五发。"春射"五埒"即指一至五品官员，品级不同，射箭的数量也不同；秋射规模则更

① （北齐）魏收：《魏书》，北京：中华书局，1974 年，第 169 ~ 170 页。
② （梁）沈约：《宋书》，北京：中华书局，1974 年，第 360 页。

大，共分为七埒，一至九品的官员均须参加竞射。“秋季大射，皇帝备大驾，常服，御七宝辇，射七埒。第一埒，一品五十发，二品四十六发；从三品四品第二埒，三品四十二发，四品三十七发；五品第三埒，三十二发；六品第四埒，二十七发；七品第五埒，二十一发；八品第六埒，十六发；九品第七埒，十发。大射置大将、射司马各一人，录事二人。七埒各置埒将、射正、参军各一人，埒士四人，威仪一人，乘白马以导，的别参军一人，悬侯下府参军一人。又各置令史埒士等员，以司其事。”①

从仪节可以看出，北齐的大射礼对传统大射礼既有继承也有较大改动。首先，春季小射时虽有礼乐，但行射并不需要配合奏乐的节拍。其次，不同品级的官员分埒竞射，还保留了三番射的影子，但是每埒射箭的数量远远多于每番射的四支箭，而且品级越高，需射的箭越多。最后，北齐大射礼设置的执事人员部分与传统大射礼相同，但更多的是与七埒竞射的仪节相配合的。总之，北齐的大射礼与东晋、北魏恢复的传统大射礼是不同的，它有着浓郁的尚武色彩，相较之下，“礼”的成分大大降低了。

二　魏晋南北朝时期的燕射礼

魏晋南北朝是一个烽烟四起的年代，同时也是各民族、各地区充分交流、学习、融合的时期。这一时期的人们精神自由，思想活跃，以弓矢为核心的宴饮娱乐礼仪得到了充分的发展，故这一时期的燕射也可直接称为宴射。魏晋南北朝之后的宴射礼娱乐性越来越强，成为贵族之间宴饮助兴的一种方式，礼仪属性逐渐丧失。

《晋书·应贞传》记载：“帝于华林园宴射，贞赋诗最美。”② 晋武帝在华林园设宴，席间不仅行射，而且还要参与者赋诗（应贞因作诗最好而名垂青史），足见晋武帝对宴射的重视。宴射增加赋诗环节，提高了其文雅娱乐的属性。

北齐的高孝瑜是文襄帝高澄的儿子，他曾经在家中大摆宴席，以射箭为

① （唐）魏征等：《隋书》，北京：中华书局，1973 年，第 165 ~ 166 页。
② （唐）房玄龄等：《晋书》，北京：中华书局，1974 年，第 2370 页。

乐。《北齐书·列传第三》曰："初，文襄于邺东起山池游观，时俗眩之。孝瑜遂于第作水堂、龙舟，植幡槊于舟上，数集诸弟宴射为乐。"① 高孝瑜不仅设宴行射，而且作水堂、乘龙舟、植幡槊，这与西周麦方尊、伯唐父鼎铭文记载的周王在辟池乘龙舟射大鸿的情景类似。周王乘龙舟行射时后面有诸侯侍射，高孝瑜则召集他的弟弟们到家里宴饮，乘舟行射。后来武成帝亲自到高孝瑜家里拜访，看到这种宴射的形式后非常中意，返回后也在院中兴建这样的玩乐场所，"于是贵贱慕敩，处处营造"②。由此可见，当时无论是王公贵族还是普通百姓，对于娱乐射箭都十分喜爱，自此宴射不再具有礼仪性质，完全成为一项宴饮助兴的游戏。

---

① （唐）李百药：《北齐书》，北京：中华书局，1972 年，第 144 页。
② （唐）李百药：《北齐书》，北京：中华书局，1972 年，第 144 页。

第三节 唐宋时期的射礼

隋王朝凭借武力结束了魏晋南北朝300多年的分裂，重新完成了一统。隋文帝励精图治，复兴礼乐制度，据《隋书》记载，隋文帝在位期间，三次举行大射礼：“（四年正月）甲戌，大射于北苑，十日而罢。”“（十二年十一月）甲子，百僚大射于武德殿。”“（十九年正月）戊寅，大射武德殿，宴赐百官。”[①] 这三次大射，两次射于武德殿，一次射于北苑，皆不在辟雍举行。可见，隋文帝虽重视射礼，但此时的大射是皇帝每逢重大典礼的赐射，仪节程式都已不同于东周礼书的记载。

初唐时期，礼制基本沿用了隋礼。唐太宗时，在隋礼的基础上加以增补完善，编纂了《贞观礼》，唐代礼仪最终得以确立。此后，唐高宗修订《显庆礼》、唐玄宗修订《开元礼》，均将射礼归于军礼，并对大射礼仪节有详细记录。

宋太祖开宝年间，依据“本唐《开元礼》而损益之”的方针编纂了《开宝通礼》，可知宋代初期的大射礼应与唐代大射礼区别不大，但《开宝通礼》并没有保存下来。宋仁宗嘉祐年间又重新编纂了宋代的礼制，经过欧阳修“集散失，主《通礼》而记其变”，制定出了《因革礼》，但仍是以《开宝通礼》为蓝本，将射礼归入军礼[②]。宋代晚期，宋徽宗命人重修礼法，制定了《政和五礼新仪》，将射礼归入嘉礼。可见宋代后期，射礼的礼仪性日衰，而娱乐性渐长，削弱了隋唐以来射礼的严肃刻板，形成了自身的时代特点。张文昌说：“真正代表北宋特色的礼典是北宋末期的《政和五礼新仪》，其堪称继《开元礼》后最具代表性的国家典礼。”[③]

---

① （唐）魏征等：《隋书》，北京：中华书局，1973年，第21、37、44页。

② （元）脱脱等：《宋史》，北京：中华书局，1977年，第2421页。

③ 张文昌：《制礼以教天下——唐宋礼书与国家社会》，台北：台湾大学出版中心，2012年，第183页。

一　唐代的射礼

唐代的射礼目前仅见大射，其是在北周和隋代大射礼的基础上调整补充而成的。《唐会要·五礼》记载："初，玄龄与礼官建议……天子大射、合朔陈五兵于太社、农隙讲武……皆周隋所阙，凡增二十九条。"① 可知，《贞观礼》在北周、隋礼的基础上增加了"天子大射"等二十九条。《通典·军礼》也有："大唐之制……三月三日、九月九日，赐百僚射。"② 也可看出，唐代每年三月三日、九月九日两次举行大射礼，与北齐时期的春小射、秋大射的形式相同。然而，唐代的大射礼集中举行于前期，没有关于唐玄宗开元年间之后举行大射礼的记载。

1. 唐代大射礼的初始期

唐代最早举行的大射礼在高祖时，一共举行过两次。《唐会要·大射》云："武德二年正月，赐群臣大射于元武门。四年八月，赐三品以上射于武德殿。"③ 唐高祖武德元年即隋义宁二年（公元 618 年），这一年唐高祖李渊受禅登基，建立唐朝，并改元武德。故武德二年（公元 619 年）正月是唐王朝建立后的第一个正月，按礼需祭天，行藉田礼、大射礼等象征皇权更迭的大型典礼。可知，唐高祖举行的第一次大射礼与东汉明帝改元、晋武帝受禅之后举行的大射礼性质相同，是一种将自身统治的正统性昭告于天地的仪式。

武德四年（公元 621 年）举行的大射礼，三品以上的官员全部参加，而《册府元龟·帝王部》则记载："九月癸亥，赐五品以上射于武德殿，赏金银绫绮各有差。"④ 虽然两文献记载参与射礼的官员品级有所不同，但与通常赏赐布帛钱粮相比，此次赏赐金银绫绮显得更加贵重和特殊。王博认为，此次射礼之所以与众不同，是因为武德三年，时为秦王的李世民攻破洛阳城，灭王世充、窦建德，献俘于太庙，唐王朝尽得洛阳府库的奇珍异宝，故"此次

---

① （宋）王溥：《唐会要》，北京：中华书局，1955 年，第 669 页。
② （唐）杜佑：《通典》，北京：中华书局，1988 年，第 677 页。
③ （宋）王溥：《唐会要》，北京：中华书局，1955 年，第 499 页。
④ （宋）王钦若：《册府元龟》，北京：中华书局，1960 年，第 921 页。

射礼的实施，是一次彰显平定王世充、窦建德重大军事胜利的仪式。在仪式上通过射箭的成绩优劣对臣僚加以赏赐。作为赏赐品的所谓‘金银绫绮’，很可能便来自于洛阳宫中的战利品”①。

这种以战利品为竞射目标的大射礼，并非唐高祖首创。《北史·韩雄子附禽子传》记载：“亡国物，我一不以入府，可于苑内筑五垛，当悉赐文武百官大射以取之。及是，上御玄堂，大陈陈之奴婢货贿，会王公文武官七品已上，武职领兵都督已上，及诸考使以射之。”② 此为隋文帝发兵灭陈之前所下的檄文，称灭陈之后所取得的陈朝珍宝、奴婢盖不入库，而是作为五个箭靶，供七品以上的官员竞射，射中即可将物品作为赏赐取走。可见，唐高祖武德四年举行的大射礼应是效仿隋文帝而来，举行这样的射礼，不仅能够彰显消灭大敌的武力，而且对本朝的官员也是一种激励和震慑。

综上所述，唐高祖时期举行的两次大射礼，仪节规程与周代礼书所记大相径庭，且皆是依从前朝射礼而来，并非唐代首创，尚未形成自身的特点，故只能作为唐代大射礼的初步发展期。

2. 唐代大射礼的高峰期

唐代大射礼的高峰期出现在唐太宗统治时期和唐高宗统治的前期，随着《贞观礼》和《显庆礼》的修订，这一时期的大射礼在前代基础上又有创新，形成定制，并得到了良好的贯彻和实施。

唐太宗贞观一朝是举行大射礼的巅峰，《唐会要》记载自贞观三年至十六年（公元629年至642年），共举行六次（或七次）大射礼③，但每次的原因各有不同。唐太宗登基以来，天下逐步平定，政治平稳，特别是“（贞观三年）四月，太上皇徙居大安宫。甲子，太宗始于太极殿听政”④。唐太宗开始在太极殿听政，意味着正式入主唐代统治机构的核心。故贞观二年年末在圜丘祭天，三年正月举行藉田礼，三月三日赐重臣大射于元德门，都是为其移

---

① 王博：《唐宋射礼的性质及其变迁——以唐宋射礼为中心》，《唐史论丛》第十九辑，西安：三秦出版社，2014年，第98～118页。

② （唐）李延寿：《北史》，北京：中华书局，1974年，第2375页。

③ 《唐会要》共记载六次大射礼，但其中贞观五年《唐会要》与《旧唐书》记载的大射礼时间不同，可能是同一次误记了时间，也可能贞观五年共举行了两次大射礼。

④ （后晋）刘昫等：《旧唐书》，北京：中华书局，1975年，第36页。

居太极殿听政所举行的准备性典礼。可见，祭天、藉田、大射都是天子专享的礼仪，象征着统治的正统性，故贞观二年至三年举行的包括大射礼在内的典礼，都是为唐太宗入主太极殿，正式掌握政权服务的。

除《唐会要》记载贞观五年（公元631年）、六年（公元632年）的三月三日射于武德殿之外，《旧唐书·本纪第三》则记载："（贞观）五年春正月癸酉，大蒐于昆明池，蕃夷君长咸从。……九月乙丑，赐群官大射于武德殿。"[①] 两则文献记载贞观五年的大射礼在时间上虽有所出入，但在这一年举行了大射礼是肯定的。贞观四年（公元630年），唐代名将李靖率军大破东突厥，俘获了隋炀帝皇后萧氏和皇孙杨正道，彻底翦除了隋朝的根基，还俘虏了东突厥的颉利可汗。正是为了彰显这次对外战争的巨大胜利，才有了贞观五年"蕃夷君长咸从"的大蒐礼和大射礼。贞观五年至六年举行的大射礼，是唐代唯一一次在固定的时间和地点连续举行大射礼，显示了贞观朝大射礼的稳定性。贞观六年至十一年（公元637年），未再举行大射礼。

《唐会要·大射》云："十一年三月三日，引五品以上大射于仪凤殿。"[②]《旧唐书·本纪第三》载："（十一年）三月辛亥，大蒐于广城泽。癸丑，还宫。"[③] 可知，贞观十一年与贞观五年的情况相似，即大蒐礼与大射礼相配合举行，且本次大射礼由唐太宗引五品以上官员行射，即太宗本人亦参加了竞射。王博认为："这无疑与正月唐代第一个国家礼典《贞观礼》颁布有关。……太宗亲自带领五品以上官员于仪凤殿行大射礼正是对于新礼典的初次实践，具有宣扬新国家礼典的重要意义。"[④] 王博之说甚确，而且可以看出，每逢国家举行大型典礼时，大射礼往往与大蒐礼配合举行，以显示典礼的隆重和庄严。但是《贞观礼》颁布之后，大射礼不仅没有按典礼的规定按时举行，而且举行的频率反而大大低于以前。除贞观十六年因与吐蕃等国的关系问题顺利解决，在该年的三月和九月举行两次大射礼之外，便再无贞观一朝关于举行大射礼的任何记载。

---

① （后晋）刘昫等：《旧唐书》，北京：中华书局，1975年，第41页。
② （宋）王溥：《唐会要》，北京：中华书局，1955年，第499页。
③ （后晋）刘昫等：《旧唐书》，北京：中华书局，1975年，第46页。
④ 王博：《唐宋射礼的性质及其变迁——以唐宋射礼为中心》，《唐史论丛》第十九辑，西安：三秦出版社，2014年，第98~118页。

唐高宗登基初期极力效仿父亲唐太宗，永徽年间举行的大射礼也与贞观朝类似。《唐会要·大射》记载："永徽三年三月三日，幸观德殿，赐群臣大射。五年九月三日，御丹宵楼，观三品已上行大射礼。四日，赐五品已上射于永光门楼，以观之。"① 以上两次大射礼，前者与唐太宗贞观三年三月三日举行的大射礼性质一致。唐高宗登基的前两年，命长孙无忌制定新政，平定西域阿史那贺鲁和白水蛮的叛乱，至永徽三年（公元652年），新政颁布，朝廷政局逐渐稳定，高宗的三年孝期已满，故自正月起祭祀太庙，赏赐大臣，举行了藉田礼、大射礼等一系列大型典礼②。

高宗于永徽五年（公元654年）九月观看大射礼的丹宵楼、永光门楼都属于九成宫，是唐太宗生前经常居住的宫殿。高宗于永徽二年（公元651年）"九月癸巳，改九成宫为万年宫"③，永徽五年又在这里举行大射礼，足见高宗对父亲太宗的深厚感情。

以上两次大射礼之间，高宗还于永徽四年（公元653年）举行了一场特殊的射礼。《旧唐书·本纪第四》记载："四年春正月……丙子，新除房州刺史、驸马都尉房遗爱，司徒、秦州刺史、荆王元景，司空、安州刺史、吴王恪，宁州刺史、驸马都尉薛万彻，岚州刺史、驸马都尉柴令武谋反。……（三月）丙辰，上御观德殿，陈逆人房遗爱等口马资财为五垛，引王公、诸亲、蕃客及文武九品已上射。"④ 房遗爱等人的谋反案件被平定之后，高宗将从他们府中搜出的财物作为五垛（箭靶），命宗亲官员竞射，这一形式的射礼与前文隋文帝、唐高祖举行的射礼相同，虽选在三月大射的时间举行，但其意义更加偏重于对朝臣的震慑，并不是通常举行的大射礼。

永徽年间之后，大射礼便很少举行，直到麟德元年（公元664年）三月三日才又于万年宫实施了大射礼，但大射礼从此进入低潮，《唐会要》称"自后遂不行此礼"⑤。

由此可知，唐太宗贞观一朝至高宗永徽年间共举行大射礼十余次，这一

① （宋）王溥：《唐会要》，北京：中华书局，1955年，第500页。
② （后晋）刘昫等：《旧唐书》，北京：中华书局，1975年，第68～70页。
③ （后晋）刘昫等：《旧唐书》，北京：中华书局，1975年，第69页。
④ （后晋）刘昫等：《旧唐书》，北京：中华书局，1975年，第71页。
⑤ （宋）王溥：《唐会要》，北京：中华书局，1955年，第500页。

时期，每逢大型庆典，便配合举行大射礼、大蒐礼、藉田礼等重大礼仪。大射礼的举行形成了一定的制度，往往在每年的春季三月三日和秋季九月九日前后，于武德殿举行。显然《贞观礼》中“天子大射”礼仪的制定，受到了北齐春季小射和秋季大射的影响，武德殿可能即为“射宫”或“射所”。总之，这一时期的大射礼不仅举行的次数频繁，而且有了较为固定的时间、地点，又有《贞观礼》作为依据，是唐代大射礼的高峰期。

3. 唐代大射礼的衰灭期

唐高宗驾崩之后，武则天相继废黜中宗李显、睿宗李旦，进而建立武周王朝，在此期间再无举行大射礼的记载。直至武则天去世之后，睿宗再次当政，才有大臣提出恢复大射礼。《唐会要·大射》载：“景云二年，谏议大夫源乾曜，请行射礼。上表曰：‘臣闻圣王之理天下也，必治礼以正人情。人情正，则孝于家而忠于国，此道不替，所以理也。故君子三年不为礼，礼必坏。是以古之择士，先观射礼，所以明和容之义，非取乐一时。夫射者，别正邪，观德行，中祭祀，辟寇戎。古先哲王，莫不递袭。臣窃见数年以来，射礼便废，或缘所司惜费，遂使大射有亏。臣愚以为所费者财，所全者礼。故孔子云：‘尔爱其羊，我爱其礼。’伏望令圣人之教，今古常行。天下幸甚。”[①] 源乾曜此番看似陈述射礼的重要性，实则是对武周王朝前后国家礼制混乱的不满，故请睿宗恢复古礼，以正朝纲。但遗憾的是，睿宗尚未举行大射礼，便将皇位禅让给了唐玄宗李隆基，但源乾曜的上书，让玄宗看到了重新完善礼制的重要性。

唐玄宗于睿宗先天元年（公元712年）八月受禅登基，九月九日便举行大射礼，以示继承大统。此次大射礼规模宏大，据记载“至八日乃止”[②]，可见其盛况。但此次射礼属于大型庆典的仪式之一，并未形成定制。至开元四年（公元716年）又举行大射，《唐会要·大射》记载：“三月三日，赐百官射。时金部负外郎卢虞，与职方员外郎李蕃，俱非善射者。虽引满俱不及垛，而互言工拙。蕃戏曰：‘与卢箭俱三十步，左右不晓。蕃箭去垛三十步，卢箭

① （宋）王溥：《唐会要》，北京：中华书局，1955年，第500页。
② （宋）王溥：《唐会要》，北京：中华书局，1955年，第500页。

去身三十步也。'"[①] 在此次大射礼竞射中，卢虞、李蕃两位员外郎射艺不精，均未射到箭靶，却若无其事，互相调侃，较之以往大射礼举行于大型庆典之时，则基本不见庄严肃穆之状。

到了开元八年（公元720年）九月，唐玄宗再次下诏举行大射礼时，这种大射礼松弛的情况达到了顶峰。给事中许景先上书云："近以三九之辰，频赐宴射，已著格令，尤降纶言。但古制虽存，礼章多缺，官员累倍，督藏未充，水旱相仍，继之师旅，既不足以观德，又未足以威边，耗国损人，且为不急。夫古天子，以射选诸侯，以射饰礼乐，以射观容志，故有驺虞、狸首之奏，采蘩、采苹之乐。……今则不然，众官既多，鸣镝乱下，以苟获为利，以偶中为能，素无五善之容，颇失三侯之礼。……今一箭偶中，费一丁庸调，用之既无恻隐，获之固无惭色。"[②] 许景先的上书陈述了唐玄宗登基以来射礼的乱象，此时的射礼既不足以观察德行，也不能够震慑边臣，竞射时没有按照音乐的节拍，随意乱射只为获利，即便如此也很少有人能够射中，已经废弛不堪。更重要的是，陈景先说"三九之辰，频赐宴射"，按《通典·军礼》记载："大唐之制……三月三日、九月九日，赐百僚射。"[③] 可知，每年的三月、九月举行的是大射礼，而非宴射，陈景先可能已经不知二者的区别，或在玄宗朝二者已经没有区别，也证明了唐代中期射礼的衰落。唐玄宗接受了陈景先的奏陈，取消了当年的射礼。

《贞观礼》残缺，已不适应当时社会的具体情况，唐玄宗下诏重新修订仪典，至开元二十年（公元732年）颁布《大唐开元礼》。《开元礼》将《贞观礼》中的"天子大射"，分为《皇帝射于射宫》和《皇帝观射于射宫》两部分内容，二者仪节程式大体相同，但前者由皇帝亲自参加竞射，后者则由王公大臣竞射，皇帝只在旁观看，且前者的规格等级和复杂程度高于后者。与以往大射不同的是，即便仪程更为复杂的《皇帝射于射宫》礼仪，也在文末加入了燕游小射的内容，"若燕游小射，则常服不陈乐悬，不行会礼，王公以下事讫出，无北面再拜之仪"[④]。可见此时射礼已不再注重仪节，举行射礼时

---

① （宋）王溥：《唐会要》，北京：中华书局，1955年，第500页。
② （宋）王溥：《唐会要》，北京：中华书局，1955年，第501页。
③ （唐）杜佑：《通典》，北京：中华书局，1988年，第677页。
④ （唐）中敕：《大唐开元礼》，北京：北京民族出版社，2000年，第411页。

的气氛更加随意，由此也可理解开元四年举行射礼时，卢、李二员外郎互相调侃的行为。

虽然《大唐开元礼》重新修订的射礼加入了许多轻松的因素，但对于恢复废弛已久的大射礼还是有很大益处的。据《新唐书》记载，首先，大射礼举行前三日（《皇帝观射于射宫》礼仪则提前一日），执事者需将所用的饪食器、乐器、射具等陈列至规定的位置。其次，仪式当天，皇帝需穿着规定的服装，与宾客饮酒后参与竞射（《皇帝观射于射宫》礼仪由王公大臣竞射），行射时奏《驺虞》，按音乐节拍行射，王公大臣侍射，禁军千牛卫成员任司弓矢，协律郎执旌，千牛将军唱获。最后，竞射、释获完毕，射中者可以受到奖励，不中者则在丰前罚酒①。

与周代礼书记载的大射礼相比，《大唐开元礼》的大射礼虽有古礼的影子，但也有极大的不同。作为射礼核心的三耦射和三番射彻底不见，大射礼与燕射礼合二为一，几无区别。《大唐开元礼》颁布后的第二年，唐玄宗下诏举行大射，试用新礼。《唐会要·大射》记载："二十一年八月二十三日，敕大射展礼，先王创仪，虽沿革或殊，而遵习无旷。往有陈奏，遂从废寝，永鉴大典，无忘旧章，将射侯以观德，岂爱羊而去礼，缅惟古词，罔不率由，自我而阙，何以示后。其三九射礼，即宜依旧遵行。以今年九月九日，赐射于安福楼下。"②可见，在《大唐开元礼》颁布之后，唐玄宗对恢复大射礼十分有信心，并立誓不使大射礼亡于本朝。但遗憾的是开元二十一年的大射礼是目前可知的唐代最后一次大射礼，《唐会要》留下了"自此已后，射礼遂废"的无奈记载。

综上所述，唐玄宗时期虽然数次举行大射礼，但由于武周前后的政治乱象，《贞观礼》已经残缺不全，大射礼也受到了极大的影响，以至于已经无法起到观德、镇边的作用，参加竞射的大臣射艺不精，互相嬉戏，使大射礼再无庄严肃穆之感。唐玄宗虽力图恢复古制，重修仪典，颁布《大唐开元礼》，对大射礼进行了大刀阔斧的改革，但收效甚微。自此，大射礼不仅从仪节上与宴射混为一谈，甚至直接被废除，再也不见唐代举行大射礼的记载，故唐玄宗时期为唐代大射礼的衰灭期。

---

① （宋）欧阳修、宋祁：《新唐书》，北京：中华书局，1975 年，第 389 ~ 391 页。

② （宋）王溥：《唐会要》，北京：中华书局，1955 年，第 501 页。

二　宋代的射礼

北宋时期的射礼与唐代相比发生了很大的变化，至宋代晚期《政和五礼新仪》的颁布，不再将射礼归属军礼，而改属嘉礼。大射礼名存实亡，正式被宴射礼取代。纵观宋代各个时期，大射礼只见于文献记载，而不见真正实行，宴射礼则蓬勃发展，成为当时最为重要的射礼形式。

1. 宋代的大射礼

随着唐玄宗后期射礼废弛，加之晚唐、五代国家分裂，“其礼文仪注往往多草创，不能备一代之典”①。直至北宋早期，“太宗尚儒雅，勤于治政，修明典章，大抵旷废举矣”②，才提出了重修大射礼的主张。《宋史·礼志》记载：“大射之礼，废于五季，太宗始命有司草定仪注。其群臣朝谒如元会。酒三行，有司言‘请赐王、公以下射’，侍中称制可。皇帝改服武弁，布七埒于殿下，王、公以次射，开乐县东西厢，设熊虎等侯。陈赏物于东阶，以赉能者；设丰爵于西阶，以罚否者。并图其冠冕、仪式、表著、埻埒之位以进。帝览而嘉之，谓宰臣曰：‘俟弭兵，当与卿等行之。’”③ 可知，宋太宗命有司恢复修订大射礼仪，虽然只是草拟了仪节条陈，但太宗仍十分满意，并说“俟弭兵，当与卿等行之”。可见，当时战乱仍未平息，并不完全具备举行大射礼的条件。说明举行大射礼是盛世的礼仪，只有在皇帝登基、改元或有其他重大事件时才能举行，是天子正统地位的象征，彰显了大射礼的政治性。

就大射礼的仪节而言，《宋史·礼志》云：“凡游幸池苑，或命宗室、武臣射，每帝射中的，从官再拜奉觞、贡马为贺。预射官中者，帝为之解，赐袭衣、金带、散马，不解则不赐。苑中皆有射棚、画晕的。射则用招箭班三十人，服绯紫绣衣、帕首，分立左右，以唱中否。节序赐宴，则宗室、禁军大校、牧伯、诸司使副皆令习射，遂为定制。外国使入朝，亦令帅臣伴，赐

① （元）脱脱等：《宋史》，北京：中华书局，1985 年，第 2421 页。
② （元）脱脱等：《宋史》，北京：中华书局，1985 年，第 2421 页。
③ （元）脱脱等：《宋史》，北京：中华书局，1985 年，第 2718 页。

射于园苑。”[①] 从此段记载看来，宋代举行大射礼的地点是在皇家池苑中的射棚，而不是射宫或者射殿。射礼的执事人员全部来自招箭班，主要负责唱获，而释获工作由皇帝亲自担任，也只有“帝为之解”，竞射者才能受到赏赐。仪节与前代不同，而且更加简单易行。

除此之外，宋代的大射礼性质和作用较为综合，游幸池苑时举行，与《大唐开元礼》燕游小射的性质相似；“节序赐宴”则与宴射礼仪节接近；而从有外国使者来朝时举行来看，又和东周礼书中的宾射礼相同。因此，宋代射礼的区分是较为模糊的，大射礼兼具宴射礼和宾射礼的性质，三种射礼逐步融为一体，而且宴射越来越占据主导地位。

2. 宋代的宴射礼

宴射即燕射。《周礼·春官·乐师》孙诒让《正义》曰：“燕射者，王与诸侯、诸臣因燕而射。”[②] 可知，燕射是宴饮之射，三代之后多直接称为宴射。与大射礼有名无实、性质模糊不同的是，宴射礼在宋代备受统治阶级喜爱，十分盛行。

宋代的宴射始于宋太祖，太祖、太宗、真宗三朝，是宋代宴射举行最为频繁的时期，之后的仁宗、神宗两朝也有举行宴射礼的记载，但规模和频次都无法与之前相比。神宗之后，北宋国力衰退，直至靖康之难，也未再见举行射礼的记载。南宋偏安江南一隅，国力无法与北宋相比，射礼也随之衰微，仅高宗、孝宗两朝有举行射礼的记载。自此之后，宋代的宴射礼也走到了尽头。

宴射首次作为礼仪出现在宋代的仪典，当属修订于徽宗朝的《政和五礼新仪》，其中有《皇帝宴射仪》一则。王博认为：“具有北宋特色的礼制系统的真正确立并非仁宗朝的《因革礼》，而是北宋末期徽宗朝的《新仪》。”[③]《政和五礼新仪》的颁布，使宋代的射礼形成了自身的特点。但是宋代的宴射礼是从太祖、太宗朝萌芽，到真宗、仁宗朝发展形成一些固定的仪节，并于

---

① （元）脱脱等：《宋史》，北京：中华书局，1985 年，第 2718 ~ 2719 页。

② （清）孙诒让：《周礼正义》，北京：中华书局，1987 年，第 1811 页。

③ 王博：《唐宋射礼的性质及其变迁——以唐宋射礼为中心》，《唐史论丛》第十九辑，西安：三秦出版社，2014 年，第 98 ~ 118 页。

徽宗时最终确立成为国家仪典，故《皇帝宴射仪》所记仪节与宴射时的具体情况往往不尽一致。

北宋早期，宴射又常被称为习射。《宋会要辑稿·礼四五》记载：“（乾德二年）三月辛巳、五月十九日癸未、三年七月丁酉、四年二月七日癸卯，幸北园习射。……七月己巳，幸开封府尹北园宴射。”① 即宋太祖乾德二年至四年（公元964至966年），先后五次在开封府尹北园举行射礼，前四次称为习射，最后一次则称宴射。又“六年四月四日丁亥，召皇弟开封尹、节度石守信等赏花，习射于苑中。甲午，召近臣宴射苑中。”② 同在苑中举行射礼，前称习射，后称宴射。

宋真宗之后，设宴举行射礼统称宴射，“习射”一词只用于军事活动。如《宋会要辑稿·礼四五》记载：“（景德四年）幸殿前班，召从臣观骑士习射，移幸潜龙苑宴射。”③ 此时，习射和宴射是有区别的。宋初习射、宴射混为一谈应与政治局势有关。北宋初年国家尚未稳定，且受唐代军礼影响较深，射礼还有较为浓厚的军事色彩，加之当时礼制尚未确立，大射礼与宴射、宾射混淆，宴射又混于习射的可能性也很大。随着政局逐步稳定，宋太宗又下诏治礼，到真宗朝礼制逐步确立，将宴射和习射也区分开来。

关于举行宴射的地点，《宋史·礼志》云：“政和宴射仪：皇帝御射殿，侍宴官公服、系鞋，射官窄衣，奏圣躬万福，再拜升殿。”④ 然而，宋代皇帝举行宴射具有很大的随意性，目前可见的地点多在玉津园、讲武殿、后苑、水心殿、金明池、琼林苑、含芳苑、潜龙苑、瑞圣苑、宜春苑以及寇准府邸、开封府射堂、开封府北园等，文献记载的“射殿”并没有明确的位置。

皇帝举行宴射时，不仅会设宴招待侍射的王公大臣，而且往往伴随着赏花、钓鱼、观看水戏等娱乐活动。特别是《宋会要辑稿·礼四五》记载：“淳化四年三月甲寅，宴后苑，命群臣赋诗。”“（大中祥符）五年四月五日，幸琼林苑宴射，帝作五言诗，近臣和。……七年八月八日，幸瑞圣苑，宴射于水心殿，帝作五言诗赐近臣。……八年三月十日，幸琼林苑宴射，帝作七言

---

① （清）徐松辑：《宋会要辑稿》，北京：中华书局，1957年，第1458页。
② （清）徐松辑：《宋会要辑稿》，北京：中华书局，1957年，第1458页。
③ （清）徐松辑：《宋会要辑稿》，北京：中华书局，1957年，第1459页。
④ （元）脱脱等：《宋史》，北京：中华书局，1985年，第2719页。

诗，近臣和。……九年四月九日，幸琼林苑宴射，帝作七言诗赐从臣。五月二日，幸玉津园宴射，帝作七言诗，从臣和。”① 举行射礼时君臣赋诗为乐，虽始于太宗朝，但可以看出，到真宗时已经成为一个固定的制度。竞射时由皇帝赋诗赐予侍射的大臣，这种精神上的交流，较之赐射中者金银丝帛更有利于沟通。正如南宋时孝宗所说：“祖宗时数召近臣为赏花、钓鱼宴射，朕亦欲暇日命卿等射，小饮。……君臣不相亲则情不通，早朝早奏事止顷刻间，岂暇详论治道？故思与卿等从容耳。”② 可见，宴射赋诗是皇帝拉近与大臣距离，讨论治国之道的一种方式，而非不务正业的纯娱乐项目。

关于宴射礼的参与者，按《宋史·礼志》记载：“凡游幸池苑，或命宗室、武臣射。”③《政和五礼新仪》则只称“臣僚”行射，未言明文臣、武臣。至南宋孝宗时，大臣向皇帝上书请求命太学学生学习射礼，于是展开了关于射礼参与者的大讨论。孝宗称：“向来玉津园宴射，唯武臣射，恐祖宗典故文臣亦当与，可并讨论以闻。”孝宗认为文臣也可以参与宴射礼，并将此事与礼官讨论，礼官则说：“按《会要》，游幸池苑赐宴，诏宗室武臣射，无文臣射典故。”于是，宋孝宗采取了折中的办法，“诏从驾文武臣射，用唐贞观中赐文武五品以上射于武德殿故事”。宋代虽然没有文臣参与竞射的先例，但依据唐贞观年间的典故，文臣是可以参加宴射礼竞射的。于是这场关于宴射礼参与者的讨论，以“次年九月，再幸玉津园，始命文臣叶衡等皆射”④ 为结局，自此，无论文臣武将，皆可参加射礼。

宴射礼的仪节比较简单，按《政和五礼新仪》记载可分为五个仪节。第一，宴射之前，由执事人员做好各类准备。第二，宴射仪式当天，先举行宴会，待酒过三巡开始竞射。第三，先由皇帝行射，射中则由执事人员进奉马，群臣进酒，对皇帝再拜。第四，大臣行射，射中则接受皇帝赏赐。第五，再饮酒五巡，仪式结束。

宋代的宴射礼没有匹耦对射、三番射等仪节，也没有对每番射的矢数进行规定。然而，《宋史·礼志》记载：“乾道二年（公元1165年）二月四日，

---

① （清）徐松辑：《宋会要辑稿》，北京：中华书局，1957年，第1459页。

② （清）徐松辑：《宋会要辑稿》，北京：中华书局，1957年，第1460页。

③ （元）脱脱等：《宋史》，北京：中华书局，1985年，第2718页。

④ （清）徐松辑：《宋会要辑稿》，北京：中华书局，1957年，第1460页。

车驾幸玉津园，皇帝射讫，次命皇太子，次庆王，次恭王，次管军臣僚等射，如是者三。每射四发，帝前后四中的。”① 宋孝宗于乾道二年（公元 1165 年）在玉津园举行的射礼，虽然没有匹耦对射，但皇帝、太子、庆王、恭王及臣僚竞射时，遵照古礼的三番射和每番射四矢的仪节，与《政和五礼新仪》的条陈不同。

通过《宋会要辑稿》记载统计皇帝宴射时命中的矢数，命中五发、七发者各五次，命中四发者四次，命中八发、十一发、十四发者各两次，命中六发、十发、十二发、十九发者各一次，命中数量从四到十九不等，也可见宋代的宴射礼对行射的矢数并没有硬性规定。

除了发矢竞射，当时还有一种花式射法。《宋会要辑稿・礼四五》记载：“景德元年（公元 1004 年）十二月戊子，宴从臣于行宫后苑之西亭，因习射，上连中的，群臣奉觞称贺。李继隆等相继而中，上命矢连发，叠中之，咸此袭衣、金带、鞍马，举酒属之。”② 真宗举行宴射，命李继隆连续行射，结果竟能“叠中”，可以看出身为名将的李继隆射艺精湛，真宗因此赏赐了他。此后，宋真宗不断练习射艺，最终也练就了“叠中”的技能。《宋会要辑稿・礼四五》记载：“（大中祥符元年）（公元 1008 年）八月十四日，幸含芳苑宴射，帝中的者八，叠中者再。”“（大中祥符八年）（公元 1015 年）七月二十九日，幸瑞聖苑，宴射于水心殿，帝中的者七，叠双者一。十一月五日，召宗室宴射于后苑，帝中的者十二，叠双者三。”③ 由此可见，宋真宗对宴射十分喜爱，而且对自己的射艺也有很高的追求。

宋代宴射礼的作用还体现在外交方面，有一定的宾射礼性质，这一作用在北宋初期便已出现。《宋史・本纪第三》记载：“（开宝八年）（公元 975 年）己亥，契丹遣使克沙骨慎思以书来讲和。知潞州药继能拔北汉鹰涧堡。辛丑，召契丹使于讲武殿观习射。”④ 宋太祖认为契丹此时遣使来朝，是为了探听宋朝的军事力量，因此，召使者于讲武殿观看射礼，目的就是彰显武力，对契丹形成震慑作用。《宋会要辑稿・礼四五》也记载：“（景德二年）（公元

---

① （元）脱脱等：《宋史》，北京：中华书局，1985 年，第 2720 页。
② （清）徐松辑：《宋会要辑稿》，北京：中华书局，1957 年，第 1459 页。
③ （清）徐松辑：《宋会要辑稿》，北京：中华书局，1957 年，第 1459 页。
④ （元）脱脱等：《宋史》，北京：中华书局，1985 年，第 44 页。

1005年）十二月四日，命镇安军节度使石保吉赐契丹使宴射于玉津园。自是凡契丹使至，皆赐宴射，命节度使或枢密使，天圣后率用管军者主之。”① 自真宗朝，契丹使者来访时举行射礼成为定制，这种制度也延续到了南宋。《宋会要辑稿·礼四五》云：“绍兴十八年五月丙子，金使贺天申节，始宴射于玉津园，遂为故事。”② 这里所说的“故事”，应该就是指北宋时，契丹使者来访举行射礼的制度。虽然皇帝通常不用亲赴宴射仪式，但皆由节度使或枢密使负责，体现了北宋与契丹、南宋与金双方通过射礼进行军事博弈的情况。

综上所述，宋代虽然对大射礼和宴射礼皆有记载，但大射礼自唐玄宗后期废弛以后，到宋代并未得到真正的复兴。相比之下，宋代具有自身特点的宴射礼，因仪节简便，形式轻松多样，取代大射礼成为国家仪典，并载入了《政和五礼新仪》。宋代的宴射礼始于宋太祖时期，并在宋代前期太祖、太宗、真宗三朝，由于统治者对弓矢活动的喜爱而达到高潮。此后，宴射礼逐步衰落，并于南宋孝宗之后走向了消亡。另外，宋代的宴射礼并不只是娱乐活动，通过宴射，不仅能够拉近君臣之间的关系，而且它是沟通讨论治国之道的交流平台。同时，宴射礼又杂糅了宾射礼的性质，成为宋王朝与辽、金等政权交流、博弈的工具。总之，宋代的射礼以宴射礼为核心，兼具大射、宾射、习射等因素，形成了一套不同于以往的仪节规程，具有显著的特点。

---

① （清）徐松辑：《宋会要辑稿》，北京：中华书局，1957年，第1459页。
② （清）徐松辑：《宋会要辑稿》，北京：中华书局，1957年，第1460页。

第四节　明清时期的射礼

元代民间禁兵，统治阶级虽善弓矢、好狩猎，但射礼并没有真正举行。明清时期射礼得到了充分的恢复，但没有实质性的发展，高规格的大射、宴射之类的礼仪在文献中仍有记载，却不见真正实施。民间举行的乡射礼在这一时期达到了巅峰，不过随着科举制的发展、军队武器的革新，也很快没落，射礼在明清之后彻底退出历史舞台。

一　明代的射礼

明代是周以后最重视射礼的时期，明太祖朱元璋推行“文武兼备”的治国理念，提倡文人习射。《明史·志第三十三》记载：“太祖又以先王射礼久废，弧矢之事专习于武夫，而文士多未解，乃诏国学及郡县生员皆令习射，颁仪式于天下。”[①] 射礼从此得以恢复，明代学校也教授先秦时期的六艺，并设有射圃，用以举行习射和乡射礼。而且，明朝的射礼与宋代宴射不同，仪节程式更为严谨，这一时期也是我国传统射礼的最后一个高峰。

1. 明代的大射礼

大射礼自北宋开始逐步被宴射取代，至北宋末年被《政和五礼新仪》归入嘉礼。《明史·志第三十三》记载：“大射之礼，后世莫讲，惟《宋史》列于嘉礼。至《明集礼》则附军礼中，《会典》亦然。”[②] 明代大射礼又被重新划入军礼，故《明史·志第三十三》云：“四曰军礼。亲征为首，遣将次之。

① （清）张廷玉等：《明史》，北京：中华书局，1974 年，第 1441 页。
② （清）张廷玉等：《明史》，北京：中华书局，1974 年，第 1440 页。

方出师，有祃祭之礼。及还，有受降、奏凯献俘、论功行赏之礼。平居有阅武、大射之礼。而救日伐鼓之制，亦以类附焉。”[①]

《明史》对大射礼有较为详细的记载[②]，其规程制定于明太祖洪武三年（公元1370年），内容大体可归纳为以下四个部分。第一，举行大射礼的时间。通过“凡郊庙祭祀，先期行大射礼”的规定，可知举行大射礼没有固定的时间，而是与郊庙祭祀配合，先于祭祀举行。第二，射侯的等级区别。大射礼所用的射侯有七种，皆以动物图像为鹄，天子用五采虎鹄，皇太子用五采熊鹄，亲王用五采豹鹄，一品、二品官员用四采豹鹄，三品至五品官员用三采糁鹄，六品至九品官员用二采狐鹄，官员子弟及士民俊秀用无采的布鹄。第三，射具陈列。明代大射礼设置有获者容身的乏，放置弓矢的楅、韦，盛放算筹的中等用具。其中，对中的使用也有等级差别，天子大射用皮树中、宴射用闾中，皇太子、亲王用虎中，一至五品官员用兕中，五至九品官员及子弟及士民俊秀用鹿中。第四，射礼执事人员的职责分配。司正二人，根据竞射者的能力强弱匹耦，并负责公布竞射成绩，由兵部官员担任；司射二人，射礼竞射之前进行诱射，以鼓舞士气，由武官担任；司射器二人，根据竞射者的强弱分配弓矢，由工部官员担任；举爵者，持酒为射中者饮用，由光禄寺官员担任；请射者，负责射前、复射时请射，由侍仪司官员担任；释获者、持矢者，由隶仆提供相关服务人员；执旗者六人，根据不同的射中情况，举不同颜色的旗帜，由士兵担任，中的举红旗，中采举采旗，偏西举白旗，偏东举青旗，过于鹄举黄旗，不及鹄举黑旗；引礼者二人，负责文武官员进出时的次序，由侍仪司舍人担任。可以看出，洪武三年制定的大射礼仪，看似非常细致，但是更像是对射礼制度的介绍，而没有制定竞射时的具体仪节，因此，存在较大的缺陷。

大射礼仪制定的当年，明太祖即举行大射。《明史·本纪第二》记载：“（洪武三年）五月……丁未，诏行大射礼。”[③] 此次举行大射礼，除因射礼仪程初定进行试行之外，还因为一系列重大的军事胜利。五月举行大射礼之前，元顺帝驾崩，其儿子北逃大漠，孙子被徐达俘虏，北元对明王朝的威胁基本

---

① （清）张廷玉等：《明史》，北京：中华书局，1974年，第1431页。
② （清）张廷玉等：《明史》，北京：中华书局，1974年，第1440～1441页。
③ （清）张廷玉等：《明史》，北京：中华书局，1974年，第24页。

解除。又有“邓愈诏谕吐蕃”，初步解决了西藏问题。因此，为了彰显武力，纪念这些重大的军事胜利，太祖举行大射礼，并在大射之后又举行了方丘祭地、告祭太庙等礼仪。

但是，明代的大射礼并未成为定制。明世宗朝，给事中陈棐曾上书请行大阅、大射礼，他说：“二祖开国时，常躬肄将士，而《大明会典》有教练军士，率诣御前试验之。洪武中定制，郊庙之祭，令文武百官前期行大射礼，而令甲所载，自天子以下射礼，各有等及，射器诸嗣甚具。今虏数入寇，日夜为朝廷忧，宜有制治保邦之略。请以冬十一月车驾幸阅武大教场，都肄将吏，大加诛赏，用张皇六师，布昭圣武。择都城中隙地，仿古泽宫制为圃数区，总在京大小文官办事进士，分曹更日，入射簿多寡课殿最。”陈棐认为大射礼是太祖时定下的制度，且此时外敌入侵，边境不稳，若举行大阅、大射礼，能够鼓舞士气，改变京城驻防混乱的局面。但嘉靖帝认为：“大射仪式，既不应古谊，且与今政体不便，请先举大阅礼诏两罢之。”[①] 因此，嘉靖帝并没有批准陈棐的请求。可见，明代皇帝并未依洪武年间定下的制度举行大射礼，洪武三年的大射礼也是明代举行的唯一一次大射礼。（图 4－6）

2. 明代的乡射礼

明太祖朱元璋推翻了元朝的统治，重新建立汉族统治的明王朝，因此，其对汉族传统礼制的恢复与重建格外热衷。在射礼方面，相比由社会上层举行的大射礼，明太祖更重视恢复地方举行的乡射礼。《大明会典·礼部三十六》记载：“洪武二年，诏天下府州县立学校，学者专治一经，以礼乐射御书数设科分教。二年定学校射仪。”[②] 射礼被列为官学学生日常学习的技艺，而且制定了乡射礼的射仪，因此，乡射在明代得到了极大的普及。

为落实射礼的推行，明政府于洪武初年便制定了《皇明立学设科分教格式》，规定：“侵晨，讲明经史，饭后学书、学乐、学礼、学算。未时，习弓弩，

---

① （明）《明实录》之《明世宗实录》卷二七〇，嘉靖二十二年正月壬申，“中研院”1962 年影印版。

② （万历）《大明会典》卷七八《礼部三十六·学校·学规》，续修四库全书史部，第七九〇册，第 411 页。

图4－6　（明）商喜《明宣宗行乐图》轴局部（观射）

（故宫博物院藏）

教使器棒，举演重石。”① 明太祖还要求各地“于儒学后设一射圃，教学生习射，朔望要试过。其有司官闲暇时，与学官一体习射。若是不肯用心，要罪过”②。如《松江府志》记载：“国朝郡县无大小皆得立学，学旁立射圃，仿古乡射之礼。……松江府学射圃，东西广六十步有奇，南北少东西广五分之二。”③ 即射圃东西长六十步，南北宽三十六步，南北方向为乡射礼竞射的射程。每月朔望在射圃举行乡射礼，由官员子弟和士民俊秀匹耦竞射。与东周礼书不同的是，明代的乡射礼胜者赏酒，射中鹄者奖励三爵酒，射中采者奖励两爵酒。可以看出，此时的乡射礼具有很强的武射性质，乡学学生日常练习射艺，而每月朔望举行的乡射礼实际是学生射艺的考试。

洪武二十五年（公元1392年），重新修订乡射礼仪。《明史·志第三十三》记载：“射位初三十步，自后累加至九十步，射四矢，以二人为耦。”④《大明会典·礼部三十六》也记载：“遇朔望习射于射圃。树鹄置射位，初三十步加至九十步。每耦二人，各挟四矢，以次相继。长官主射。射毕，中的饮三爵，中采二爵。”⑤ 与洪武三年的射仪相比，射程从三十步延长至九十步，对竞射者的膂力要求更高，而且，长官主射、二人合耦、射四矢等仪节更加规范，与《仪礼》记载的乡射礼更加接近。

但总体而言，明代早期的乡射礼对竞射时的进退礼仪、宴饮酬宾以及乐礼方面都没有详细记载，只强调并奖励“中的”，还是具有明显的武射性质。将礼射寓以武射，这与明太祖的治国理念是分不开的。他与诸将论兵政时说：“国家用兵，犹医之用药。蓄药以治疾，不以无疾而服药。国家未宁，用兵从截定祸乱，及四方承平，只宜修甲兵，练士卒，使常有备也。”⑥ 明太祖朱元璋由此提出了“文武兼备”的培养人才的思想，转型武学，提倡寓武于文。洪武二十五年重新修订乡射礼，加入了更多“礼”的元素，此举与当时偃武修文、寓武于文、文武兼备的大政方针是趋同的。

---

① （嘉靖）《尉氏县志》卷五《教训篇》，明嘉靖刻本。
② 赵克生：《国家礼制的地方回应：明代乡射礼的嬗变与兴废》，《求是学刊》2007年第6期。
③ （崇祯）《松江府志》卷二十三《射圃》，明崇祯三年刻本。
④ （清）张廷玉等：《明史》，北京：中华书局，1974年，第1441页。
⑤ （万历）《大明会典》卷七八《礼部三十六·学校·学规》，续修四库全书史部，第七九〇册，第411页。
⑥ （明）朱元璋：《宝训》，《洪武御制全书》，合肥：黄山书社，1995年。

但随着时间的推移，明代中后期乡射礼开始废弛。《重修太平府学射圃记》记载："我朝稽古右文，建学造士，射圃立于学宫，射礼者之令甲，固将以不代之才望多士也。顾乃因循日久，莫或举之，圃鞠为茂草，礼视为虚器，使古人观德实效不复可见。"① 可见，嘉靖年间天平府官学中的射圃已经被荒草覆盖，乡射礼也不再举行了。

为了不使太祖定下的乡射制度彻底消亡，南京礼部侍中李松上书："我朝府县学校各有射圃，近年以来士子只尚科目，而武教遂废，请行提学官每月一二次令生儒习射，兼读古兵法诸书，庶文事武备兼行不废。"② 李松发现当时儒生只重视科举考试的科目，而不愿意再学习射礼，因此，上书请求命学管每月带领儒生习射一至二次，同时学习兵书，以不至于使武事荒废。但这样的提议并没有能够阻止乡射礼的衰落。

对这一问题，赵克生总结了两点原因。其一为"射礼与功名之间缺乏必然的联系，表明乡射礼的制度化是很表面的，没有嵌入科举时代教育体制的核心，不能依靠体制本身维护其运行，只能在那些具有文化意识、注重礼治的'循吏'推动下才得以存续"③。射艺并不在科举考试的科目当中，得不到儒生们的重视，他们也不愿意花时间去学习一项科举考试时用不到的技艺，而且地方官府对科举中第者常常予以褒奖，而对乡射礼没有相应的奖励，因此，儒生也没有习射的积极性。其二为"乡饮酒礼通常在儒学的明伦堂举行，无须专门的场地，还有一个重要原因是乡饮酒礼的备办有固定经费。明代规定，府、县每年春秋两次的乡饮费用从'官钱'支出。中期开始役法改革，主要从均徭银或里甲银支出，一般为十两银子，也有多于此数者。但乡射礼在明初每月朔望举行两次，明中期地方改革以后，每年春秋朔望举行两次（有的地方是四次），皆未见有关经费的记载"④。

赵克生此说甚确，乡饮酒礼有官府划拨经费作为支持，但乡射礼却没有经费来源，久而久之便不再举行。除了以上两点原因之外，乡射礼的废

① （嘉靖）《重修太平府志》卷《宫室志·学校》，明嘉靖刻本。

② （明）《明实录》之《明孝宗实录》卷二一三，弘治十七年六月庚辰，"中研院"1962年影印版。

③ 赵克生：《国家礼制的地方回应：明代乡射礼的嬗变与兴废》，《求是学刊》2007年第6期。

④ 赵克生：《国家礼制的地方回应：明代乡射礼的嬗变与兴废》，《求是学刊》2007年第6期。

弛与明代中后期火器的迅速发展也有密切关系。明代早期，永乐帝即组建神机营，使装备火器的部队从步兵中脱离出来，到明代中后期，以西方火器技术在东亚地区的传播为契机，火器的发展达到了一个顶峰。徐光启曾向皇帝上书说："实选实练、精卒利兵、车营火营为本。"① "一人兼数人之饷，即一人当数十人之用矣。"② 均提出了火器在冷兵器时代战争中的巨大优势。通过以赵士桢和徐光启为代表的火器推广者们不懈的努力，明代中后期出现了空前的火器热。据朱丽莉统计，"以戚继光的水兵营、步兵营、骑兵营、车营、辎重营为例，火器手的人数占军队编制的比例由洪武年间的10%增长到50%；骑兵营火器装备率为38.7%，车营火器装备率为41%，辎重营为58%。"③

火器在军队中的装备率大幅提高，使明军的作战策略也发生了变化。明代名将于谦在京师保卫战中提出："贼驰马前来，则我军以火铳攻之，飞枪、火箭、弓矢齐发，若贼势不动，以大将军炮击之，待贼势动，分调精锐马军用长枪、大刀、劲弓射砍，步军作团牌、腰刀一齐冲入贼阵。"④ 也可以看出，火器在战争中与弓矢同时使用，也使弓矢在战争中的作用逐渐降低。因此，以习射为目的的乡射礼，在科举考试中不被重视，举行时没有经费来源；在火器迅速发展的背景下，它在实战中的地位降低，所以，至明代中后期逐渐废弛，不再举行。

综上所述，明代早期在朱元璋的推动下，传统的大射礼和乡射礼都有了较快的恢复和发展，形成我国传统射礼的最后一个高峰。相比之下，具有武射性质的乡射礼推行更为广泛，且形成了每月朔望举行竞射的制度。但随着时间的推移，到明代中后期，官府对乡射礼不重视，科举考试也没有习射科目，加之火器兴起的冲击，地方官学射圃荒废，乡射礼几经兴废，最终也走到了尽头。

---

① （明）徐光启：《徐光启集》卷六《钦奉明旨敷陈愚见疏》。

② （明）徐光启：《徐光启集》卷三《敷陈末议以殄凶酋疏》。

③ 朱丽莉：《明代火器的发展及其对军事领域的影响》，《学理论》2011年第20期。

④ （明）于谦：《于忠肃公集》卷三。

二　清代的射礼

清代兴起于东北地区，靠弓马骑射取得天下，建立政权后推行“国语骑射”，对军中武射大加推崇。清宗室更是将骑射列为每日必须练习的项目，清太宗皇太极曾引金世宗的例子告诫皇子、臣下，他说：“朕读史，知金世宗真贤君也。当熙宗及完颜亮时，尽废太祖、太宗旧制，盘乐无度。世宗即位，恐子孙效法汉人，谕以无忘祖法，练习骑射。后世一不遵守，以讫于亡。我国娴骑射以战则克，以攻则取。往者巴克什达海等屡劝朕易满洲衣服以从汉制。朕惟宽衣博鮹，必废骑射，当朕之身，岂有变更。恐后世子孙忘之，废骑射而效汉人，滋足虑焉。尔等谨识之。”[①] 第二年又谕曰：“昔金熙宗循汉俗，服汉衣冠，尽忘本国言语，太祖、太宗之业遂衰。夫弓矢我之长技，今不亲骑射，惟耽宴乐，则武备浸弛。朕每出猎，冀不忘骑射，勤练士卒。诸王贝勒务转相告诫，使后世无变祖宗之制。”[②] 这是皇太极告诫子孙一定牢记骑射之本，不能一味效法汉人。《清史稿·圣祖本纪》记载：“三月壬子朔，告诫年幼诸王读书习骑射，勿恃贵纵咨。”[③]

乾隆帝也曾说：“我国家世敦淳朴，所重在国书骑射，凡我子孙、自当恪守，乌可效书愚陋习，流入虚谩乎?”[④] 嘉庆帝也曾下旨：“我满洲根本，骑射为先。若八旗子弟专以读书应试为能，轻视弓马，怠荒武备，殊失国家设立驻防之意。嗣后各省驻防官弁子弟，不得因有就近考试之例，遂荒本业。”[⑤] 可见，清王朝历代皇帝几乎都重视骑射，而且皇帝本人也是射箭的高手。在皇帝的带领下，王公贵族庭院之内也常设有射圃，平日习射，有宾客来访则饮酒赋诗，以竞射为乐。(图4-7)

清代虽重视骑射，但《清史稿》中没有对传统射礼的相关记载，清代射礼偏重军中武射，并通过“秋狝”制度来实行。《清史稿·礼九》记载：

---

① 赵尔巽主编：《清史稿》，北京：中华书局，1976年，第58页。

② 赵尔巽主编：《清史稿》，北京：中华书局，1976年，第60页。

③ 赵尔巽主编：《清史稿》，北京：中华书局，1976年，第181页。

④ 天台野叟：《大清见闻录·上卷·史料遗闻》，郑州：中州古籍出版社，2000年，第59页。

⑤ 璩鑫圭：《鸦片战争时期教育》，上海：上海教育出版社，1990年，第117页。

图4-7　（清）郎世宁《弘历射猎图》轴

（故宫博物院藏）

“清自太祖奋迹东陲，率臣下讲武校猎习兵，太宗踵行之。世祖统一区夏，数幸南苑，令禁旅行围，始立大狩扈从例。”① 即秋狝制度自清代初期便已经确立，其目的是讲武、校猎、习兵，是以狩猎为形式的军事训练活动。清军入关之后，为防止军队战斗力减弱，秋狝的规模进一步扩大。《清史稿·礼九》记载：“康熙二十年，幸塞外，猎南山。寻出山海关，次乌拉，皆御弓矢校猎。”② 康熙朝秋狝的区域很广，塞外、南山，甚至出山海关一直到乌拉都是皇帝巡狩的范围，而且巡狩皆用弓矢，是对射艺的练习。乾隆帝更是直接言明了秋狝的目的：“今承平日久，人习宴安，弓马渐不如旧，岂可不加振厉?”③ 秋狝的目的就是在和平年代演练弓马，以备战事，这都是清初皇太极令子孙注重弓马骑射的体现。

清代除了秋狝训练部队的战斗力之外，还有军中习射的制度。《清史稿·兵十》记载：“镶黄旗、正黄旗、正白旗每月分期习骑射二次，习步射四次。八旗骁骑营训练之制，每月分期习射六次，都统以下各官亲督之。春秋二季，擐甲习步射，由本旗定期。擐甲习骑射，由部臣定期。……前锋营训练之制，月习步射六次，春秋擐甲习骑射二次，左右翼各分前锋之半，兼习鸟枪，月习十次，均由统领督率。……护军营训练之制，月习步射六次，春秋擐甲习骑射二次，与前锋同。圆明园八旗护军营训练之制，月习步射六次，春秋习骑射，兼习鸟枪。步军营及巡捕营训练之制，八旗步军习步射，城门骁骑习鸟枪，均以春秋操演。……内府三旗训练之制，月习步射六次，春秋擐甲习射二次，立冬后，内府护军及尚虞处执事等演习步围，别选三旗护军习马射各技。火器营训练之制，月习步射六次，骑射六次；马上技艺六次。”④

由此可见，清代军队的习射已经成为定制，且各营习射的时间和技法也有区别。虽然这一时期火器也已经装备部队，但弓箭仍是主要的武器。随着时间的推移，军中习射的制度也更加完善。乾隆四十四年（公元1779年）对习射成绩的考核进行规定：“各省绿营兵以五矢中三为一等。”嘉庆九年（公

① 赵尔巽主编：《清史稿》，北京：中华书局，1976年，第2668页。
② 赵尔巽主编：《清史稿》，北京：中华书局，1976年，第2668页。
③ 赵尔巽主编：《清史稿》，北京：中华书局，1976年，第2669页。
④ 赵尔巽主编：《清史稿》，北京：中华书局，1976年，第4119～4120页。

元1804年）又对习射时所用之弓进行规定："令各统营兵官，习射以六力弓为度。"①

习射是清代官兵必须参加的军事训练项目，乾隆朝甄选了当时在不同战争中表现优异的军官，将其画像悬挂于紫光阁永久纪念，被称为"紫光阁功臣"。紫光阁功臣像中的武官多数都持有弓矢，足见弓矢在当时军事活动中的重要地位。

清代中晚期，西方列强以坚船利炮打开了我国紧闭已久的大门。长矛无法抵挡大炮，弓矢也不能与火枪匹敌，习射制度开始衰败，自此清代的军事装备开始走上了向西方学习的道路。至1901年，清军宣布弓箭退出军队，延续了数百年的军中习射制度也走到了尽头。

清代只注重军中武射，传统的射礼已经不见于文献记载，也不再举行。以秋狝和习射为代表的武射在清代前期十分兴盛，但随着西方列强入侵和社会近代化的加速，冷兵器时代即将结束，弓箭也不再作为清军的武器装备，以习射为代表的军中武射也走向了衰亡。总之，射礼在经历了明代早期最后的高峰之后，迅速衰落。随着热兵器时代的到来，无论传统射礼还是军中武射，都走到了尽头，射礼在这一时期之后，彻底退出了历史舞台。

---

① 赵尔巽主编：《清史稿》，北京：中华书局，1976年，第4124～4125页。

第五章

娱乐礼仪——投壶

投壶礼是从射礼衍生出来的一种以角逐技艺乐宾客的新礼仪[①]，一般用作宴会助兴。郑玄云："投壶者，主人与客燕饮，讲论才艺之礼也。"[②] 文献记载最早的投壶礼和考古发现最早的投壶实物均在春秋时期，但商代也有与后世投壶形制类似的双贯耳铜壶，且自铭为"矢"，被称为"矢壶"，可能与投壶有一定的联系。春秋时期，周王室衰微，很多本应是天子举行的大型典礼都难以实施，而投壶具有很强的娱乐性，仪节规程相对简单，举行较为方便，相比繁文缛节的大型礼仪，天子可能也会举行投壶这样相对简便的礼仪。推测投壶礼可能萌芽于商代，产生于春秋，发展于战国，但三代以后才是投壶活动繁荣昌盛的时代。

第一节　东周时期：投壶礼的肇始与发展

春秋时期，投壶礼常在贵族聚会宴飨时举行。由于投壶活动不受场地和人数的限制，礼仪规则又较为灵活简便，经过一段时间的发展，到战国时期就得到进一步普及，与射礼并行，成为当时贵族燕飨待宾的常见礼仪。正如孔颖达所说："凡宴不射，即为投壶。"[③] 投壶礼在这一时期出现并迅速发展，成为权贵阶层喜爱的一项娱乐方式，其仪节记录在《礼记》当中，这成为后世举行投壶礼的文献依据。

---

① 袁俊杰：《两周射礼研究》，北京：科学出版社，2013 年，第 373 页。
② （清）阮元校刻：《十三经注疏·礼记正义》，北京：中华书局，1980 年，第 1665 页。
③ （清）阮元校刻：《十三经注疏·春秋左传正义》，北京：中华书局，1980 年，第 2062 页。

一 春秋时期的投壶礼

关于投壶礼的最早记载和目前所见最早的投壶实物均见于春秋时期。西周时期固定的礼仪制度在这一时期开始松动，出现以投壶礼代替宾射礼、燕射礼的现象，使射礼开始分化，从而具有更多的娱乐性质。

1. 文献记载中春秋时期的投壶礼

文献记载最早的投壶礼发生在春秋晚期。《左传·昭公十二年》记载："齐侯、卫侯、郑伯如晋，朝嗣君也。……晋侯享诸侯，子产相郑伯，辞于享，请免丧而后听命。晋人许之，礼也。晋侯以齐侯晏，中行穆子相。投壶，晋侯先。穆子曰：'有酒如淮，有肉如坻。寡君中此，为诸侯师。'中之。齐侯举矢，曰：'有酒如渑，有肉如陵。寡人中此，与君代兴。'亦中之。伯瑕谓穆子曰：'子失辞。吾固师诸侯矣，壶何为焉，其以中隽也？齐君弱吾君，归弗来矣！'穆子曰：'吾军帅强御，卒乘竞劝，今犹古也，齐将何事？'公孙傁趋进曰：'日旰君勤，可以出矣！'以齐侯出。"① 晋国昭公继位，齐、卫、郑三国国君前去祝贺，但因晋平公丧礼尚未结束，他们故需推辞晋国为之举行的宴飨。如孔颖达所说：诸侯"未葬朝晋，嗣君不得已而行于情，可许也。诸侯相享，享必有乐，未葬不可以从吉，故辞享为得礼"②。子产为郑伯的相士，推辞了宴飨，被称为合乎礼制。然而，齐国国君没有推辞宴飨，在礼法上已经对晋国不敬，晋昭公对此心生不满。因此，在宴飨投壶时，晋国大夫中行穆子说："我有酒如淮水，有肉似高丘，但我君只是一个诸侯，若我君投中可以做诸侯之长！"随即投壶命中。齐国国君听后很不舒服，对晋昭公回敬一番，也投壶命中。结果晋、齐两国各自炫耀其肉山酒海，国富民强，堪当霸主，最终闹得不欢而散。这场投壶礼变成晋、齐两国争霸较量的缩影，也是历史上著名的"斗壶"典故。

由此可见，举行投壶礼是在诸侯相朝时的宴飨上，所以，投壶礼具有燕

---

① （清）阮元校刻：《十三经注疏·春秋左传正义》，北京：中华书局，1980 年，第 2062 页。
② （清）阮元校刻：《十三经注疏·春秋左传正义》，北京：中华书局，1980 年，第 2062 页。

射或宾射的性质。这段记载体现的投壶仪节可分为三部分：首先，举行投壶礼之前，主人请宴，宾辞宴，主人再请，宾从之。其次，举行投壶礼时，主人与宾皆有“相”佐助投壶，晋昭公的相是中行穆子，齐景公的相是公孙傁。最后，晋昭公作为主人先投，中行穆子作为主人的相，为主人作祝辞，齐景公作为宾继主人之后再投，自作祝辞。从二人皆投中可以看出，投壶礼在春秋晚期已经较为盛行，贵族阶层均有较高的投壶技艺。

2. 春秋时期的投壶形制

投壶礼中用以承矢的投壶，也称为箭壶。考古发掘出土的春秋时期的投壶实物较少，皆见于山东地区，分别出土于莒南大店二号墓①、莒南东上涧二号墓②、沂水纪王崮一号墓③。

莒南县大店镇春秋时期莒国二号殉人墓年代为春秋中期。墓口长 10 米，宽 9 米。墓室分为南北两部分，北部为椁室，放置墓主人棺椁及十个殉人棺，南部为器物坑。投壶即出土于器物坑，为灰陶，口沿处残损，残高 26 厘米，腹径 19.8 厘米，底径 17 厘米。投壶为长直颈，扁腹，平底，肩、颈部饰四周凸弦纹，其间有朱绘雷纹，腹部近底处有四个对称的三角形镂孔，其间亦有朱绘雷纹。（图 5－1）莒南县文疃镇东上涧村二号墓形制与大店镇春秋墓接近，亦为春秋时期大型木椁墓。该墓出土的投壶亦为灰陶，直口长颈，广肩，扁垂腹，肩上饰一周弦纹，颈部近口和近肩亦各有一周弦纹，弦纹之间有两个上下对称的三角形镂孔。

这两件投壶分别在腹部和颈部有三角形镂孔，且布局规整，应是有意作为装饰，故该壶不能用作容器，又根据其形制推测当是投壶无疑。出土投壶的墓葬形制接近，皆为一棺一椁，墓主人应是春秋时期的小国国君或大国卿大夫一级的贵族。这两件投壶是目前考古发现年代最早者，其长直颈、扁腹的形制在后世沿用下来，成为投壶的固定形制。

---

① 山东省博物馆、临沂地区文物组、莒南县文化馆：《莒南大店春秋时期莒国殉人墓》，《考古学报》1978 年第 3 期。

② 张子晓、高军：《山东莒南县发掘春秋大型木椁墓葬》，《中国文物报》2008 年 7 月 4 日第 5 版。

③ 该投壶仅见于 2017 年 9 月举办的“艺成天工——临沂市博物馆文物保护修复技艺展”。

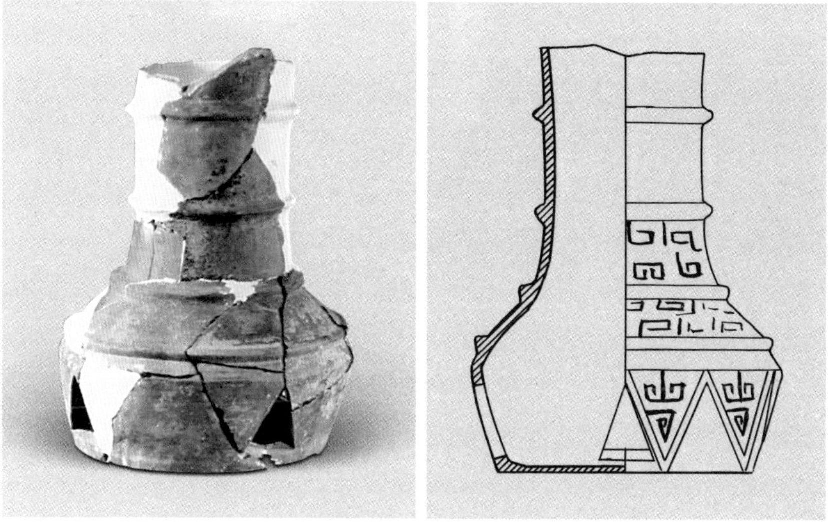

1　　　　　　2

图 5－1　莒南大店春秋墓出土长颈型投壶

1. 投壶照片　2. 投壶线图

（采自山东省博物馆、临沂地区文物组、莒南县文化馆：《莒南大店春秋时期莒国殉人墓》，《考古学报》1978 年第 3 期）

沂水纪王崮一号墓属春秋晚期，为一座带墓道的岩坑竖穴木椁墓。墓室内有一椁二棺，设置熟土二层台，因被毁坏严重，西部二层台与祔葬车马坑相连。就墓葬形制而言，该墓葬比前文所述莒南县春秋墓等级更高。纪王崮春秋墓投壶为青铜质，呈筒形，盘口折沿，腹部中空，足部外撇。口沿饰窃曲纹，器身饰云纹和变形龙纹，足部饰镂空云纹。该投壶未在《山东沂水县纪王崮春秋墓》报告中描述，但曾展出过。其形制较为特殊，呈筒形，且多镂空纹饰，虽与传统长颈型投壶差异较多，但筒形投壶在战国中山王𡑞墓亦有发现，故暂将该器列为投壶。

二　战国时期的投壶礼

战国时期的投壶礼较春秋时期更为盛行，且投壶不再只是权贵阶层宴饮时的娱乐方式，已经开始从国君向普通贵族甚至平民阶层发展。同时，投壶作为礼仪的性质开始减弱，逐步成为行酒作乐时的一项游戏。

1. 文献记载中战国时期的投壶礼

文献记载战国时期的投壶礼发生在齐国。《史记·滑稽列传》记载："若乃州闾之会，男女杂坐，行酒稽留，六博投壶，相引为曹，握手无罚，目眙不禁，前有堕珥，后有遗簪，髡窃乐此，饮可八斗而醉二三。"① 该文献记述了淳于髡在给齐威王讲述不同情况下的酒量时，提到当时的投壶礼与六博一样，已经成为乡里聚会时的游戏。而且男女可以杂坐，其间男女互相握手也不被责罚，眉目传情也不被禁止，且座席拥挤，前后有女性的发簪、耳饰被拿掉，足见举行投壶时的开放性，已经完全没有仪礼的严肃性。虽然仍保留有"相"等投壶礼的执事人员，但是这一时期的投壶已经开始走向平民阶层，逐步娱乐化和世俗化了。

2. 战国时期的投壶形制

目前发现战国时期与投壶相关的考古资料较春秋时期显著增加，说明战国时期投壶礼较为兴盛。这一时期的投壶可分为筒型、长颈型和鼓腹型，而且还发现了投镞、投镞杆帽等投壶的相关用品。特别是投壶刻画纹青铜器的发现，为研究战国时期的投壶礼仪节提供了直接证据。

（1）筒型投壶及相关用具

1974 年，河北平山县三汲乡战国时期中山王墓 M1 东库出土了一件筒形器，发掘者称："此器用途不详，内外无烧熏痕，未盛食物，也无油迹。"② 该器高 59 厘米，口径 20.5 厘米，腹上有铭文为"左使车工蔡"，器身作平口深腹的圆筒形。器表满饰变形蟠虺纹并衬以细雷纹地，中腰饰一周宽带纹，宽带纹上方两侧对称饰有铺首衔环。器底等距环列三支兽首形足，兽首扭向外次，兽足外撇支撑，将三只独角兽吃力负重的形象表现得淋漓尽致。（图 5－2）经崔乐泉考证，该器应是战国时期的铜质投壶，并称出土大小各一件："小者高约 40 厘米，口径约 10 厘米，器身上下各有一道斜格云纹，两侧也各有一铺首衔环，以利提取，半口深腹，中空，与三犀足铜投壶形制相

① （汉）司马迁：《史记》，北京：中华书局，1982 年，第 3199 页。
② 河北省文物研究所：《𰯼墓——战国中山国国王之墓》，北京：文物出版社，1996 年，第 130 页。

图 5－2　中山王嚳墓出土筒型投壶
（采自河北省文物研究所：《嚳墓——战国中山国国王之墓》，北京：文物出版社，1996 年）

同，但无三犀足，此当也是一件小型的铜‘投壶’。”[①] 此说得到了学术界的广泛认可，但崔乐泉所说的小型投壶并不见于发掘报告《嚳墓——战国中山国国王之墓》当中，故不知“小型投壶”的具体形制，但他所言的筒形器为战国时期投壶之说甚确。

1977 年秋至 1982 年夏，河北省文物研究所（现河北省文物考古研究院）又对三汲古城遗址进行全面勘探，此次勘探摸清了古城遗址的范围、布局，并发掘了一批战国墓葬[②]。此次发掘在 M8008 中共发现投镞 10 件，可将其分为二式。Ⅰ式两件，为平头圆柱形镞，圆棍形铤，镞长 7.2 厘米，铤长 12 厘米；Ⅱ式八件，为平头圆锥形镞，圆棍形铤，镞长 5.1 厘米，铤长 7.4 厘米。（图 5－3）除此之外，该墓还出土投镞杆帽四件，为圆筒形，中空平底，其中两件在一端有长形小钉孔。投镞和投镞杆帽的发现，为证明筒形器是投壶

① 崔乐泉：《我国最早的铜投壶》，《体育文史》1995 年第 2 期。
② 河北省文物研究所：《河北平山三汲古城调查与墓葬发掘》，《考古学集刊》第五集，北京：中国社会科学出版社，1987 年，第 157～193 页。

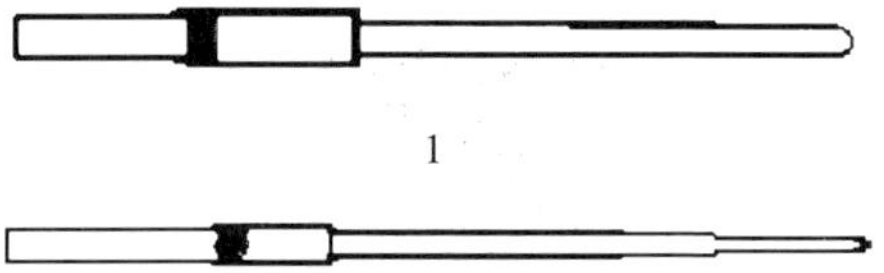

图5－3　三汲古城遗址出土投镞线图
1. Ⅰ式投镞　2. Ⅱ式投镞
（采自河北省文物研究所：《河北平山三汲古城调查与墓葬发掘》，《考古学集刊》五，北京：中国社会科学出版社，1987年）

提供了有力证据。可见，在当时不仅投壶形制具有趋同性，而且不同形制的投镞在使用上也有一定的区分，投壶器具正在走向标准化。

（2）长颈型投壶

1978年，江苏淮阴高庄M1出土了一件印纹硬陶投壶。该壶口微侈，长直颈，扁鼓腹，平底内凹。口沿外饰一圈云雷纹。器壁较厚，由泥条盘筑制成。高38厘米，口径11.2厘米，底径19.5厘米①。（图5－4：1、2）该投壶虽为长直颈、圆鼓腹，但器身无镂孔，仅可从形制判断为投壶。

1978年在对山东滕州薛国故城进行考古勘察时，发掘了东周时期墓葬九座，其中五号墓出土一件彩绘陶投壶，发掘者称之为陶三足壶形器（M5:48）②。该壶小口，长直颈，扁鼓腹，小平底，底部有三个矮支足，颈部饰两周凸弦纹，通体饰彩绘，但已剥落。（图5－4：3）该壶与莒南县大店镇莒国春秋墓出土的投壶形制基本一致，但器身亦无镂孔，三个矮支足或与中山王墓筒型投壶的三犀足类似。

2007年，浙江省德清县亭子桥战国原始瓷窑址出土较多镂孔长颈瓶，“经修复完整或基本完整者4件，另有较多不同个体的残片标本”③。该类瓶口微侈，方唇，口沿下器壁较厚，略似盘口，长直颈，扁鼓腹，以平底为主，亦有少量为平底三足。瓶颈、肩之交，有二至三周三角形镂孔，其间饰凸弦纹或云雷纹。（图5－4：4）该类瓶虽被发掘者称为镂孔长颈瓶，但其口部器壁

① 淮阴市博物馆：《淮阴高庄战国墓》，《考古学报》1988年第2期。
② 山东省济宁市文物管理局：《薛国故城勘察和墓葬发掘报告》，《考古学报》1991年第4期。
③ 浙江省文物考古研究所、德清县博物馆：《德清亭子桥——战国原始瓷窑址发掘报告》，北京：文物出版社，2011年，第74页。

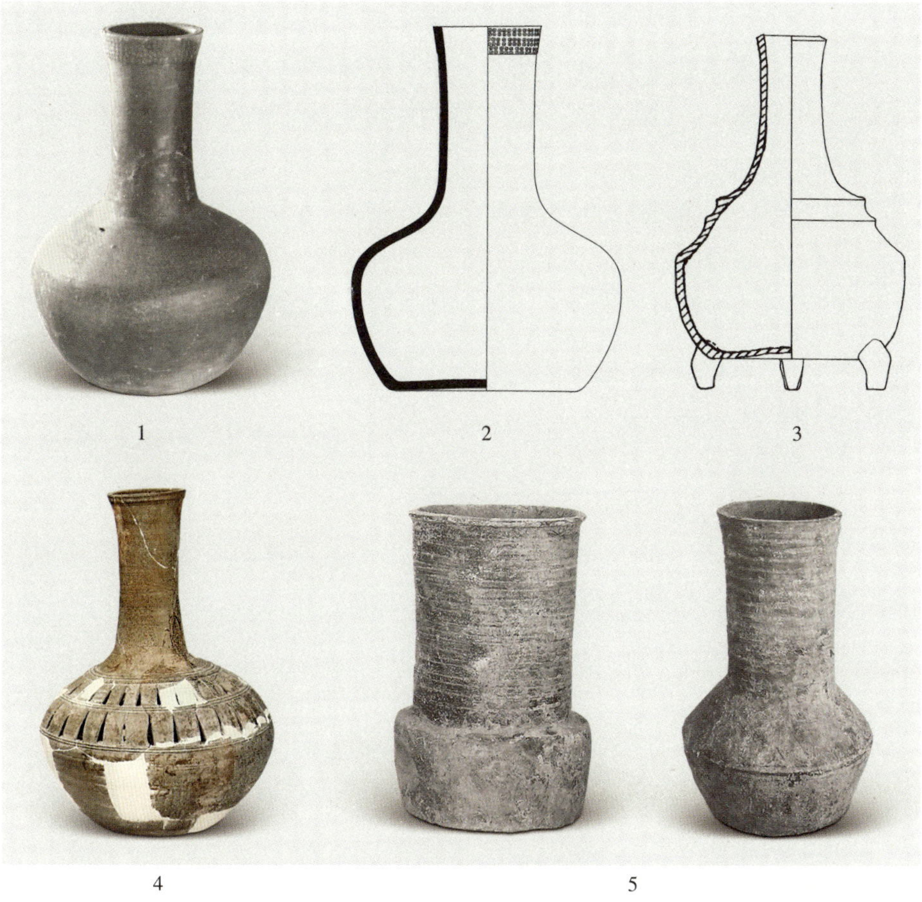

图 5－4　战国长颈型投壶

1. 淮阴高庄 M1 出土投壶　2. 淮阴高庄 M1 出土投壶线图

3. 薛国故城 M5 出土投壶线图　4. 德清亭子桥窑出土投壶　5. 滕州大韩墓地出土投壶

（1、2. 采自淮阴市博物馆：《淮阴高庄战国墓》，《考古学报》1988 年第 2 期；3. 采自山东省济宁市文物管理局：《薛国故城勘察和墓葬发掘报告》，《考古学报》1991 年第 4 期；4. 采自浙江省文物考古研究所、德清县博物馆：《德清亭子桥——战国原始瓷窑址发掘报告》，北京：文物出版社，2011 年；5. 采自刘延常：《山东滕州市大韩东周墓地发掘收获与认识》，《海岱地区商周考古与齐鲁文化研究》，上海：上海古籍出版社，2022 年，第 123 页）

较厚，与淮阴高庄投壶接近，长直颈、扁鼓腹且器身有三角形镂孔的形制与春秋时期的镂孔投壶一致，部分平底下接三足则与薛国故城 M5 出土的投壶类似，因此，当为投壶无误。

2017 年，山东滕州大韩墓地发掘一大批东周时期墓葬，出土两件长颈型投壶[①]。从已公布的照片可知，其口部微侈，长直颈，扁鼓腹，平底，颈部饰满弦纹。前者腹部更扁平，底部更大；后者肩部较斜，肩、腹之间饰有一周凸弦纹，平底略小。（图 5-4：5）但这两件投壶颈部较其他投壶更粗，应更易于投中。

综上所述，战国时期的长颈型投壶基本沿袭了春秋时期长直颈、扁鼓腹、平底的特点，随着陶器烧造技术的进步，出现了釉陶和原始瓷投壶。但这一时期的大部分投壶器身没有镂孔，还出现了有三个较矮支足的器形，与中山王墓投壶的三犀足类似。但总体而言，长颈型投壶与筒型投壶形制差异较大，体现了投壶的不同发展脉络。

（3）鼓腹型投壶与投掷方法

1973 年，山东省长岛县（现归属蓬莱区，后同）王沟村村民取土积肥时发现两座战国墓葬（M1、M2）。其中 M1 出土一件青铜提链壶。该壶通高 34.8 厘米，侈口，平唇，鼓腹，圈足。盖为插口，盖顶设二铺首衔环以穿链，盖顶中央设一环纽。颈部置一对半环耳，腹壁饰两通凸弦纹，腹一侧有一半环纽，提梁由七节组成[②]。（图 5-5）发掘报告中对该提链壶的描述极其简略，且未说明壶身饰有投壶纹。1995 年，郭坤贤最早指出："在这件壶的腹部，刻有一幅投壶的图案。"并认为："最初的投壶用壶是酒壶，反映出其最初与宴席有关无疑。"[③]

提链壶腹部的图案上，左侧地面放置一件投壶，较大，仅比人略低。该投壶侈口，束颈，鼓腹下收，圈足。右侧刻画有五人，每人动作不同，连贯起来则是一次投掷动作的全过程，即依次表现为一人手持投矢从腰部上举至头部之后，将矢投出的过程，将举行投壶礼时的投掷动作完整地记录下来。这件提链壶身刻画的投壶形制正与其去掉壶盖后相似，依郭坤贤所言，若投壶最初是酒壶，则这件提链壶或也可作投壶用。为区别前文长颈型投壶和筒型投壶，此种类型可称为鼓腹型投壶。

另外，目前所见最早的投壶实物为春秋时期灰陶镂孔投壶，但这件投

---

① 刘延常：《山东滕州市大韩东周墓地发掘收获与认识》，《海岱地区商周考古与齐鲁文化研究》，上海：上海古籍出版社，2022 年，第 123 页。

② 烟台市文物管理委员会：《山东长岛王沟东周墓群》，《考古学报》1993 年第 1 期。

③ 郭贤坤：《刻纹提梁壶与战国时代的投壶礼》，《体育文史》1995 年第 3 期。

1

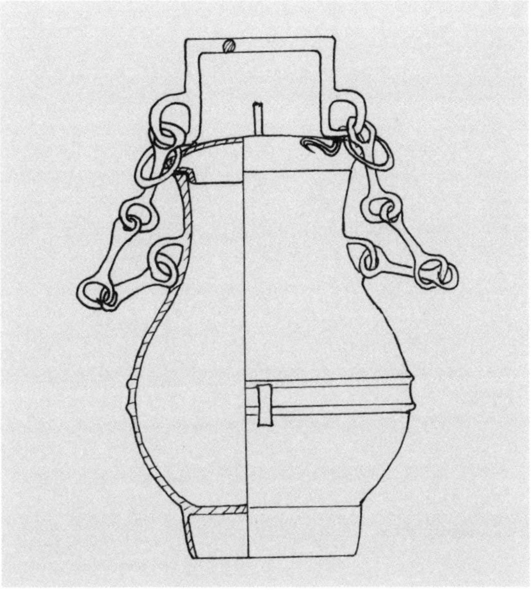

2

3

图 5－5 长岛县提链壶及其投壶图案

1. 提链壶照片 2. 提链壶线图 3. 提链壶刻画投壶图案

（1、2. 采自烟台市文物管理委员会：《山东长岛王沟东周墓群》，《考古学报》1993 年第 1 期；3. 改绘自张敏：《东周时期的矢与射——以三晋两周地区考古所见为例》，《文物世界》2008 年第 3 期）

壶不能做容器，并非酒壶。由此推测，若最早的投壶是酒壶，则其时代应早于灰陶镂孔投壶，即投壶礼产生的时代可能早于春秋时期。除此之外，张敏指出这件提链壶刻画有投壶图案，并且认为："其图案从上到下依次表现'采桑''宴饮''战争'三种场景，'宴饮'场景下部为'投壶礼'场景。"① 将投壶礼与采桑宴乐结合起来，丰富了投壶礼的文化内涵。

① 张敏：《东周时期的矢与射——以三晋两周地区考古所见为例》，《文物世界》2008 年第 3 期。

三 《礼记》投壶礼的仪节内容

《礼记》有《投壶》① 一篇专门记载投壶礼的仪节，袁俊杰将其归纳为16项仪节②，主要分为主人请射、宾辞射、主人三请乃行、置投壶、乐师奏乐、主宾轮流投壶、数筭罚酒、撤马等几个仪程。在此基础上，本书对投壶礼具体仪节总结如下：1. 主人捧矢，司射捧中，使人执壶；2. 主人三请，宾二辞乃入；3. 宾拜受矢；4. 主人受矢，揖请宾就席；5. 司射置壶、执筭；6. 司射向宾、主人宣布投壶规则；7. 司射命乐工奏《狸首》；8. 司射请投，宾筭在右，主人筭在左；9. 投毕，司射公布成绩；10. 胜者饮不胜者；11. 司射请立马；12. 胜者饮庆酒；13. 撤马。（图5－6）

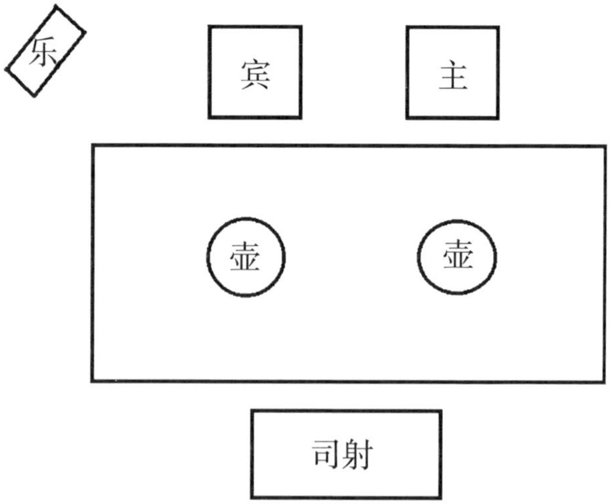

图5－6 投壶礼位次示意图

（改绘自汝安、张越：《“投壶”历史文化考》，《成都体育学院学报》2009年第8期）

四 东周时期投壶礼的特点

东周时期是投壶礼的起步和发展阶段，至迟于春秋时期，投壶礼和投壶

---

① （清）阮元校刻：《十三经注疏·礼记正义》，北京：中华书局，1980年，第1665～1668页。

② 袁俊杰：《两周射礼研究》，北京：科学出版社，2013年，第497页。

实物都已经发展完善。这一时期的投壶礼起初是宾射礼和燕射礼的简化，于诸侯国君或高等级贵族朝见、燕飨时举行，是真正意义的礼仪。

战国以后，投壶礼开始兴盛，并走向社会下层，不再是权贵阶层的专享礼仪，开始具有一定的世俗性和娱乐性。这一时期投壶的实物也有较多的发现，并且投壶所用的投镞、投镞杆帽也有出土。特别是山东长岛出土的投壶纹提链壶，将战国时期投壶时的投掷动作完整地记录下来，使我们能够直观地了解战国时期投壶的技术要领。

通过对投壶形制的分析，可将这一时期的投壶分为鼓腹型、长颈型和筒型三类。依据最早使用酒壶作为投壶的观点，推知鼓腹型投壶应该出现最早，其出现的年代不晚于春秋时期，故可将投壶礼和投壶产生的年代推至东周以前。

第二节　秦汉时期：投壶礼的深入推广与性质转变

秦汉时期政局稳定，文化繁荣，投壶礼也得到了进一步的发展。这一时期的投壶礼不受古礼仪节的束缚，发展出了一些新的投法。投壶的用具开始标准化，并且制作精美。秦汉时期的投壶礼娱乐性和竞技性进一步加强。

一　秦汉时期的投壶仪节

秦汉时期的投壶仪节与先秦时期不同，虽然保留了古礼的一些仪节，但融入了更多的娱乐元素，而且出现了专门从事投壶活动的艺人。投壶不再单纯的只为了投中，而是增添了很多新的技巧和花样。

1. “骁”式投法

《礼记·投壶》记载：“（投壶）容斗五升，壶中实小豆焉，为其矢之跃而出也。……矢，以柘若棘，毋去其皮。”[①] 可知，在先秦时期对投壶的容量、投矢的质地及制作方法都有明确的规定。举行投壶礼时，向投壶中灌入小豆，并且以不去皮的柘木或棘木作为投矢，降低投矢的弹性，都是防止投矢投入壶中之后弹出的方法。

但到了西汉时期，投壶中不仅不再放入小豆，而且以投矢弹出为最佳效果。《西京杂记》记载：“武帝时，郭舍人善投壶，以竹为矢，不用棘也。古之投壶，取中不求还，故实小豆，恶其矢跃而出也。郭舍人则激矢令还，一矢百余反，谓之为骁，言如博之竖棋于辈中，为骁杰也，每为武帝投壶，辄

① （清）阮元校刻：《十三经注疏·礼记正义》，北京：中华书局，1980年，第1666页。

赐金帛。”① 郭舍人是汉武帝时宫中的倡优，曾救过汉武帝乳母的性命，因此，汉武帝对他十分宠信。郭舍人的投壶技艺非常高超，投壶时壶中不盛小豆，也不用棘木作矢，反而用弹性更强的竹子作投矢，以求达到投矢投入壶中能迅速反弹出来的效果。这样的投壶方式，郭舍人用一支矢能投入弹出百余次，被称为“骁”式投法，郭舍人也常常因此得到汉武帝的赏赐。从这段记载可以看出，到西汉时，先秦投壶的仪节仍然被人们熟知，只是不再沿用，有一个清晰的从“恶其矢跃而出”到“激矢令还，一矢百余反”的变化过程。

郭舍人进行的投壶活动，已经不具备“礼”的性质，而且也没有伴随宴饮奏乐的记载，只是“为武帝投壶”，可视为一种投壶表演，且汉武帝并未参与其中，是郭舍人一个人为展示投壶技艺进行的表演。因此，秦汉时期投壶作为一种娱乐方式，不再只为宴饮助兴，而是可以作为一个单独的表演呈现出来，省去了以往投壶礼仪中的繁文缛节。“骁”式投壶，投矢在投壶者的手中一投一反，连续不断，使投壶游戏更具挑战性和观赏性②。

2. 宴饮投壶仪节

汉代虽有专门的投壶表演，但宴会仍是举行投壶礼最主要的场合。汉代宴饮之风盛行，《汉书·食货志》有“百礼之会，非酒不行”③ 的说法。《盐铁论·散不足》曰：“（古者）非膢腊不休息，非祭祀无酒肉。今宾昏酒食，接连相因。”④ 可见，与前代“非祭祀无酒肉”不同，汉代日常宴饮很多，且酒是必不可少的。此时，投壶礼也被当作宴饮时的酒令，常常与饮酒相伴出现。汉代乐府诗《古歌》云：“东厨具肴膳，椎牛亨猪羊。主人前进酒，弹瑟为清商。投壶对弹棋，博弈并复行。”⑤ 该诗生动地描绘了汉代贵族宴饮与投壶的盛大场面。这一时期的投壶礼除在宴饮时举行外，并且仍与琴瑟礼乐相伴，尚保留着一定的古礼仪节。

---

① （晋）葛洪撰：《西京杂记》，北京：中华书局，1985 年，第 37 页。

② 张永、邓丽星：《中国古代投壶发展盛衰考证》，《玉林师范学院学报》2007 年第 5 期。

③ （汉）班固撰，（唐）颜师古注：《汉书》，北京：中华书局，1962 年，第 1182 页。

④ （汉）桓宽：《盐铁论》，国学整理社编：《诸子集成》七，北京：中华书局，2006 年，第 33 页。

⑤ 李青、王敦庆：《两汉魏晋南北朝民歌集》，南京：南京师范大学出版社，2014 年，第 111 页。

图 5－7　投壶画像石拓本
（作者摄于"格古通今——纪念昆阳之战 2000 年东汉画像石拓片邀请展"）

现藏于南阳汉画馆的投壶画像石，共刻画五人，将汉代投壶礼的具体形象生动地表现出来。画面中间刻一投壶，壶里已有投中的两支矢，壶旁放置三足酒樽，上置一勺。投壶左、右各一人，正全神贯注地准备向壶内投掷。跽坐于投壶左侧的人，显得更加沉稳老练，右手环抱多支投矢，左手持一支投矢，作行将投出的样子。投壶右侧的人，与左侧姿态相同。画面最左边的人，身体前倾，头低垂，双目圆睁，四肢无力，有一童子扶持，似上局投壶失败后，因罚酒过多而醉的样貌。画面中最右边的人，正襟危坐，正在观看中间二人投壶的情况，应是此次投壶礼的司射。（图 5－7）

刘红玉认为司射手持一件"木制兽形器，也叫作'筹'"[①]。袁俊杰则认为筹在射礼中称为"筭"，盛装筭的器具为"中"，多作兽形，此画像石描绘司射手中所持应是盛筭的"中"，而不是筹[②]。《礼记·投壶》记载："司射奉中"，"有入者，则司射坐而释一筭焉"[③]。可知，在投壶的过程中，有人将矢投进，则司射就放入中一支筭，以此计数。因此，司射手中所持的是中而不是筹，袁俊杰所言甚确。另外，《仪礼·乡射礼》记载："君，国中射，则皮树中，以翿旌获，白羽与朱羽糅；于郊，则闾中，以旌获；于竟，则虎中，龙旜。大夫，兕中，各以其物获。士，鹿中，翿旌以获。"[④] 即不同身份的人，所用盛放筭筹的中也是不同的，天子用皮树中、闾中、虎中，大夫用兕中，士

① 刘红玉：《南阳出土投壶汉画像石赏析》，《中原文物》2002 年第 5 期。
② 袁俊杰：《两周射礼研究》，北京：科学出版社，2013 年，第 375 页。
③ （清）阮元校刻：《十三经注疏·礼记正义》，北京：中华书局，1980 年，第 1665、1666 页。
④ （清）阮元校刻：《十三经注疏·礼记正义》，北京：中华书局，1980 年，第 1012 页。

用鹿中，本图司射所持的中即为兽形，应是以上虎、兕、鹿中的一种。

秦汉时期的投壶礼还保留了古礼中的一项功能，即通过举行投壶礼择士。“射以择士”是自周代以降形成的传统。《礼记·射义》记载：“天子将祭，必先习射于泽，泽者，所以择士也。已射于泽，而后射于射宫，射中者得与于祭，射不中者不得与于祭。”① 投壶礼是从射礼发展而来的，故其“择士”的功能也源自射礼。《后汉书·铫王祭列传》记载：“遵为将军，取士皆用儒术，对酒设乐，必雅歌投壶。”② 祭遵是一员武将，但其选贤任能皆用儒家思想，而且还会设宴奏乐，举行投壶礼。可见，这一时期投壶仍保留射礼取士的传统，但是更多的是被当作一种娱乐活动，开始褪去“礼”的影子。

二　秦汉时期的投壶形制

秦汉时期的投壶实物发现较多，但与战国中山王墓出土的筒型投壶类似的器形已经不再出现，目前发现的只有鼓腹型和长颈型两种，且长颈型投壶数量多于鼓腹型。这一时期投壶的形制逐渐固定，筒型和鼓腹型投壶开始被淘汰，长颈型投壶成为投壶的主要形制流传下来。

1. 鼓腹型投壶

鼓腹型投壶形态较为原始，是最早以酒壶作为投壶的投壶礼初创期使用并延续下来的形制，在秦汉时期已经不多见。目前可知的有里耶秦简博物馆2017年“乐亦志哉——中国游艺文化展”展出的一大一小两件汉代鼓腹型投壶。这两件投壶大者为铜质，小者为陶质。

铜投壶为盘口，束颈，鼓腹下收，高圈足外撇，腹部饰有三圈凸弦纹，上两圈中间对称装饰一对铺首。这类壶在汉代发现较多，一般作酒壶，被认为是投壶的仅此一件。以酒壶为投壶，显示了其原始性。灰陶投壶，侈口，束颈，腹部下垂，高圈足外撇，通体素面。器形与先秦时期的酒器觯较为相似，亦是一件与酒器相关的投壶。

---

① （清）阮元校刻：《十三经注疏·礼记正义》，北京：中华书局，1980年，第1689页。
② （南朝宋）范晔：《后汉书》，北京：中华书局，1965年，第742页。

里耶秦简博物馆展出的两件鼓腹型投壶都是由酒器发展而来，具有明显的原始性，与山东长岛出土提链铜壶上刻画的投壶形制接近，这类投壶在汉代以后便已不见。南阳汉画馆藏投壶画像石中的投壶器形，侈口，长直径，鼓腹，高喇叭形圈足，具有鼓腹型投壶和长颈型投壶二者的特点，应是鼓腹型投壶逐渐被长颈型投壶取代过程中的特殊器形。

2. 长颈型投壶

长颈型投壶是传承最为固定、使用时间最为长久、考古发现最多的投壶类型。秦汉时期的长颈型成为投壶的主流形制，后世投壶均是在固定于汉代的长颈型投壶的基础上改造而成，因此，长颈型投壶奠定了后世两千年投壶形制的基础，具有重要意义。

1984 年，湖南永州鹞子山发现古墓葬，后经确认为西汉泉陵侯家族墓地。其中刘彊墓出土一件铜长颈壶，其内含五根竹制投矢①，当为投壶无疑。该壶口径 4 厘米，腹径 19. 2 厘米，通高 29. 8 厘米。直口圆唇，长直颈，扁鼓腹，圈足，肩部饰有一周微凸的带饰。(图 5 – 8：1)

在汉代贵族墓中，与刘彊墓投壶形制类似的长颈壶比较常见，且多有繁复的刻划纹饰。如刘彊墓出土的另一件长颈壶，口径、腹径与前者接近，通高 36 厘米，除在肩部有微凸带饰之外，还在颈、腹、圈足刻划精细繁复的菱形纹、接连三角形纹等。又如 1974 年，南京博物院在江苏省盱眙县东阳村发现并发掘了八座汉墓，其中 M4 出土一件刻划纹铜投壶②。该壶口径 4 厘米、高 27. 8 厘米，小口，长直颈，扁腹，矮圈足外侈。器表刻划纤细的图案花纹，有锯齿纹、斜方格纹、织锦纹，亦当为投壶。(图 5 – 8：2)

扬州市平山荷叶张庄亦曾出土一件汉代铜投壶，高 29 厘米，口径 4. 4 厘米，腹径 16. 5 厘米，现藏于扬州博物馆。(图 5 – 8：3) 其形制、尺寸与刘彊墓铜投壶基本一致，且其内亦含有木质投矢。该投壶外壁满饰彩绘云纹，承袭了春秋战国时期投壶装饰彩绘的特点。

除青铜投壶外，汉代的长颈型投壶仍以陶质为主。1969 年，河南省博物

---

① 零陵地区文物工作队：《湖南永州市鹞子山西汉“刘彊”墓》，《考古》1990 年第 11 期。
② 南京博物院：《江苏盱眙东阳汉墓》，《考古》1979 年第 5 期。

1　　　2　　　3

图 5－8　汉代长颈型铜投壶

1. 西汉刘彊墓出土铜投壶　2. 盱眙东阳汉墓出土铜投壶　3. 平山荷叶张庄出土铜投壶
（1. 采自零陵地区文物工作队：《湖南永州市鹞子山西汉“刘彊”墓》，《考古》1990 年第 11 期；2. 采自南京博物院：《江苏盱眙东阳汉墓》，《考古》1979 年第 5 期；3. 扬州博物馆藏）

馆（现河南省博物院）和新乡市文化部门在济源县（现济源市）轵城南约两千米的泗涧沟发掘三座汉墓，其中 M8 出土一件釉陶投壶①。该壶高 26.6 厘米，直口，长直颈，鼓腹下收，底部有三足，颈部、肩部、腹部各饰一圈附加堆纹，壶体施黄绿色釉，釉面不均。（图 5－9：1）其三足的造型，应是战国中山王墓投壶三犀足的简化，与薛国故城 M5 出土的三足投壶类似。

2010 年，安徽省寿县工业园区建设用地发现一座汉代墓葬，墓葬遭到严重破坏，随葬品也被取出，下落不明。后经安徽省文物考古研究所寿县工作站追缴回三件器物，其中有一件汉代釉陶投壶②。该投壶口径 6 厘米，腹径 15.6 厘米，壁厚 0.7 厘米，通高 25.8 厘米。器形为直口，长直颈，斜肩，扁鼓腹，矮圈足。颈部上下饰有四组水波纹，以弦纹隔开，颈肩连接处饰有三圈弦纹，最大腹径处亦饰三圈弦纹。投壶以最大腹径处为界，上施黄绿色釉，但大部分已经剥落，下部不施釉，暗红色胎直接暴露在外。（图 5－9：2）其长直颈、扁鼓腹的特征与前述铜投壶类似，有明显的一致性。

① 河南省博物馆：《济源泗涧沟三座汉墓的发掘》，《文物》1973 年第 2 期。
② 张义中：《安徽省寿县工业园区汉墓出土器物赏析》，《文物鉴定与鉴赏》2018 年第 6 期。

1　　2　　3

图 5－9　汉代长颈型陶投壶

1. 河南泗涧沟出土绿釉投壶　2. 安徽寿县追缴青釉投壶　3. 安徽博物院水波纹绿釉投壶
（1. 作者摄于河南博物院；2. 采自张义中：《安徽省寿县工业园区汉墓出土器物赏析》，《文物鉴定与鉴赏》2018 年第 6 期；3. 作者摄于安徽博物院）

除此之外，各大博物馆亦收藏了大量汉代陶质投壶。安徽省博物院收藏了一件绿釉水波纹投壶，1956 年出土于合肥市水西门外建华窑厂。形制为直口，长直颈，扁腹，圈足，口部、颈部饰水波纹，以腹部最大径为界，上饰绿釉，但多已剥落。（图 5－9：3）与寿县出土的投壶形制、纹饰均较接近。江西省博物馆收藏的青釉投壶，长直颈，圆鼓腹，与河南泗涧沟汉墓出土的绿釉投壶接近，但不见三足，体现了这一时期投壶器形从扁鼓腹向圆鼓腹发展。

汉代画像石、画像砖也常描绘有投壶场景，如前文提到的南阳汉画馆收藏的投壶画像石。另外，1975 年陕西省绥德县四十里铺发现了一座汉代砖石墓，石门框上雕刻着墓主人生前的生活场景。其中左侧第三层图案，发掘者认为是“二人对坐，各人手执一箸，箸为阴刻，有三箸已投入壶内”①。（图 5－10）该幅图案中间为一长直颈、扁鼓腹的壶，应是投壶。投壶两侧各有一人，其手中所持并不是箸，而是投矢。图像上部还放置一件酒樽，与南阳汉画馆藏投壶画像石描绘的场景基本相同。由此可见，投壶礼在秦汉时深受欢迎，是人们日常宴饮行乐的常见活动。在汉代事死如事生的观念下，与六博、舞蹈等娱乐方式一同刻在墓葬的门框上，象征着墓主人在死后可继续享受宴饮娱乐活动。

---

① 李林、康兰英、赵力光：《陕北汉代画像石》，西安：陕西人民出版社，1995 年，第 74 页。

1

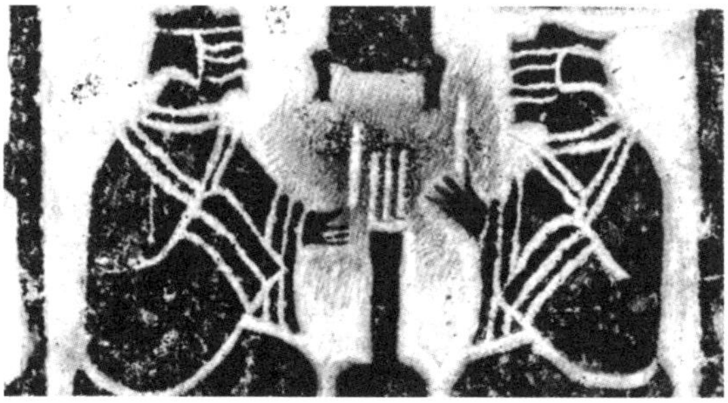

2

图 5 – 10　绥德县四十里铺汉墓画像石图案拓本

1. 墓门图案拓本　2. 投壶图案拓本

（采自李林、康兰英、赵力光：《陕北汉代画像石》，西安：陕西人民出版社，1995 年）

三　秦汉时期投壶礼的特点

秦汉时期投壶礼的仪节规程仍然存在，但有了一定的改革。从南阳投壶画像石和陕北投壶画像石描绘的投壶场景可见，举行投壶礼时，仍为二人对坐轮流投壶，且有司射持中计算每人投中数量，但不再是每人各投一壶，而变成二人共投一壶，投壶礼的仪节被进一步简化。另外，这一时期的投壶更多的是以宴饮娱乐为目的，主要作为酒令，是宴饮时举行的游戏。而且出现了专门表演投壶的艺人，以汉武帝时的郭舍人为例，其投壶主要是通过与众不同的投法来展现技艺，供汉武帝观赏。

综上所述，秦汉时期是投壶礼游戏化的发展期，投壶的礼仪成分逐步消失。自此之后，投壶成为社会各阶层喜闻乐见的宴饮娱乐方式。投壶礼仪性质的褪去，使其得以在民间大规模地推广，而且朝着游戏方向发展，也使投壶有了更加广阔的发展空间。因此，秦汉以后的投壶更应该被称为“活动”，而不再是“礼”了。

第三节 魏晋南北朝时期：投壶娱乐化的巅峰

魏晋南北朝时期虽然社会动荡不安，但权贵阶层对投壶活动的热情不减，在秦汉时期投壶游戏的基础上，演化出更多的投壶方式。同时，这一时期女性也参与到投壶活动当中，“射者，男子之事”① 的传统不复存在。魏晋南北朝时期的投壶活动在多样化、多元性上达到了顶峰，真正褪去了“礼”的外衣，成为一项纯粹的娱乐活动。

一 魏晋南北朝时期的投壶仪节

魏晋南北朝时期，投壶活动中的传统仪节已经完全不见，取而代之的是具有创新性和多样化的投法。这一时期投壶方式、参与人员都呈现出很多的创新性，而且随着士大夫阶层的壮大，魏晋玄学的发展，投壶活动融入了更多的宗教因素，这使魏晋南北朝时期的投壶活动拥有了明显的多样性。

1. 投壶方式的多样性

投壶方式的多样化始自西汉时期。郭舍人开创的“骁”式投壶不再以投中为目的，使投壶活动有了更多的表演性质。投壶方式在魏晋南北朝时期达到了多样化的巅峰，除了“骁”式投壶外，又出现了隔屏投壶、背身盲投等方式，使投壶活动的娱乐性和观赏性都大大增强了。

魏晋南北朝时期的“骁”式投壶继承了汉代以来的特点，成为众多投壶高手争相练习的技艺。《颜氏家训 · 杂艺》记载：“投壶之礼，近世愈精。古者，实以小豆，为其矢之跃也。今则唯欲其骁，益多益喜，乃有倚竿、带剑、

① （清）阮元校刻：《十三经注疏 · 礼记正义》，北京：中华书局，1980 年，第 1687 页。

狼壶、豹尾、龙首之名。其尤妙者，有莲花骁。汝南周璝，宏正之子，会稽贺徽，贺革之子，并能一箭四十余骁。"① 文中的"莲花骁"应是在"骁"式投壶的基础上又提高了难度的一种投法，其具体方式已经不可考证。周璝、贺徽都是当时的世家大族子弟，其投壶技艺虽不及西汉的郭舍人，但能够"一箭四十余骁"，技艺已经十分高超了。

《南史·柳元景传》记载："齐竟陵王尝宿晏，明旦将朝见，恽投壶枭不绝，停与久之，进见遂晚。齐武帝迟之，王以实之。武帝复使为之，赐绢二十匹。尝与琅琊王瞻博射，嫌其皮阔，乃摘梅帖乌珠之上，发必命中，观者惊骇。"② 南齐的竟陵王萧子良，有一次夜间开宴，席间以投壶为乐，柳恽技艺精良，"骁"式投法让竟陵王看得入迷，以至连朝见齐武帝都迟到了。武帝责问他，竟陵王以实告之，结果武帝好奇心大发，让柳恽当场投壶，果然技艺超凡。武帝非但没怪罪他们，反而赏赐给柳恽二十匹绢，可见当时风习和对娱乐的宽容态度。除了投壶技艺高超之外，柳恽射艺也十分精湛，与王瞻竞射时嫌靶心太大，将摘来的梅子放在靶心上，仍能射中，可见其箭法高超。

与南朝投壶活动兴盛、投射难度较大不同的是，由少数民族在中原地区建立的北朝各国，会"骁"式投壶的人却很少。《颜氏家训·杂艺》云："至邺以来，亦见广宁、兰陵诸王，有此校具，举国遂无投得一骁者。"③ 可见，"骁"式投壶更受南渡的中原士人喜爱，北方虽有投壶器具，但投壶技巧一般，几乎没有会"骁"式投壶的人，体现了投壶活动的南北差异。

隔屏投壶的方式是魏晋南北朝时期的创新，这种投法不再具有竞赛的性质，而纯粹是对投壶技艺的展示。《颜氏家训·杂艺》记载："贺（徽）又尝为小障，置壶其外，隔障投之，无所失也。"④ 贺徽除了是"骁"式投壶的高手之外，还能够隔着障碍物进行投壶，且逢投必中，将投壶技艺展现得淋漓尽致。隔屏投壶更多的是用来表演，取悦他人。西晋名士石崇爱好投壶，他

---

① （南齐）颜之推：《颜氏家训》，国学整理社编：《诸子集成》八，北京：中华书局，2006 年，第 43 页。

② （唐）李延寿：《南史》卷三十八《柳元景传》，北京：中华书局，1975 年，第 988 页。

③ （南齐）颜之推：《颜氏家训》，国学整理社编：《诸子集成》八，北京：中华书局，2006 年，第 43 页。

④ （南齐）颜之推：《颜氏家训》，国学整理社编：《诸子集成》八，北京：中华书局，2006 年，第 43 页。

的家妓能够“隔屏风投之”①，该女子因投壶技艺高超而被载入史书，足见当时对投壶活动的重视。

与隔屏投壶相似的还有闭目盲投等技巧，均属于不见壶而投，反映了魏晋南北朝时期投壶方式的多样性。《晋阳秋》记载：东晋的“王胡之善于投壶，言手熟闭目”②，即投壶技巧非常熟练，能够闭目盲投。

2. 投壶参与者的多样性

魏晋南北朝时期战乱频繁，底层民众居无定所，朝不保夕，更不会有余力去举行与宴饮娱乐相关的投壶活动。因此，投壶活动仅在上层社会较为流行。这一时期的投壶活动，在其娱乐性进一步增强的同时，也逐渐地成为士人饮宴集会时不可或缺的助兴方式，同时，士大夫家庭的女性也参与到投壶活动当中，这是之前所不能见到的。另外，魏晋南北朝时期玄学兴起，道教发展迅速，也有对神灵仙女举行投壶的神话记载。总之，这一时期的投壶活动虽是上层社会的游戏，但参与者不仅有士大夫，还有士大夫的家妓以及神灵仙女等，体现了投壶活动参与者的多样性。

《献帝春秋》载：“袁绍闻魏郡兵反，与黑山贼等数万人共覆邺，杀郡守，坐中家。在邺者忧怖失色，或起而啼泣。绍观督引满投壶，言笑容旨自若。”③袁绍身陷险境仍能以投壶自娱，足见其对投壶的喜爱。《三国志·魏书·张既传》裴松之《注》曰：“楚不学问，而性好游遨音乐，乃畜歌者，琵琶、筝、萧，每行来将以自随。所在樗蒲、投壶，欢欣自娱。”④ 可见，投壶活动继承了汉代以来“雅歌投壶”的传统，是文人雅士必备的娱乐方式。《三国志·吴书·张顾诸葛步传》载：“故弟（诸葛）融袭爵，摄兵业驻公安……疆外无事，秋冬则射猎讲武，春夏则延宾高会……或有博奕，或有撙蒱，投壶弓弹，部别类

---

① （宋）李昉、李穆、徐铉等编著：《太平御览》卷七百五十三，北京：中华书局，1960年，第3343页。

② （宋）李昉、李穆、徐铉等编著：《太平御览》卷七百五十三，北京：中华书局，1960年，第3344页。

③ （宋）李昉、李穆、徐铉等编著：《太平御览》卷七百五十三，北京：中华书局，1960年，第3344页。

④ （晋）陈寿撰，（宋）裴松之注：《三国志》，北京：中华书局，1982年，第474页。

分，于是甘果继进，清酒徐行，融周流观览，终日不倦。”[①] 公安是荆州治所，位于魏、蜀、吴三国交界之处，是当时兵家必争之地。蜀国正因为关羽未能守住荆州而丢掉了对魏、吴两国战争的主动权。而吴国的诸葛融驻守公安要冲，虽“秋冬射猎讲武”，但春夏两季仍然终日宴饮投壶，足见投壶活动在当时士大夫阶层中的重要地位。《晋书·王戎传》记载：“（王）澄字平子……但与机日夜纵酒，投壶博戏，数十局俱起。”[②] 这一时期门阀士族宴饮成风，雅歌投壶、对酒设乐，极大地促进了投壶活动的发展。投壶盛行的风气，终魏晋南北朝而不减弱。

世家大族除了喜爱投壶活动本身之外，还创作了许多与投壶相关的文学作品。曹魏初期，邯郸淳作《投壶赋》千余言，呈献于魏文帝曹丕，受到了曹丕的重赏，现《投壶赋》已经亡佚，仅在《艺文类聚》中保留了四百余字，原文为：

> 古者诸侯间于天子之事，则相朝也。以正班爵，讲礼献功，于是乃崇其威仪，恪其容貌，繁登降之节，盛揖拜之数，机设而弗倚，酒澄而弗举，肃肃济济，其惟敬焉。敬不可久，礼成于饫，乃设大射，否则投壶，植兹华壶，凫氏所铸，厥高二尺，盘腹修颈，饰以金银，文以雕镂，象物必具，距筵七尺，杰焉植驻，矢维二四，或柘或棘，丰本纤末，调劲且直，执竿奉中，司射是职，曾孙侯氏，与之乎皆得，然后观夫投者，闲习察妙，巧之所极，骆驿联翩，爰爰兔发，翻翻隼集，不盈不缩，应壶顺入，何其善也。每投不空，四矢退效，既入跃出，荏苒偃仰，僶俛趋下，余势振掉，又足乐也。拟议于此，命中于彼，动之如志，靡有违也。譬诸为政，群职罔弛，左右毕投，效奇数钧，列置功竿，称善告贤，三载考绩，幽明始分也。比投不释，增是自遂，虽往有功，义所不贵，春秋贬晕，亦犹是类也。若乃撮矢作骄，累掇联取，一往之纳二，巧无与耦，斯乃绝伦之才，尤异之首也。柯列葩布，匪罕匪绸，虽就置犹弗然，娴逈绝之所投，惟兹巧之妙丽，亦希世之寡俦，调心术于混冥，适容体于便安，纷纵奇于施舍，显必中以微观，悦与坐之耳目，乐众心而不倦，瑰玮百变，恶可穷赞。[③]

① （晋）陈寿撰，（宋）裴松之注：《三国志》，北京：中华书局，1982 年，第 1235 页。

② （唐）房玄龄等：《晋书》卷四十三《王戎传》，北京：中华书局，1974 年，第 1239～1240 页。

③ （唐）欧阳询撰，汪绍楹校：《艺文类聚》，北京：中华书局，1965 年，第 1279 页。

《投壶赋》将举行投壶活动时络绎不绝、熙熙攘攘的场面，各种各样稀奇古怪的投法，和投壶参与者们精湛的技艺与妙趣横生的场面表现得淋漓尽致，可谓是描写投壶活动的文学作品的巅峰。西晋左思所作的《吴都赋》也有“里宴巷饮，飞觞举白。翘关抗鼎，拼射壶搏”① 的描绘，说明在富裕的吴都，里宴巷饮中也离不开射箭、投壶、六博等活动。

前文提到石崇家妓也拥有高超的投壶技艺，推测魏晋南北朝时期的投壶活动除了士大夫阶层参加之外，女性也可以参加投壶活动，而且个别女性投壶的频率应该很高，不然可能无法练就精湛的投壶技艺。南朝乐府民歌《华山畿二十五首》其三云：“夜相思，投壶不得箭，忆欢作娇时。”② 该诗句描绘了女子夜晚思念情郎，以投壶消遣却心不在焉的状态。女子夜晚能随时投壶，可能投壶已经成为女子闺房中必备的陈列品。揣静认为：“（魏晋时期）投壶游戏深受女子喜爱，成为闺阁内的游戏形式。”③ 郝金芳也说：“投壶游戏被男人们引入闺阁，鼓励妻妾们玩投壶游戏，在一定程度上推进了女子体育运动的发展。”④ 以上二位所言甚确，魏晋南北朝时期时局动荡不安，导致人们的思想更加活跃，以往只能男性参与的弓矢之事，女性也可以广泛深入地参与其中了。

随着魏晋南北朝时期玄学的兴起，投壶又被赋予了修心的功能，熊纪涛认为：“三国时期，建安七子中的王粲作《棋赋》：‘夫注心铣念，自求诸身，投壶是也。’晋李尤《壶筹铭》：‘投壶筹礼，揖叙先后，通风月，数分为王部。’晋傅玄《投壶赋序》：‘投壶者，所以矫懈而正心也。’这些文学作品包括傅玄的名字‘玄’都非常明显地表达了求‘身’‘心’、尚自然的玄学思潮。这标志着投壶活动广泛进入玄学名流的视界，带有谈玄、学道乃至求仙的思想倾向，正是道家思想深刻影响的结果，也是道家思想和道教文化空前发展和具有强大包容力的显著例证。”⑤ 在这一时期投壶活动不仅融入玄学和道教因素，而且神话著作中也出现对投壶的记载。投壶不仅是人们喜爱的活动，也成了神灵仙女的娱乐方式。王褒《弹棋诗》云：“投壶生电影，六博值

① （南梁）萧统：《昭明文选译注》，长春：吉林文史出版社，2007 年，第 239 页。

② 郑振铎：《中国俗文学史 · 六朝的民歌》，北京：作家出版社，1957 年，第 107 页。

③ 揣静：《中国古代投壶游戏研究》，陕西师范大学硕士学位论文，2010 年，第 25 页。

④ 郝金芳：《投壶文化历史变迁与继承》，山东体育学院硕士学位论文，2012 年，第 33 页。

⑤ 熊纪涛：《投壶活动在两汉魏晋时期的道教化》，《中国道教》2008 年第 5 期。

仙人。”[①] 葛洪《神仙传》也有：“玉女投壶，天为之笑。”[②] 可见，投壶活动被赋予了神话的色彩，能够时常投壶、六博是当时文人雅士所向往的生活，因此，人们将其假借给了神仙，也从侧面反映出士大夫阶层对投壶活动的喜好程度甚高。

3. 记“筭”方法的多样性

《礼记·投壶》记载的记筭方法为：“二筭为纯，一纯以取，一筭为奇。遂以奇筭告曰：某贤于某若干纯。”[③] 即参加投壶的二人每投进一矢，司射放入中内一支筭，两支筭为一纯，投壶结束，司射计算每人的纯数来判断胜负。随着魏晋南北朝时期投壶方式的多样化，投矢技巧越高、难度越大，所得的筭就越多。晋人虞潭的《投壶变》记载：“谓之投壶者，取名蓚薮。渐而转易，铸金代焉。逮之于后，人事生矣。壶底去一尺，其下筩以龙玄。运之以皫虾燕尾。矢十二，长二尺八寸。古者投壶，击鼓而节，带剑十二，倚十八，狼壶二十，剑骄七十。三百六十筹得一马，三马成都。”[④] “带剑”，就是指投入左耳或者右耳的箭，箭身斜倚靠在耳口上，形同腰间佩剑。“带剑”计十二筭。所谓“倚竿”，指不全入，而斜倚壶口，就是指箭身斜倚在壶口左侧或者右侧，“倚”计十八筭。“狼壶”，又称“浪壶”，即投的箭在壶口上作圆形旋转一周，然后成“倚竿”，“狼壶”计二十筭。“剑骁”，即投入成“带剑”，然后激还再投，仍成“带剑”，“剑骁”计七十八筭[⑤]。可见，魏晋南北朝时期的记筭方式远远多于《礼记》记载，而且带剑、倚、狼壶、剑骁等名词是前代所不见的。记筭方式的多样，除了源于投壶方式的多元化之外，还与投壶形制的变化有关（详见后文）。

这一时期的投壶活动是纯娱乐性的活动，虽然记筭方式向多样化发展，但如隔屏投壶、背身盲投等方式是纯粹的投壶表演，不是竞赛，无关胜负，因此，这些投壶活动是不记筭的。

---

① 王书良、方鸣、杨慧林等：《中国文化精华全集——艺术卷》，北京：中国国际广播出版社，1992 年，第 226 页。

② （唐）欧阳询撰、汪绍楹校：《艺文类聚》，上海：上海古籍出版社，1965 年，第 1278 页。

③ （清）阮元校刻：《十三经注疏·礼记正义》，北京：中华书局，1980 年，第 1666 页。

④ （宋）李昉、李穆、徐铉等编著：《太平御览》卷七百五十三，北京：中华书局，1960 年，第 3344 页。

⑤ 郝金芳：《投壶文化历史变迁与继承》，山东体育学院硕士学位论文，2012 年，第 31 页。

二 魏晋南北朝时期的投壶形制

通过投壶仪节的变化，可知魏晋南北朝时期投壶的形制也发生了变化。前文所言新增的记筭方式多是耳筭，投壶时将投矢投入壶颈部两侧对称的贯耳，这种投法难度更大，因此得筭更多，被称为耳筭。《经说·投壶》记载："耳小于口而赏其用心愈精，遂使耳筭倍多，人争偶尔之侥悻，舍中正而贵旁巧。"① 说明投壶的贯耳小于口，因此，耳筭比普通筭记得要多。但《经说》认为投壶就要投入壶内，以贯耳为中心的投壶技巧，虽然难度更大，但不是正道，讽刺了世人为获得更多的筭而"投耳"的行为。

不过，关于魏晋南北朝时期的投壶存在壶耳的问题，虽见于文献记载，但并没有得到实物证据的支持，以往的考古发掘中也未见此类投壶实物。这一时期的投壶器形只见于北齐画家杨子华的《校书图》。《校书图》中众人盘坐的榻上放置有一件投壶。该壶直口，圆唇，长直颈，圆鼓腹，矮圈足外撇。颈部与腹部连接处饰有弦纹，圈足也饰有弦纹。（图 5-11）壶中还插有投矢，

图 5-11 （北齐）杨子华《校书图》局部

（采自杨子华绘：《北齐校书图》，北京：文物出版社，2017 年）

① （清）陈梦雷等：《古今图书集成》卷七百四十九《投壶》，北京：中华书局，1985 年，第 59549 页。

故应为投壶无疑。该投壶不见壶耳，属长颈型投壶，与前代相比，壶腹由扁鼓腹变为了圆鼓腹，与济源绿釉投壶形制类似。较为原始的鼓腹型投壶这一时期不再出现，长颈型投壶成为后世投壶的唯一形态，体现了投壶活动以及投壶形制趋向成熟。

三　魏晋南北朝时期投壶活动的特点

魏晋南北朝时期的投壶活动完全褪去了仪礼的性质，成为当时士大夫阶层钟爱的宴饮娱乐方式和消遣时的游戏，正如李红雨所言：“当时的人们对投壶所迷恋并着意开掘的，自然是其消遣娱乐的功能，这也是六朝对投壶活动的重要贡献。”①

随着投壶活动娱乐性的增强，投壶方式也呈现出多样化的特点，骁式投壶、隔屏投壶、背身盲投等投壶技巧层出不穷；也使投壶活动的记筭方法得以改进，以耳筭为核心的记筭方式深受士大夫阶层的喜爱，这种新的记筭方式是投壶形制变化的体现。但带有贯耳的投壶没有实物证据，《校书图》中描绘的投壶形制仍是传统的长颈型投壶，并不带壶耳。不过壶腹由以往的扁鼓腹变化为圆鼓腹，则是这一时期投壶器形的显著特点。

除此之外，投壶活动还被赋予了玄学内涵和道教因素，投壶成为修身、修心的活动，甚至在文献中连神灵仙女也对投壶推崇有加，这都反映了魏晋南北朝时期士大夫阶层对投壶的喜爱和重视。这一时期也是投壶活动娱乐化的巅峰。

---

① 李红雨：《六朝的休闲娱乐活动——以投壶和围棋为例》，《中央民族大学学报》2011 年第 5 期。

第四节　唐宋时期：投壶礼的复兴

隋朝结束了魏晋南北朝时期长达300多年的分裂，重新建立了大一统王朝，其中隋炀帝非常喜欢投壶，创作了多篇投壶乐舞。《隋书·音乐志》记载："炀帝不解音律，略不关怀。后大制艳篇，辞极淫绮。令乐正白明达造新声，创……《投壶乐》……等曲，掩抑摧藏，哀音断绝。"①

至唐宋时期，我国古代社会的经济文化发展到了顶峰，投壶活动也随之来到最为繁荣、鼎盛的时期。但是，唐代和宋代的投壶活动有明显的不同，唐代的投壶活动与射礼相同，更多的是继承魏晋南北朝时期的传统，缺乏创新与进步。宋代的投壶活动则力图降低其娱乐性，以求恢复古礼，改变魏晋以来投壶活动过于浮夸随性的不正之风。宋代出现了以司马光《投壶新格》为代表的著作，但收效甚微，人们更愿意接受娱乐性的投壶活动，而非投壶礼。唐宋时期社会稳定、经济繁荣，投壶活动真正成为社会各阶层喜闻乐见，且有能力参与其中的游戏，是投壶活动普及度最高的时期。

一　投壶活动的参与者

唐宋时期是我国古代社会政治、经济、思想等方面发展的巅峰时期，在这样的社会基础上，投壶活动出现了空前繁荣的景象。这一时期投壶活动参与度极高，出现了很多赞颂投壶的诗词，投壶活动真正走进了社会各个阶层。但是，唐代的投壶活动只是"一般的发展，没有什么变化"②，其仪节和投法多与魏晋南北朝时期相似。宋代则加强投壶活动的复古之风，但收效甚微，投壶活动的世俗化日益加深。

---

① （唐）魏征等：《隋书》卷十五《音乐志》，北京：中华书局，1973年，第379页。

② 赵富学、才让卓玛：《投壶四考》，《牡丹江大学学报》2015年第11期。

1. **统治阶层**

投壶活动的繁荣，主要表现在其普及化。投壶活动在宫廷、民间都十分常见，而且空前兴盛，规模宏大，有了专职机构以及专业人员，技艺水平也不断地提高。投壶成了士大夫阶层修养身心的活动，同时也是追求恬淡优雅生活的象征，这一时期的投壶不仅是汉族士大夫喜爱的活动，而且也被其他民族的统治阶层接受，为各民族文化的大融合、大繁荣起到了推动作用。

《大唐新语》载："（卢）藏用博学工文章，善草隶，投壶弹琴莫不尽妙。"[①]《新唐书·裴宽传》载："宽性通敏，工骑射、弹棋、投壶，略通书记。景云中，为润州参军事。"[②] 韩愈《唐故河东节度观察使荥阳郑公神道碑文》载："公与宾客朋游饮酒，必极醉，投壶博弈，穷日夜，若乐而不厌者。"[③] 可见，投壶是唐代文人雅士陶冶情操的必备活动，与文章、骑射、弹棋、书法并列。贺知章《唐故朝议大夫给事中上柱国戴府君墓志铭并序》载："（戴令言）好投壶、挽强、击刺，虽江乡耆宿、郭解季心之徒，咸敬惮焉。"[④]《大周故冠军大将军上柱国褒信郡开国公马府君墓志铭并序》也记载："桔棒无火，烟销卧鼓之亭；长笛吟风，响杂投壶之乐。"[⑤] 戴令言、马神威的墓志铭均记录了二人善于投壶，足见投壶活动在士大夫生活中的重要性。可知，投壶活动成为优雅生活的象征，是士大夫修心、修身的技艺。

到了宋代，投壶活动得到了更多的推崇。宋太祖为了巩固统治，重文抑武，提倡武将游戏享乐，他曾对石守信说："人生如白驹过隙耳，所谓富贵者，不过欲多积金钱，厚自娱乐，使子孙显荣耳。"[⑥] 这一观念在宋代武将中十分盛行，名将岳飞同样喜爱投壶，据《宋史·岳飞传》记载："好贤礼士，览经史，雅歌投壶，恂恂如书生。"[⑦] 这种能文能武的儒将，是宋代武将追求的目标。除武将外，宋代的文臣也对投壶活动情有独钟，欧阳修《归田录》

---

① （唐）刘肃：《大唐新语》，北京：中华书局，1984 年，第 158 页。
② （宋）欧阳修、宋祁：《新唐书》，北京：中华书局，1975 年，第 4488 页。
③ （唐）韩愈：《韩昌黎全集》，北京：燕山出版社，1996 年，第 754 页。
④ 周绍良：《唐代墓志汇编》，上海：上海古籍出版社，1992 年，第 1157 页。
⑤ 周绍良：《唐代墓志汇编》，上海：上海古籍出版社，1992 年，第 979 页。
⑥ （宋）邵伯温：《邵氏闻见录》，北京：中华书局，1983 年，第 3 页。
⑦ （元）脱脱等：《宋史》，北京：中华书局，1977 年，第 11395 页。

记载："杨大年每遇作文，则及闸人宾客饮博、投壶、奕棋，语笑喧哗，而不妨构思。以小方纸细书，挥翰如飞……顷刻之际，成数千言，真一代之文豪也。"① 可见，投壶活动是杨大年作文的灵感来源之一，在这种轻松愉悦的气氛下，才能下笔成文，真正体现了文学作品源于生活。王辟之《渑水燕谈录》记载："司马温公既居洛，每对客赋诗谈文，或投壶以娱宾。"② 司马温公即司马光，他隐居洛阳时，常与宾客赋诗投壶，享受恬淡闲适的生活。

宋代的投壶活动不仅在文臣武将中推行，而且统治者也十分喜爱。吴自牧《武林旧事·乾淳奉亲》载："（宋徽宗）命小内侍宣张婉容至清心堂抚琴，并令棋童下棋，及令内侍投壶、赌赛、利物、则剧。"③ 宋徽宗是宋代艺术造诣极高的皇帝，其生活亦非常雅致，在听琴之余，观看投壶、赛赌、下棋等活动，可见其对投壶的喜爱。

除了汉族士大夫之外，投壶活动的影响力也扩展到其他民族的贵族当中。《金史·完颜弼传》载："弼平生无所好，惟喜读书，闲暇延引儒士，歌咏投壶以为常。"④ 在其他民族汉化的过程中，投壶活动起到了重要作用，是其他民族统治者学习汉儒文化时必须学习的项目之一。

2. 普通民众

唐代长安城在里坊和宵禁的制度下，商品经济并不十分发达。至宋代，城市打破了里坊的界限，商铺随处可设，商业活动迅速发展起来，商品经济十分繁荣。在这样的经济基础上，市民阶层有了更加强烈的精神文化追求，形成了宋代独特的市民文化。原本属于士大夫阶层的投壶活动，在这一时期也融入市民文化当中，成为普通民众不可或缺的娱乐方式。

《梦粱录·四月》记载："气序清和，昼长人倦，荷钱新漾，榴火将然，飞燕引雏，黄莺求友，正宜凉亭水阁，围棋投壶，吟诗咏曲，嘉宾劝酬，以赏一时之景"⑤。南宋的人们在每年四月春暖花开之际，合家踏青会以围棋、

---

① （宋）欧阳修：《归田录》，北京：中华书局，1981 年，第 16 页。

② （宋）王辟之：《渑水燕谈录》，北京：中华书局，1985 年，第 72 页。

③ （宋）吴自牧、周密撰，傅林祥注：《梦粱录·武林旧事》，济南：山东友谊出版社，2001 年，第 144 页。

④ （元）脱脱等：《金史》，北京：中华书局，1975 年，第 2255 页。

⑤ （宋）吴自牧：《梦粱录》，杭州：浙江人民出版社，1981 年，第 16 页。

投壶为乐。宋代郓州人卫师回常常“当盛夏，偕朋辈投壶聚饮，醉卧牖下”[①]。“牖”指墙上的窗户，与朋友宴饮投壶之后，“醉卧牖下”，形象地描绘了市人的悠闲生活。

除此之外，投壶活动在这一时期成为一项用于表演的节目。《梦粱录·湖船》有：“又有小脚船，专载贾客妓女、荒鼓板、烧香婆嫂、扑青器、唱耍令缠曲，及投壶打弹百艺等船，多不呼而自来。”[②]《武林旧事·西湖游幸》记载，南宋时西湖之上有“吹弹、舞拍……投壶、花弹……风筝，不可指数，总谓之‘赶趁人’。”[③] 可见，南宋时出现了在游船上举行的投壶表演，普通民众对游船上的表演项目十分追捧，反映了投壶等娱乐活动在市民阶层的火热程度。

宋代形成的市民文学作品中也常常有描写投壶活动的内容。宋代的话本取材于普通民众的日常生活，贴近现实，投壶活动在这种文学作品中出现，表明此时的投壶活动为普通民众所熟知、喜爱。

总之，唐宋时期投壶活动参与者，明显呈现出自上而下发展的趋势。以士大夫为代表的上层社会，将投壶视为修身养性、陶冶情操的清雅活动。普通民众则将投壶当作日常的娱乐消遣活动，出现在游船上进行表演的情况，说明投壶不再以宴饮酒令这单一的形式出现，而成为一项独特的娱乐游戏。

二　唐宋时期的投壶仪节

唐宋时期以“骁”式投壶为代表的花式投壶依然流行，投壶活动的娱乐性很强。但到了宋代，司马光对投壶活动只重娱乐不重礼仪十分不满，作为当时反对新政的保守派领袖，他也掀起了对投壶的复古运动，将更多的儒学中庸因素融入其中，并撰写了《投壶新格》，以求恢复投壶礼。但司马光关于投壶活动的复古改革并没有被世人所接受，娱乐仍是这一时期投壶活动最主要的功能。

1. 花式投壶

魏晋南北朝时期流传下来的“骁”式投壶依然流行，唐宋时期统治者好

---

① （宋）洪迈：《夷坚志·支甲》，北京：中华书局，1981 年，第 726 页。
② （宋）吴自牧：《梦粱录》，杭州：浙江人民出版社，1981 年，第 111 页。
③ （元）周密：《武林旧事》，济南：山东友谊出版社，2001 年，第 45 页。

宴饮，花式投壶也成了席间娱乐的必备项目。在唐代，投壶也是宫廷侍女消磨时间的主要方式。王建《宫词》中的“分朋闲坐赌樱桃，收却投壶玉腕劳”，就是对侍女闲暇时间进行投壶活动的描述。

唐朝名将薛仁贵之子薛昚惑擅长花式投壶，能够背身进行“骁”式投壶。《朝野佥载》记载：“薛昚惑者，善投壶，龙跃隼飞，矫无遗箭，置壶于背后，却反矢以投之，百发百中。”① 这一时期，投壶活动在仪节和技巧上不断地改进提高，成了集娱乐性、竞技性、观赏性于一身的游戏活动。

2. 复古仪节

司马光认为投壶活动的娱乐化不符合古礼，遂撰写《投壶新格》《投壶仪节》两篇（图5－12），对投壶技巧和记筭方式等方面的仪节进行校正（图5－13）。他主要是降低以花式投法为主的“偶中”所得筭筹，如“横耳”旧作五十筹，新法改以常“算”；“倚竿”旧为五十筹，按新法不赏“算”，但可作“连中”“全壶”之一箭；“倒中”与“倒耳”这两种投法旧为一百十筹，新法以不合“顺逆之道”而废其筹；等等②。司马光将花式投法称为“侥幸之胜”“倾料险阪”“颠倒反复”，借机宣传宋代理学的中正之道，其在《投壶新格》序中说：“是故投壶可以治心，可以修身，可以为国，可以观人。何以言之？夫投壶者，不使之过，亦不使之不及，所以为中也。不使之偏颇流散，所以为正也。中正，道之根柢也。圣人作礼乐，修刑政，主教化，垂典谟，凡所施为，不啻万端……增损旧图，以精密者为右，偶中者为下，使夫用机侥幸者无所措其手焉。”③ 这种“以精密者为右，偶中者为下，使夫用机侥幸者无所措其手”的修改方式，看似是恢复古礼传统，提高了投壶活动的格调，实则是司马光赋予了投壶更多的政治因素，是“借投壶来维护封建礼教，反对变法革新”④ 的行为。

后世对司马光的《投壶新格》褒贬不一。由于符合士大夫阶层“修身、齐家、治国、平天下”的政治理念，王辟之对其评价很高，认为：“倾邪险诐

① （唐）张鷟：《朝野佥载》，上海：商务印书馆，1981年，第85页。
② 张永、邓丽星：《中国古代投壶发展盛衰考证》，《玉林师范学院学报》2007年第5期。
③ （宋）司马光：《司马文正公传家集》六，上海：商务印书馆，1937年，第917页。
④ 汝安、张越：《“投壶”历史文化考》，《成都体育学院学报》2009年第8期。

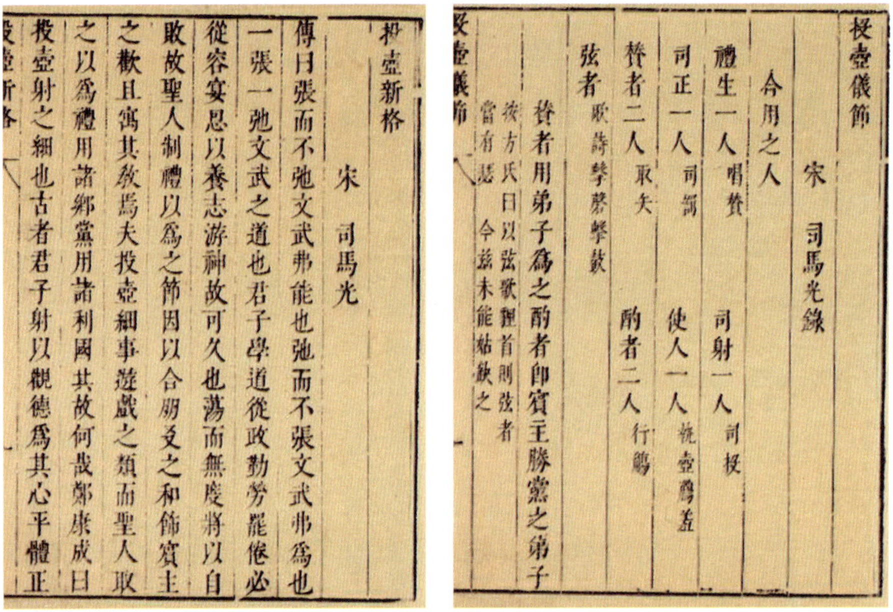

投壺新格

宋 司馬光

傳曰張而不弛文武弗能也弛而不張文武弗爲也一張一弛文武之道也君子學道從政勤勞罷倦必從容宴息以養志游神故可久也蕩而無度將以自敗故聖人制禮以爲之節因以合朋友之和飾賓主之歡且寓其教焉夫投壺細事遊戲之類而聖人取之以爲禮用諸鄉黨用諸邦國其故何哉鄭康成曰投壺射之細也古者君子射以觀德爲其心平體正

投壺新格

投壺儀節

宋 司馬光錄

合用之人

禮生一人唱贊 司射一人司投

司正一人司罰 使人一人執壺籌矢

贊者二人取矢 酌者二人行觴

弦者歌詩擊磬擊鼓

贊者用弟子爲之酌者即賓主勝黨之弟子

按方氏曰以弦歌貍首則弦者當有瑟 今茲未能姑缺之

投壺儀節

图 5－12 司马光撰写的投壶著作书影

不足为善，而旧图反为奇箭，多与之筭。如倚干带剑之类，今皆废其筭以罚之。颠倒反覆，恶之大者。奈何以为上，如倒中之类，今当尽废壶中筭，以明逆顺，大抵以精密者为上，偶中者为下，使夫用机侥幸者无所措手。此足以见公之志，虽嬉戏之间，亦不忘于正也。”① 但是，《投壶新格》虽名为新格，实际则是守旧的，不仅降低了投壶活动的娱乐性，而且“这对投壶技艺的发展实际上起了阻碍的作用”②。因投壶活动的新鲜感缺失，故并没有被市民阶层普遍接受。明代嘉靖进士李开光，有一首《投壶》诗，其中说：“倚竿非偶中，带剑乃奇晓。”就是反对《投壶新格》中把“倚竿”“带剑”这两种奇巧飞投法看作是“偶中”的③。总而言之，无论对司马光《投壶新格》作何评价，其还是不失为一篇关于投壶礼仪的集成之作，是宋代古礼复兴运动的反映，也是对投壶礼产生以来的一个总结，力图使投壶活动成为一项“纳民心于中正”寓教化于娱乐的活动。

---

① （宋）王辟之：《渑水燕谈录》卷八《事志》，北京：中华书局，1985 年，第 72 页。
② 张永、邓丽星：《中国古代投壶发展盛衰考证》，《玉林师范学院学报》2007 年第 5 期。
③ 郝金芳：《投壶文化历史变迁与继承》，山东体育学院硕士学位论文，2012 年，第 41 页。

（1）《投壶新格》记载投法示意图

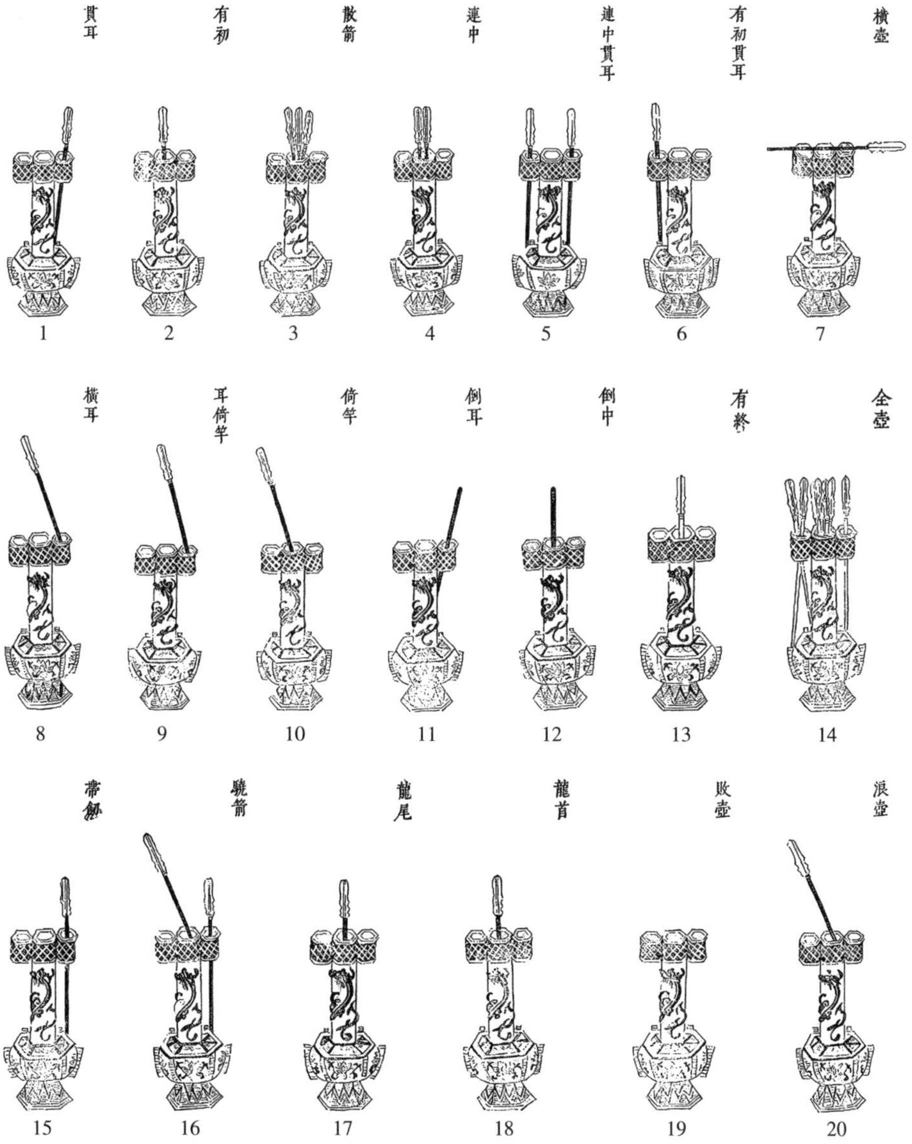

图 5－13　《投壶新格》记载投法示意图

1. 贯耳　2. 有初　3. 散箭　4. 连中　5. 连中贯耳　6. 有初贯耳　7. 横壶
8. 横耳　9. 耳倚竿　10. 倚竿　11. 倒耳　12. 倒中　13. 有终　14. 全壶
15. 带刃　16. 骁箭　17. 龙尾　18. 龙首　19. 败壶　20. 浪壶

（2）《投壶新格》原文

司马光于熙宁五年（公元 1072 年）修订《投壶新格》，内容如下：

《传》曰：张而不弛，文武弗能也；弛而不张，文武弗为也；一张一弛，文武之道也。君子学道从政，勤劳罢倦，必从容宴息，以养志游神，故可久也。荡而无度，将以自败，故圣人制礼以为之节，因以合朋交之和，饰宾主之欢，且寓其教焉。夫投壶细事，游戏之类，而圣人取之以为礼，用诸乡党，用诸邦国，其故何哉？郑康成曰：投壶，射之细也。古者君子射以观德，为其心平体正、端壹审固，然后能中故也。盖投壶亦犹是矣。未审度于此，而取中于彼，仁道存焉。疑畏则疏，惰慢则失，义方象焉。左右前却，过分则差，中庸着焉。得一失二，成功尽弃，诫慎明焉。是故投壶可以治心，可以修身，可以为国，可以观人。何以言之？夫投壶者，不使之过，亦不使之不及，所以为中也；不使之偏颇流散，所以为正也。中正，道之根抵也。圣人作礼乐、修刑政、主教化、垂典谟，凡所施为不啻万端，要在纳民心于中正而已。然难得而制者，人之心也。自非大贤守道敦固，则放荡倾移，无所不至，求诸少选且不可得。故圣人广为之术以救之投壶，与其一焉。观夫临壶荷矢之际，性无粗密，莫不耸然恭谨，志守中正，虽不能久，可以习焉，岂非治心之道与？一矢之失，犹一行之亏也，岂非修身之道与？兢兢业业，慎终如始，岂非为国之道与？君子之为之也，确然不动其心，俨然不改其容，未得之而不慑，既得之而不骄。小人之为之也，俯身伸臂，挟巧取奇，苟得而无愧，岂非观人之道与？由是言之，圣人取以为礼，宜矣。彼博奕者，以诡谲相高，以残贼相胜，孔子犹曰：饱食终日，无所用心，为之犹贤乎已。况投壶者又可鄙略而轻废哉？古者壶矢之制，揖让之容，今虽阙焉，然其遗风余象犹可仿佛也。世传投壶格图，皆以奇隽难得者为右，是亦投琼探阄之类尔，非古礼之本意也。余今更定新格，增损旧图，以精密者为右，偶中者为下，使夫用机侥幸者无所措其手焉。

壶口径三寸，耳径一寸，高一尺，实以小豆。去席二箭半。箭十有二，长二尺有四寸。以全壶不失者为贤。苟不能全，则积算先满百二十者胜，后者负。俱满则余算多者胜，少者负。为图列之左方，并各释其指意焉。

有初：首箭中也，君子作事谋始，以其能慎始，故赏之。箭十算。

连中：第二箭以下连中不绝者。右算五。

有初贯耳：假若有初箭仍贯耳，其算别记。右二十算。

连中贯耳：旧图初箭一筹，其次每箭加二筹，尽四箭而止。甚非劝功之道。今自二箭以下连中不绝者，皆赏之，所以勉人于不懈也。右二十算。

败箭：若一箭不中，次箭皆为败箭。右一算。

全壶：不以耦之算数多少，皆胜之也。若两人俱全，则复计其余算，以决胜负。夫为山九仞，功亏一篑，全之寔难，故君子贵之。右无算。

有钟：末箭也。靡不有初，鲜克有终。故比之有初又加算也。右二十筹，贯耳倍之。

骁箭：亦谓之骄，皆俊猛意也。谓投而不中，箭激反跃捷而得之。复投而中者，为其已失，而复得之不远，复善补过者也，故赏之。若复投而贯其耳，其算别计。复投而不中者，废之。右十算。

败壶：谓十二箭具不中，大无功也。若两人皆败，亦计余算一决胜负。右不问已有之算，皆负。

横耳：谓箭加耳上。旧五十筹，偶然而横，非投者之功，何足以赏。若为后箭所击而坠地者，与不中同。右依常算，无赏。

横壶：横加壶口。旧五十筹，同横耳。右依常算，无赏。

倚竿：箭斜倚壶口中。旧十一筹。倾邪险诐，不在于善，而旧固以为奇，多与之筹，甚无谓也。今废其算，所以罚之亦异于不中者，故于连中、全壶皆得通数。若为后箭所击及自坠壶，若耳中者，复计其算，坠地者，与不中同。右废其算。

龙首：倚竿而箭首正向己者，旧十八筹，同倚竿。右废其算。

龙尾：倚竿而箭羽正向己者，旧十五筹，同倚竿。右废其算。

狼壶：转旋口上而成倚竿者，旧十五筹，同倚竿。右废其算。

带剑：贯耳不至地者，旧十五筹，同倚竿。右废其算。

耳倚竿：旧十五筹，同倚竿。右废其算。

倒中：旧百二十筹。颠倒反复，恶之大者，奈何为上赏？今尽废其算，所以明顺逆之理。右壶中之数尽废。

倒耳：旧不问筹数，并满同倒中。右壶中之数尽废。①

---

①（宋）司马光：《司马文正公传家集》六，上海：商务印书馆，1937 年，第 917～919 页。

三　唐宋时期的投壶形制

魏晋南北朝时期已经有了关于投壶颈部两侧装饰贯耳的记载，但到了唐代才见这种形制投壶的实物。唐宋时期投壶的贯耳位置由颈部两侧，上升至与口沿平齐，且多瓷质投壶，只用于陈列观赏而不是实用的投壶开始出现。经过这一时期，投壶的形制彻底固定为长颈型多贯耳投壶。

1. 唐代三彩投壶

以藏于陕西历史博物馆的三彩双耳投壶为例，该投壶为陶质，侈口，长直颈，颈两侧塑有对称贯耳，鼓腹下收，矮圈足。颈部饰有两圈弦纹，颈部与腹部连接处饰一圈弦纹。器身施黄、褐色釉，器底未施釉。（图 5－14）唐代投壶与前代相比，最显著的特征是颈部开始设置贯耳，这一特征一直延续到明清时期。

图 5－14　（唐）三彩双贯耳投壶
（昭陵文物管理所：《唐越王李贞墓发掘简报》图版肆：1，《文物》1977 年第 10 期）

2. 五代投壶

目前，暂未发现五代时期的投壶实物，只能通过南唐画家周文矩的《重屏会棋图》中描绘的投壶讨论其形制。画中的投壶放置在室内的榻上，直口，长直颈，颈部两侧塑有双贯耳，鼓肩，斜直腹下收，平底。器身装饰有彩绘动物纹，投壶中插有投矢。（图 5－15）五代的投壶相较前一时期，最大的变化在于壶腹变长，投壶的器腹呈现出从扁鼓腹到圆鼓腹再到长鼓腹的转变，这是投壶器形变化的趋势。

1

2

图 5－15　（南唐）周文矩《重屏会棋图》及其投壶

1. 重屏会棋图　2. 重屏会棋图描绘的投壶

（采自浙江大学中国书画研究中心：《宋画全集》第一卷图 1，杭州：浙江大学出版社，2010 年）

3. 宋代投壶

现存的两宋时期的投壶多为瓷器小件，应用于陈设玩赏，不是投壶活动的实用器。瓷投壶赏器形制小巧，器形与传统长颈型投壶一致，多为直口、长直颈，扁鼓腹，矮圈足，颈部两侧的双贯耳较短，且上移至与口沿平齐。（图 5－16）宋代瓷投壶赏器与唐代、五代相比，其双贯耳位置上升至与口沿平齐，成为后世投壶器形的标准。

另外，现藏于南京博物院的宋代铁投壶，其形制又有新的特点。该投壶口径 7.25 厘米，残高 49 厘米，直口，长直颈，双贯耳与口沿平齐，下接六足底座，器身有多个镂孔，有较多宝相花、莲花纹饰。（图 5－17）铁投壶的口部特征与宋代瓷投壶赏器相同，皆为双贯耳与口沿平齐，但增加器座，而无壶腹的设计，使其脱离了壶的特征，仅具备投掷功能。

从投壶赏器和铁投壶的形制可知，唐宋时期投壶活动已基本脱离了礼的属性，甚至投壶已经不用作实用器，或投掷时不再使用传统意义的壶，这都是投壶活动彻底世俗化的标志。

图 5－16 （宋）哥窑投壶赏器
（故宫博物院藏）

图 5－17 （宋）铁投壶
（南京博物院藏）

四 唐宋时期投壶活动的特点

唐宋时期是我国古代社会发展的高峰期，这一时期政治稳定、经济发达，娱乐活动繁荣，是我国投壶活动的顶峰时期。投壶活动作为一种娱乐方式，已经不再局限于宴饮娱乐，而作为一种消遣的游戏广泛见于宫廷、士大夫阶层和民间，女性投壶盛行也是这一时期的显著特点。

唐代继承了魏晋南北朝时期花式投壶的方式，"骁"式投壶、背身投壶等仍是表现高超投壶技艺的主要方式，士大夫阶层也争相练习这种投壶方式。隋炀帝创作了《骁壶乐》，将投壶活动融入到乐舞当中，以提高其观赏与娱乐性。到了宋代，司马光认为以"偶中"为特点的花式投壶违背了投壶礼仪的初衷，重新修订撰写了《投壶新格》和《投壶仪节》，对很多花式投壶的方式不计成绩，降低了投壶活动的娱乐性，以求"纳民心于中正"，力图恢复古礼，将投壶改造成寓教化于娱乐的活动。但司马光对投壶活动的改造阻碍了投壶技艺的进步，大大降低了投壶的观赏性和娱乐性，并未被社会各阶层特别是市民阶层所接受，他的《投壶新格》也没有真正得以实行。不过，《投壶新格》作为对投壶礼仪的恢复和总结，以及新创立的二十余种投法，仍是有其积极意义的。

在投壶形制方面，长颈型多贯耳投壶在唐宋时期彻底稳定下来，成为当时乃至以后投壶的标准形制。这种形制的投壶双贯耳由长变扁，贯耳的位置也逐步上升至与口沿平齐，壶腹由圆鼓腹向长鼓腹变化，并且分化出了专门用于陈设的投壶赏器。这些都是投壶形制发展成熟之后，器形和功能不断丰富的反映。

第五节 元明清时期：投壶活动的衰落

元明清时期是我国古代社会发展的最后一个高峰，投壶活动却在这一时期走向了衰落。元代的投壶活动相较宋代大大减少，且无明显的发展。明清时期复古运动盛行，对司马光的《投壶新格》十分推崇，并出现了一大批关于投壶活动的著作，而且投壶的技巧也比宋代更加多样。清代后期，随着中国被西方列强叩开国门，更多的西方娱乐方式传入国内，投壶活动的地位大大降低，走向了衰亡。

一 元明清时期投壶活动的参与者

元明清时期投壶活动以明代最为繁荣，元代统治者对汉族及其他少数民族实行严格的民族政策，娱乐活动与宋代相比严重萎缩。清代则随着西方娱乐活动的传入，投壶活动逐步被社会各阶层遗忘，参与人群也相对减少。

1. 统治阶层

元明清时期投壶活动依旧在统治阶层流行，元代少数贵族接受汉族文化较深，在思想和生活上也逐步汉化。在汉化的过程中，清雅的投壶活动被少数元代贵族所接受。《元史·小云石海涯传》记载："初，（小云石海涯）袭父官为两淮万户府达鲁花赤。镇永州，御军极严猛，行伍肃然。稍暇，辄投壶雅歌，意所畅适，不为形迹所拘。"① 可见，小云石海涯不仅治军有方，而且闲暇时喜好雅歌投壶，是一位文武双全的将军，但这种接受汉文化较深的蒙古贵族数量不多，元代时的投壶活动更多的是在汉族士大夫中流行。

① （明）宋濂等：《元史》卷一百四十三，北京：中华书局，1976 年，第 3422 页。

苏天爵《右卫亲军千户郑君墓碑》记载：“（郑栓）及让官家居，作园亭于卫水之上，疏泉种树，逍遥杖屦，日与里翁邻友投壶觞酒以自娱，陶然忘其为贵家也。”[①] 陈基《次韵钱伯行飞云楼小集怀王季野》诗云：“为惜春光一半过，如渑美酒泛金波。共知此会情偏重，独恨平生饮不多。鼓瑟欲终仍缓节，投壶才罢即高歌。却怜燕子楼中客，苏小桥边奈乐何。”虞集《寄丁卯进士萨都剌天锡》诗云：“江上新诗好，亦知公事闲。投壶深竹里，系马古松间。夜月多临海，秋风或在山。玉堂萧爽地，思尔佩珊珊。”[②] 汉族士大夫仍将投壶视为清雅活动，多与饮酒、高歌相伴，是寄托思绪的一种活动。

经过元末战乱，明代早期社会经济趋于崩溃，为集中力量尽快恢复生产力，明太祖朱元璋采取了禁止进行娱乐活动的政策。《金陵琐事》记载：“太祖造逍遥楼，见人博奕者、养禽鸟者、游手游食者，拘于楼上，使之逍遥尽，皆饿死。”[③] 经过数十年的休养生息，至永乐之后，明王朝的社会生产力迅速恢复，投壶等娱乐活动重新被社会上层贵族纳入日常生活当中。明宣宗朱瞻基十分喜爱投壶，自己也是一名投壶的高手，《明宣宗行乐图》中就有描绘朱瞻基进行投壶的场景。（图 5 – 18）另外，饶智元《崇祯宫词》有“玉女投壶天一笑，有人画下谢银牌”之句，诗注引《甲申小已》曰“十一年二月某日，上幸西苑，坐万春亭，宣后暨东西两宫至，投壶。袁贵妃胜，赉银牌四事。”[④] 可见，投壶深受明代帝后们的喜爱，反映了投壶活动在宫廷中的流行。

除此之外，投壶活动还盛行于明代的士大夫阶层。陈琏《岁寒轩赋》云：“度清风于万壑，激鸣籁于乔林。于斯时也，正宜投壶雅歌，击节长吟。”[⑤]《明史·儒林》也记载：“门人李承其，字世卿，嘉鱼人。成化二十二年举乡试，往师献章，献章日与登涉山水，投壶赋诗，纵论古今事，独无一语及道。”[⑥] 可知，明代士大夫阶层每逢聚会，不仅吟诗作赋，而且作为代表其

---

① （元）苏天爵：《滋溪文稿》，北京：中华书局，1997 年，第 292 页。
② （清）顾嗣立编：《元诗选》，北京：中华书局，1987 年，第 863、1911 页。
③ （明）周晖：《金陵琐事》，北京：文学古籍刊行社，1955 年，第 163 页。
④ （明）朱权等：《明宫词》，北京：北京古籍出版社，1987 年，第 309 页。
⑤ （清）黄宗羲编：《明文海》，北京：中华书局，1987 年，第 223 页。
⑥ （清）张廷玉等：《明史》，北京：中华书局，1974 年，第 7262 页。

图 5－18　（明）商喜《明宣宗行乐图》（投壶）
（故宫博物院藏）

清雅志趣的投壶活动也必不可少，投壶赋诗成为他们雅趣生活的一部分。明代画家谢环绘制的《杏园雅集图》描绘了士大夫聚会时饮酒作赋、对弈投壶的场景，将明代士大夫阶层的休闲娱乐生活直观地呈现出来，也体现了当时文人雅士对投壶活动的喜爱。（图5－19）

图5－19 （明）谢环《杏园雅集图》（局部）
（作者摄于镇江博物馆）

与明代上层社会对投壶活动的热衷不同，清代文献鲜有关于投壶的记载，这一时期投壶活动开始走向衰落。清代的统治者中只有乾隆皇帝热爱投壶，故宫博物院收藏的三件铜投壶全部铸造于乾隆时期，而且乾隆皇帝还曾作诗赞颂投壶活动。《投壶》诗云："秋风动帘幕，晓阴忽开晴。中堂聚嘉客，投壶怡我情。一中讵云巧，三辞礼亦成。胜负不相角，新诗还共赓。"《咏投壶》云："文士风流非所慕，先王制作至今存。诗歌狸首乐惟雅，酒奠丰觞语戒喧。宾主雍容欢既洽，降升揖让节堪论。哨壶枉矢虽微物，我欲为之一讨源。"① 可见，乾隆皇帝不仅喜爱投壶，而且将投壶作为陶冶情操、寻觅古礼

① （清）爱新觉罗·弘历：《清高宗御制诗文全集》第1册，北京：中国人民大学出版社，1993年，第194、245页。

的高雅活动。除了皇帝之外，清代的宫廷侍女也时常进行投壶，将其作为日常的娱乐消遣方式。

2. 普通民众

元明清时期市民文学兴起，元代的杂剧、明清的小说选材与内容都贴近人民大众的世俗生活，这些市民文学作品中有大量描述投壶活动的内容，足见在普通民众的生活中广泛存在。

元杂剧《逞风流王焕百花亭》描述了风流才子王焕的故事，称其“此生世上聪明，今时独步。围棋递相，打马投壶，撇兰攧竹，写字吟诗，蹴鞠打诨，作画分茶，拈花摘叶，达律知音，软款温柔，玲珑剔透。……端的个天下风流，无出其右”①。元代的普通民众，把既能够吟诗作赋，又能熟练掌握投壶等娱乐技艺的人称为才子，可见当时民间对人才的评判不仅仅局限在传统的诗词歌赋，投壶、蹴鞠、插花等杂艺也很受重视。

明代小说《金瓶梅》第二十七回《李瓶儿私语翡翠轩　潘金莲醉闹葡萄架》，描写了西门庆与妻妾投壶的情形：“二人到于架下，原来放著四个凉墩，有一把壶在旁。金莲把月琴倚了，和西门庆投壶。……西门庆与妇人对面坐着，投壶耍子。须臾，过桥翎花，倒入，双飞雁，登科及第，二乔观书，杨妃春睡，乌龙入洞，珍珠倒卷帘。投了十数壶，把妇人灌的醉了，不觉桃花上脸，秋波斜睨。”② 这段描写，共出现了过桥翎花、倒入等八种投壶的技巧，且对输者进行罚酒，可见民间富庶人家将投壶作为一种饮酒娱乐的活动，为日常欢愉服务。

清代小说《镜花缘》第七十四回《打双陆嘉言述前贤　下象棋谐语谈故事》中也有一段关于投壶的描述：“紫芝也随后跟来，走到桂花厅。只见林婉如、邹婉春、米兰芬、闵兰荪、吕瑞蓂、柳瑞春、魏紫樱、卞紫云八个人在那里投壶。林婉如道：‘我们才投几个式子，都觉费事，莫若还把前日在公主那边投的几个旧套子再投一回，岂不省事。’众人都到：‘如此甚好，就从姐姐先起。’婉如道：‘俺说个容易的，好活活准头，就是朝天一柱香，罢。’众

① 王学奇主编：《元曲选校注》第四册，石家庄：河北教育出版社，1994 年，第 3600 页。
② （明）兰陵笑笑生：《金瓶梅词话》，北京：人民文学出版社，2000 年，第 315 页。

人挨次投过，也有投上的，也有投不上的。邹婉春道：‘我是苏秦背箭。’米兰芬道：‘我是姜太公钓鱼。’闵兰荪道：‘我是张果老倒骑驴。’吕瑞蓂道：‘我是乌龙摆尾。’柳瑞春道：‘我是鹞子翻身。’魏紫樱道：‘我是流星赶月。’卞紫云道：‘我是富贵不断头。’众人都照著式子投了。紫芝走来，两手撮了一捆箭，朝壶中一投道：‘我是乱劈柴。’逗的众人好笑。”① 以上所描述的投壶活动全是女子参与，投壶的花样繁多，并结合了历史、神话故事，却没有严格仪节投法，只是作为娱乐活动，与《侍女清娱图册》描绘的场景如出一辙（图5-20）。可见，无论宫廷侍女或是民间女子，对投壶活动都十分喜爱。此外，民间还有因投壶技艺高超而闻名遐迩的人，比如苏宣，因极善投壶，所以被称为“苏乐壶”。

图5-20 （清）喻兰《侍女清娱图册》之投壶
（采自王建玲：《投壶——古代寓教于乐的博戏》，《文博》2008年第3期）

① （清）李汝珍：《镜花缘》，长沙：岳麓书社，1989年，第317页。

二 元明清时期的投壶仪节

元明清时期的投壶活动，逐渐不讲究仪节，投法和规则都有极大的随意性。前文《金瓶梅》《镜花缘》中投壶的参与者随机给自己的投法命名，说明当时投壶活动无固定仪节，主要起到娱乐饮酒的作用，反映了投壶活动的娱乐性和技巧性。

元明清时期的士大夫阶层虽然从封建礼教出发，极力维护司马光的《投壶新格》，但是在投壶活动的具体实施过程中，仍重视投壶技巧的多样性，以花式投壶为主。明人谢肇制有文记载说："今之投壶名最多，有春睡、听琴、倒插、卷帘、雁衔芦、翻蝴蝶等项，不下三十余种。"从这些花哨的名目中看得出来，当时的投壶除要求准外，还很注重投时姿势和箭矢入壶的形态，难度系数增加①。李开先在《闲居集·投壶》诗中说："客引轩车避，主将壶矢邀。倚竿非偶中，带剑乃奇骁。"仍把倚竿、带剑算作是上乘投法②。

另外，清代的投壶在明代四耳投壶的基础上，演变出双四耳投壶，即投壶颈部和腹部各有对称的四个贯耳，贯耳不仅数量增加，而且还能转动，大大提高了投壶活动的趣味性和挑战性，可谓将花式投壶发挥到了登峰造极的地步。与汪禔《投壶仪节》记载相同："壶之制又有丈二，壶之制，或二耳或四耳。俱能转运，矢之八，反复不定，令人难中。"③

明清时期投壶花样繁多，据明人侯瑜《投壶奏矢》的记载，当时的投法达到了 140 种，但没有详细说明。王汇征《壶谱》所记载的 132 种投壶方式，每种都配有图解，是了解明代花式投壶的重要文献资料。时人不仅通过改变投掷方法来增加趣味性，还改变投壶的摆放位置进行投掷。将投壶置于高处，称为"高壶"；将投壶平放于地，称为"横壶"；将投壶倒置于地面，称为"倒壶"。这些投壶的放置方法，加大了投中的难度，也提高了投壶的挑战性。

---

① 郝金芳：《投壶文化历史变迁与继承》，山东体育学院硕士学位论文，2012 年，第 44 页。

② 葛鑫远：《我国古代伦理思想与体育的关系研究——以射侯、射礼和投壶的发展演变为例》，广西师范大学硕士学位论文，2008 年，第 39 页。

③（明）汪禔编辑，（明）周履靖校，王云五主编：《丛书集成初编》之《投壶仪节》，北京：中华书局，1985 年，第 40 页。

但这并不是明代投壶的全部方式，如《寂园杂记》中有斜插花、一把莲、三学士、玉屏风等投法，又如《玉堂芝谈荟·投壶百娇》有雁衔芦、翻蝴蝶等投法①，还有前文提到的《金瓶梅》《镜花缘》中的各种投法。究其原因，应是明代的投壶仪节相当随意，参与者常常自创投法。

元明清时期，文人撰写的关于投壶的著作数量较以往大大增多。投壶活动自出现以来就受到文人雅士的喜爱，他们在举行投壶活动的同时，将自己的心得体会加以阐述，并形成文本，各人体会不同，所立学说也不同，经过历朝历代的积淀，至元明清时期，投壶著作就大规模地出现了。详见下表：

篇名	作者	卷数	成书时代	存世状况
投壶说	熊朋来	1卷	元	《经义考》卷147云佚，今存佚不详
投壶引	王恽	1篇	元	《经义考》卷147云佚，今存佚不详
投壶考证	不详	1卷	不详	《经艺考》卷147云“未见，今佚”
贯经	朱权	1卷	明	《读书敏求记》艺术篇载之，今存佚不详
投壶谱	李孝先	1卷	明	是书凡目一百三十二，壶自一矢以至十二矢，每矢品之以题，每题图之以谱，每谱著之以诀，如见古人风也焉。书有杨大宽序。《经艺考》卷147载之，后其书残缺，纪模又拾遗而补之重梓，名曰《投壶遗谱》。《明史·艺文志》载之，今佚
投壶仪制	周履靖	1卷	明	《经艺考》卷147、《两浙著书考》载之，今佚
投壶新式	何宗姚	1卷	明	《经艺考》卷147云未见，今佚
投壶仪节	汪禔	1卷	明	《经艺考》卷147载之，并云未见 版本有： 1. 明末刻本《投壶仪节》一卷，明汪禔撰，三册，《西谛书目》载之，今藏于北京大学图书馆 2. 《夷门广牍》本 3. 《游艺四种》本 4. 《观自得斋丛书别集》本 5. 《丛书集成初编》本 6. 《影印元明善本丛书十种》本

① 揣静：《中国古代投壶游戏研究》，陕西师范大学硕士学位论文，2010年，第32页。

续表

篇名	作者	卷数	成书时代	存世状况
投壶说	詹景凤	1篇	明	《经艺考》卷147云存，今存佚不详
壶谱	王汇征	1卷	明	南京图书馆藏，嘉靖四十一年刻本
壶史	郭元鸿	5卷	明	北京图书馆藏，明抄本
投壶谱	周贺	1卷	清	《经艺考》卷147载之并云存，《两浙著书考》载之，今存佚不详
投壶考原	丁晏	1卷	清	《清史稿·艺文志》载之，现存《南菁书院丛书》三集第二种
投壶算草	牟庭	1卷	清	《雪泥书屋全书》本

* 节选自揣静《中国古代投壶游戏研究》

据上表可知，元明清三代的投壶著作共有14部，可分为两大类。一类以汪禔《投壶仪节》为代表，重视投壶礼仪与细节，并在私学中推广，以培养学生降升揖让的礼仪，力图恢复古礼，不注重投壶的技巧，与司马光的《投壶新格》类似。另一类以王汇征的《壶谱》为例，记载了明代花式投壶的种类和投法，注重投壶活动的娱乐性和技巧性，而不重视礼仪与细节，深受普通民众的追捧。

这也反映了统治阶层和普通民众对投壶活动的追求是不同的。统治阶层追求投壶的礼仪性，认为花式投壶将《礼记·投壶》所提倡的精神内涵改得面目全非，陆容就曾说道："今壶而不壶，能无感乎？盖世之炫奇弄巧，废坏古制，至此极矣！岂但投壶之非礼而已哉！"[1] 普通民众则追求投壶的娱乐性，注重投壶的技巧与方式，完全不在意投壶仪节，甚至时常自创投法，只将投壶活动作为一种日常消遣娱乐的方式。两个阶层对投壶活动的不同追求，正是投壶发展的两条道路。投壶活动娱乐性的比重越来越高于礼仪性，以至于人们不再以投壶为乐时，投壶活动便失去了存在的意义，在清代中后期逐步消失了。

---

① （明）陆容：《菽园杂记》，北京：中华书局，1985年，第140页。

三 元明清时期的投壶形制

随着元明清时期投壶方法的进一步增多，投壶的形制也更加复杂，出现了四耳甚至双四耳的投壶，而且壶身的纹饰非常繁复，刻划纹、浮雕、堆塑等装饰手段相结合。故宫博物院收藏的乾隆年制的铜投壶，颈部还饰有乾隆帝所作的诗词。总之，这一时期的投壶，不仅是投壶活动所用的道具，更是一件用于陈列的工艺品。

1. 元代八卦纹铜投壶

元代投壶发现较少，以藏于首都博物馆的八卦纹投壶为例进行介绍。该投壶为铜质，直口，长直颈，双贯耳，平肩，鼓腹，斜直壁下收，平底。颈部饰有多圈凸弦纹，双贯耳较短，上部与口沿平齐，饰有回字纹，肩部饰有线条型龙纹，腹部上侧饰八卦纹，下侧饰莲瓣纹。与之前的投壶相比，元代的投壶融入了更多的宗教色彩，而且纹饰较以往复杂得多，这也成为元代以后投壶的特点。

2. 明瑞兽纹铜投壶

明代瑞兽纹铜投壶形制大体相同，存世较多，以开封博物馆馆藏的投壶为例来说明。（图 5－21）明代瑞兽纹铜投壶多为直口方唇，长直颈，双贯耳，平肩，鼓腹，高圈足。双贯耳与口沿平齐，颈部上侧与双贯耳饰有蝠纹，颈部中间盘绕两只瑞兽，肩部饰有变形龙纹，扉棱将腹部分为四面，饰四组动物纹，高圈足外撇，也饰有变形龙纹。该投壶继承了元代纹饰繁复的特点，可能用于室内陈设。

图 5－21 （明）瑞兽纹铜投壶
（开封博物馆藏）

3. 清乾隆御制铜投壶

清代的投壶多是用于室内陈列的传世品，北京故宫博物院收藏有三件铜投壶，皆是乾隆年间铸造，其中一件为素面，另两件有繁复纹饰。（图5－22）其一，直口方唇，长直颈，颈部两侧有双贯耳与口沿平齐，扁鼓腹下收，高喇叭形圈足，通体素面。

1

2

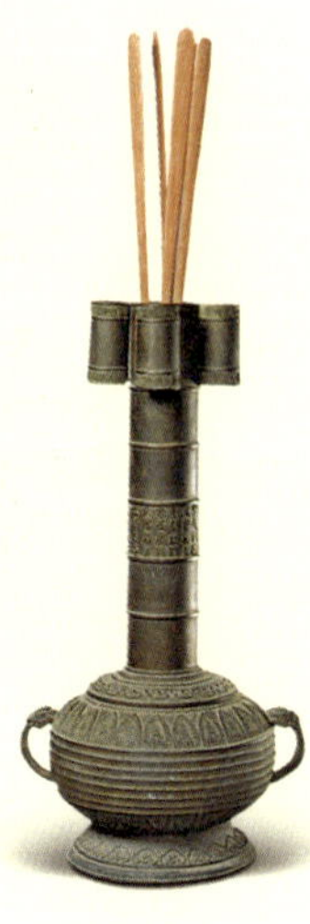

3

图 5–22　（清）乾隆御制铜投壶

1. 素面投壶　2. 双耳投壶　3. 四耳投壶

（故宫博物院藏）

其二，直口，长直颈，颈部两侧有双贯耳，斜直肩，直腹下折，圈足外撇。双贯耳与口沿平齐，口沿与贯耳上下饰有回字纹，回字纹中间为几何形龙纹，颈中部有方形，四面以篆刻乾隆帝御制诗文，有“乾隆戊辰御制并题”落款（乾隆戊辰为乾隆十三年，公元1748年），肩部饰有联珠纹、如意纹和缠枝纹，腹部上下饰有几何形龙纹，以回字纹隔开，圈足上饰蕉叶纹。

其三，直口方唇，长直颈，颈部四侧有两对对称贯耳，圆肩，鼓腹下收，腹部两侧对称装饰兽首形耳，矮圈足外撇。贯耳与口沿平齐，贯耳上下沿饰有回字纹，颈部呈五节竹节状，第三节凸雕篆书乾隆御制诗文，肩部饰有联珠纹、弧线纹，腹部上下有蕉叶纹，中间饰瓦纹，圈足饰有如意纹。

清代的投壶纹饰更加繁复，且有吉祥寓意，应已不具备实用性，完全成为用以室内陈列的工艺品。

四　元明清时期投壶活动的特点

元明清时期是投壶活动的衰落期。投壶活动一度流行于士大夫阶层，他们通过投壶等活动修养身心，表达清雅的志趣和高尚的节操。士大夫阶层重视投壶活动的仪礼和细节，推崇司马光的《投壶新格》，力图恢复投壶古礼，并创作了一大批投壶著作，但收效甚微。相反，在明代早中期以后，民间以娱乐消遣为目的的花式投壶蓬勃发展，普通民众并不在意投壶的仪节，甚至随意创造投壶的投法，使投壶的技巧性大大提高，并占据了投壶活动的主流。但随着清代中晚期西方列强的入侵，更多新奇的娱乐方式流入中国，投壶在娱乐活动中的地位迅速降低。丧失娱乐性的投壶活动只剩下礼仪符号的作用，自1915年袁世凯在中山公园修建“投壶亭”，以及1926年8月6日孙传芳在南京举行投壶后，投壶逐渐不见于记载①。

元明清时期的投壶形制繁复，为适应更加多样化的投壶方式，出现了四耳壶和双四耳壶这样构造复杂的器形。普通投壶则融合刻划、堆塑等装饰手段，壶身纹饰愈加复杂，使投壶更加成为一种带有吉祥寓意的工艺品。清乾隆以后，投壶实物逐渐减少消亡不见了。

---

① 揣静：《中国古代投壶游戏研究》，陕西师范大学硕士学位论文，2010年，第29页。

第六章

举行射礼和投壶的意义

第一节　举行射礼的意义

射礼是我国古代流传下来的优秀礼仪文化，它是周代贵族子弟在官学必须掌握的技艺之一。学习射礼不仅在于学习射箭的技巧，而且要在“取象比类”的原则下“由技悟道”，通过射箭的技巧，由内而外地矫正自己的仪容体态，达到正己的目的。仪容体态是道德修养的体现，高尚的道德又是当时品人择士的准则，所以统治阶级通过射礼来选拔人才，组建其政治统治的人员基础，进而才能维护现有的社会管理体制。因此，举行射礼不仅是练习射箭的技巧，更关乎古代社会运行机制，具有重要意义。

一　射以习艺

《周礼·地官·大司徒》记载：“三曰六艺：礼、乐、射、御、书、数。”郑玄《注》曰：“射，五射之法。”① 可见，射箭是商周时期贵族子弟自幼便要学习的技艺之一。最初，弓矢活动的目的无外乎狩猎与军事，狩猎关系到所需食物的来源，军事关系到所处环境的安全。因此，射艺的高低决定了当时人们的生存状况，所以射箭也就成了一门必须掌握的技能。周代的军队是以贵族成员为核心、“国人”为主力的，贵族子弟就成了学习射礼的主体，官学也制定了一套练习射箭的技法。《仪礼·乡射礼》记载了“执弓不挟”“右执弦”“挟矢于二指之间横之”② 等射箭的技法。通过不断总结，后世又有众多关于射箭技巧的著作问世，如唐代王琚的《射经》、明代李呈芬的《射经》十三篇、明代高颖的《射学正宗》、清代刘奇的《科场射法指南车》和顾镐

---

① （清）阮元校刻：《十三经注疏·周礼注疏》，北京：中华书局，1980 年，第 707 页。

② （清）阮元校刻：《十三经注疏·仪礼注疏》，北京：中华书局，1980 年，第 1011 页。

的《射说》等，这些著作无疑对行射者提高射艺有很大帮助。熟练掌握射箭的技法，不断提高自身的射艺，正是举行射礼的基本目的。

二 射以观德

《礼记·射义》记载："故射者，进退周还必中礼。内志正，外体直，然后持弓矢审固，持弦审固，然后可以言中。此可以观德行矣。"① "志正"是指注意力集中而不分神，"体直"是指仪容体态正直端正。射礼不仅要求行射者要有外在的射箭技巧，还要求有内在的道德修养，也就是"心不正则身不正，身不正则射不中"。射礼中的礼仪并非繁文缛节，而是通过身体姿势与行为规范来提高行射者的修养，从而使之成为拥有高尚人格的人。孔子曾说："射者何以射？何以德？循声而发，发而不失正鹄者，其唯贤者乎？若夫不肖之人，则彼将安能以中？"② 因此，孔子认为只有道德高尚的人才能射中靶心，道德品质败坏的人是射不中的，习射正是外在德行与内在气质的体现。通过射礼的仪节，可以完成对一个人道德水平的考察。而且，举行射礼时，不仅是对竞射者道德水平的观察，也是对射礼的其他参与人员道德水平的考察。

三 射以正己

《礼记·射义》云："射者，仁之道也。射求正诸己，己正然后发，发而不中则不怨胜己者，反求诸己而已矣。"③ 也就是说，一个人外在的体态仪容是否端正，是道德水平的体现，也是射中靶心的条件。在竞射时如果输了，不能抱怨对手太强，只能认为是自身的修养还不够，要对自身问题进行反思。面对射箭之"争"，仅仅通过"礼"是无法全面充分消除对弈双方的矛盾，这就要求人用"心"去包容。行射者身正且心也要正，坦然地接受现实，努力地找到自身的不足，继续保持优良的品格，扬长避短，举一反三，让失利变成有益的经验积累。

---

① （清）阮元校刻：《十三经注疏·礼记正义》，北京：中华书局，1980 年，第 1686 页。
② （清）阮元校刻：《十三经注疏·礼记正义》，北京：中华书局，1980 年，第 1689 页。
③ （清）阮元校刻：《十三经注疏·礼记正义》，北京：中华书局，1980 年，第 1689 页。

孔子说过“君子求诸己，小人求诸人”，“不怨天，不尤人”[①]。孟子也说过“行有不得者，皆反求诸己”[②]。夜以继日地练习射箭，可是得不到相应的成绩，就要反躬自问，自己是否做到尽处。曾子的“吾日三省吾身”[③]其中就有反省“传不习乎”，即要对日常学到的射箭知识不断的复习、演练。孔子还说过“己所不欲，勿施于人”和“己欲立而立人，己欲达而达人”[④]，因射箭的输赢引起争端时，就要靠体谅和理解去化解内心的不安和怨气，以“我心”同“他心”，站在对方的立场上，换位思考。

四　射以择士

《礼记·射义》载：“是故古者天子以射选诸侯、卿大夫、士。……是故天子之大射，谓之射侯。射侯者，射为诸侯也。射中则得为诸侯，射不中则不得为诸侯。……天子将祭，必先习射于泽。泽者，所以择士也。”[⑤]《左传·成公十三年》有“国之大事，在祀与戎”的记载[⑥]。祭祀是一个国家最重要的事，周代天子在祭祀之前，要通过射礼选择参加祭祀的人，只有射中之人才能参加祭祀，才能位列诸侯，可见射礼的重大意义。射礼体现的是竞射者的道德修养，统治者通过道德修养来品人择士是再合理不过了，因此，郑玄说：“选士者，先考德行，乃后决之于射。”[⑦]

柞伯簋铭文记载柞伯不仅射艺精湛，而且道德高尚，在周王举行大射礼时十发十中，取得了优胜，周王除以十钣赤金为奖励外，还将柷地这块田猎区一并册封给他，这就是射为诸侯的体现。西周实行分封制，获得土地和人民的诸侯就要承担拱卫王畿的重任，若不是统治者十分信任的人，是不会被册封为诸侯的。周王通过射礼来择士、分封，可见周王对一个人通过射礼表现出来的道德水平有很高的认可度，从而才会对其委以重任。

---

① （清）阮元校刻：《十三经注疏·论语注疏》，北京：中华书局，1980年，第2518、2513页。
② （清）阮元校刻：《十三经注疏·孟子注疏》，北京：中华书局，1980年，第2718页。
③ （清）阮元校刻：《十三经注疏·论语注疏》，北京：中华书局，1980年，第2457页。
④ （清）阮元校刻：《十三经注疏·论语注疏》，北京：中华书局，1980年，第2518、2479页。
⑤ （清）阮元校刻：《十三经注疏·礼记正义》，北京：中华书局，1980年，第1686～1689页。
⑥ （清）阮元校刻：《十三经注疏·春秋左传正义》，北京：中华书局，1980年，第1911页。
⑦ （清）阮元校刻：《十三经注疏·礼记正义》，北京：中华书局，1980年，第1687页。

隋唐以后，朝廷实行武举考试，射艺作为考试的主要科目之一，也是保留了古代“射以择士”的传统。统治者通过射礼选拔的人才，构成了其政治统治的基础。

五　射以立威

举行射礼对树立统治者的绝对权威、协调人心、安定社会有一定的作用，它维护了王权至高无上的地位和统治者建立的统治秩序。义盉盖铭文记载，周王在鲁国召集诸侯、邦君举行大射礼。鲁国地处东夷地区，周边异邦小国众多，这些小国周初就曾联合殷商残留势力发动过叛乱，周王在鲁国举行大射礼，并召集附近的诸侯、邦君参加，无疑起到军事上的震慑作用，以树立周王的权威。噩侯驭方鼎铭文记载，周王与噩侯举行了燕射礼。噩国是西周南疆有影响力的大国，周王则是通过燕飨行射的方式收服噩侯人心，这样不仅笼络了感情，使噩侯族人更加紧密地团结在周王朝周围，而且是对追随噩国的其他小国示好，使它们不能轻举妄动，切实履行藩属国的责任和义务。因此，举行射礼有树立统治者权威，维护政治统治的意义。

第二节 举行投壶的意义

投壶是一项娱乐活动，更是一种礼仪，将矢投壶，以中与不中来比高下，见强弱，并辅以祝愿之词，此正所以显示礼意[①]。投壶源于射礼，在春秋战国时期无论举行的场所或仪节，都体现了“礼”的性质。随着时间的推移，投壶礼逐渐向两个方向发展，一是礼仪化的投壶活动，士大夫阶层以此修身养性，体现高洁淡雅的志趣，反映了投壶活动“教”的功能；一是娱乐化的投壶活动，社会各阶层特别是普通民众，不断增加投壶的难度，改进投壶的形制，使其成为一项拥有较高技术性的娱乐活动，反映了投壶活动“乐”的功能。起初，“教”和“乐”是合二为一的，统治者极为重视投壶寓教于乐的功能，但后来“乐”的功能渐强，“教”的功能渐弱，以至于当人们不再以投壶为“乐”时，投壶活动便失去了存在的意义，从而走向衰亡。

一 投壶是礼乐教化的手段

投壶是从射礼中剥离出来的。《礼记·投壶》郑玄《注》：“投壶，射之类也。”[②]《礼记传》云：“投壶，射之细也。燕饮有射以乐宾，以习容而讲艺也。”[③] 汪禔《投壶仪节》也说：“投壶，射礼之细也，燕而射，乐宾也。庭除之间，或不能弧矢之张也，故易之以投壶，是故投壶射类也。”[④] 由此可见，投壶是射礼无法举行时的替代品，自然也具有射礼“观德”“观人”的功能。

---

① 袁俊杰：《两周射礼研究》，北京：科学出版社，2013 年，第 377 页。

② （清）阮元校刻：《十三经注疏·礼记正义》，北京：中华书局，1980 年，第 1665 页。

③ （清）孙希旦：《礼记集解》，北京：中华书局，1989 年，第 1387 页。

④ （明）汪禔编辑，（明）周履靖校，王云五主编：《丛书集成初编》之《投壶仪节》，北京：中华书局，1985 年，第 13～14 页。

《礼记·投壶》记载："鲁令弟子辞曰：毋幠，毋敖，毋偝立，毋逾言。偝立、逾言有常爵。薛令弟子辞曰：毋幠，毋敖，毋偝立，毋逾言。若是者浮。"[①] 举行投壶礼时，学中弟子在堂下观看，同时会承担一些服务工作，司射会特意叮嘱他们要尊重投壶礼仪，不能背身，不能和远处的人说话等，否则就会受到惩罚。可见，举行投壶是教弟子习礼的手段。

投壶礼配以《狸首》乐曲，主要体现的是主宾之间"三请二辞"的揖让态度。乾隆帝喜爱投壶，时常带领王公大臣举行投壶活动。其诗《咏投壶》有"宾主雍容欢既洽，降升揖让节堪论"的语句，即提倡投壶礼中的揖让仪节，通过投壶活动，教化臣民时刻不忘揖让之礼，以达到"以礼治国""以德治国"的目的。

二　投壶是修身养性的方法

《投壶新格》云："投壶可以治心，可以修身，可以为国。"[②] 在司马光看来，投壶与射礼相同，都需要"内志正，外体直"，"然后可以言中"[③]，如果不修身，则不能掌握高超的投壶技巧。即举行投壶比赛时，所有动作必须按照规定的仪节，做到心无旁骛、身直体正，心态和姿势都达到最好的状态，然后根据奏乐的节奏"循声而发"，这样才能取得好的成绩。因此，只有修身、修心之后才能更好地完成投壶，同时，每次举行投壶，都是对身心的一次修炼，投壶活动和修养身心是相辅相成的。

另外，"投壶"与"雅歌"常常并列而谈。雅歌是指文人士大夫的吟唱，是上古留下来的音乐，有一个基本的平长旋律，声音与气息必须交融绵长，各句之间甚少停顿，歌者必须凝神专注，可以少许动作伴歌，以沉稳大气为宜，与古人抚琴吟唱的浩歌有些类似[④]。雅乐能够起到陶冶情操、调整心志的作用，《尚书·虞书·舜典》云："诗言志，歌咏言。"[⑤] 古人雅歌投壶，配以

---

① （清）阮元校刻：《十三经注疏·礼记正义》，北京：中华书局，1980年，第1667页。
② （宋）司马光：《司马文正公传家集》六，上海：商务印书馆，1937年，第917页。
③ （清）阮元校刻：《十三经注疏·礼记正义》，北京：中华书局，1980年，第1686页。
④ 宋丽维：《投壶的文化内涵》，《济宁学院学报》2014年第2期。
⑤ （清）阮元校刻：《十三经注疏·尚书正义》，北京：中华书局，1980年，第131页。

饮酒赋诗，正是对自身言行、志向的表达，而且举行这样清雅的活动多在高山流水之间，这是文人士大夫隐居聚会的最佳去处。因此，投壶等活动是文人雅士修身养性的方法之一。

三　投壶是政治博弈的途径

在投壶礼诞生的春秋时期，周王室衰微，诸侯争霸，战争不断，列国不仅在战场上针锋相对，在举行投壶礼时也互不相让。晋昭公新立，齐景公前往祝贺，两国国君举行投壶礼。晋昭公因晋平公丧期未满而齐景公不辞燕飨而发怒，齐景公则想趁晋国国君初立，政局不稳时争夺霸权。二人均以政治目的作为投壶礼的祝辞，反映出这场投壶礼已经成了齐晋两国争霸的政治博弈。投壶礼作为宾射礼或燕射礼的替代品，具有一定的外交功能，为列国之间的政治博弈提供了平台和机会。

北宋时期，宋神宗支持王安石变法，举国上下实行新政，史称“熙宁变法”。王安石的新法，遭到了以司马光为首的保守派的强烈反对，双方势力争执不下，保守派推崇古制，反对新政。司马光撰写了《与王介甫书》，抨击新法：“尽变更祖宗旧法，先者后之，上者下之，右者左之，成者毁灭之，弃者取之。”① 要求王安石放弃新政，停止变法，恢复旧制。司马光的《投壶新格》创作于熙宁五年（公元 1072 年），正是新法实施，司马光受到排挤隐居洛阳之时。司马光认为投壶的花式投法“倾邪险诐，不在于善”，“颠倒反复，恶之大者”是不可取的。因此，他制定新格，力图恢复古礼，“纳民心于中正”的说法与《与王介甫书》如出一辙。由此可见，司马光通过投壶礼抒发自己的政治观念，力图恢复投壶古礼，实则是要达到停止新政，恢复旧制的目的。司马光撰写《投壶新格》不仅是其对投壶礼的兴趣使然，更是保守派与变法派政治博弈的缩影。

四　投壶是休闲娱乐的方式

随着时间的推移，投壶活动的娱乐功能逐渐增强，即便有《投壶新格》

① 曾枣庄、刘琳主编：《全宋文》，上海：上海辞书出版社，2006 年，第 22 页。

《投壶仪节》等抑制花式投壶，要求恢复古礼的著作，也无法阻挡投壶活动娱乐化的发展。自秦汉时期“骁”式投壶出现以后，投壶的形制随着投壶难度的提高而变化，投壶活动的观赏性和挑战性不断增强，成为宴饮娱乐和游艺表演的重要内容。唐朝唐彦谦《游南明山》云：“阄令促传觞，投壶更联句。兴来较胜负，醉后忘尔汝。”① 可见，投壶活动是当时人们的重要娱乐方式。

宋代以后，投壶活动在民间的普及达到了巅峰，出现了专门表演投壶的艺人，而且这一时期女性也成了投壶的重要参与者。元明清时期，市民文学作品中频繁出现对投壶活动的描述，足见投壶活动的娱乐功能具有广泛的群众基础，全面超越其礼仪功能。

也正因为投壶活动的娱乐功能独大，礼仪功能丧失，在清代中晚期以后，随着西方娱乐方式的传入，国人不再以投壶为乐，投壶活动便迅速衰落，走向了灭亡。

① 中华书局编辑部：《全唐诗》卷六七一，北京：中华书局，1999 年，第 7741 页。

附　录

附录一　甲骨、金文、简帛著录简称

《合集》　郭沫若主编，胡厚宣总编辑：《甲骨文合集》，北京：中华书局，1978～1983年。

《花东》　中国社会科学院考古研究所：《殷墟花园庄东地甲骨》，昆明：云南人民出版社，2003年。

《屯南》　中国社会科学院考古研究所：《小屯南地甲骨》，北京：中华书局，1980年。

《集成》　中国社会科学院考古研究所：《殷周金文集成》，北京：中华书局，2007年。

《铭图》　吴镇烽：《商周青铜器铭文暨图像集成》，上海：上海古籍出版社，2012年。

《铭图续》　吴镇烽：《商周青铜器铭文暨图像集成续编》，上海：上海古籍出版社，2016年。

《三代》　罗振玉：《三代吉金文存》，北京：中华书局，1983年。

《新收》　锺柏生、陈昭容、黄铭崇、袁国华：《新收殷周青铜器铭文暨器影汇编》，台北：艺文印书馆，2006年。

《旧简》　谢桂华、李均明、朱国炤：《居延汉简释文合校》，北京：文物出版社，1987年。

《新简》　甘肃省文物考古研究所、甘肃省博物馆、文化部古文献研究室等：《居延新简》，北京：文物出版社，1990年。

附录二　射器及其功能汇总表

序号	名称	器物图像	功能	器物出处	备注
1	弓		用于行射	作者摄于中国国家博物馆	由弓臂、弓弦组成
2	弩	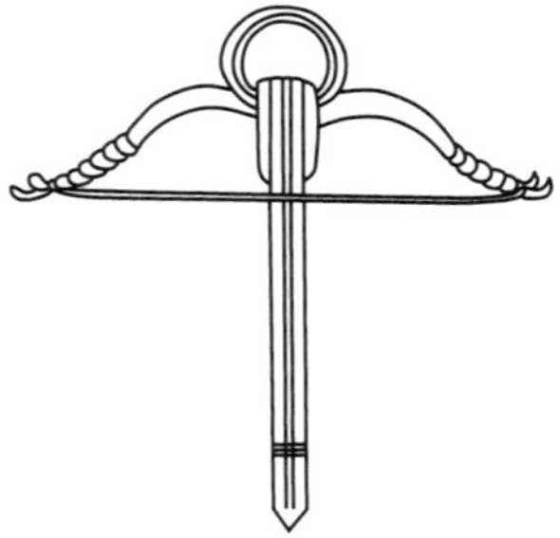	用于行射	改绘自《三才图会》	弩平时用于战争、狩猎，在射礼中搭配茀矢进行弋射

续表

序号	名称		器物图像	功能	器物出处	备注
3	矢	钍箭		举行吉礼时，佩戴或行射	故宫博物院藏	礼射用箭
		矰矢		用于弋射	秦始皇陵铜车马	与弓搭配弋射
		茀矢		用于弋射	秦始皇陵 K0007 陪葬坑	与弩搭配弋射
4	射侯	结构	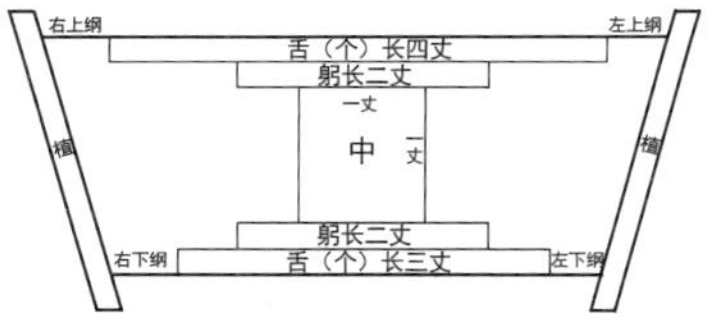	箭靶	改绘自《仪礼译注》	侯分皮侯、兽侯、采侯等多种，行射者的尊卑不同、场合不同，使用的射侯也不同
		虎侯		王举行大射、宾射时使用的箭靶	改绘自《三才图会》	

续表

序号	名称		器物图像	功能	器物出处	备注
4	射侯	熊侯		王举行大射、宾射和诸侯举行大射时使用的箭靶	改绘自《三才图会》	侯分皮侯、兽侯、采侯等多种，行射者的尊卑不同、场合不同，使用的射侯也不同
		豹侯	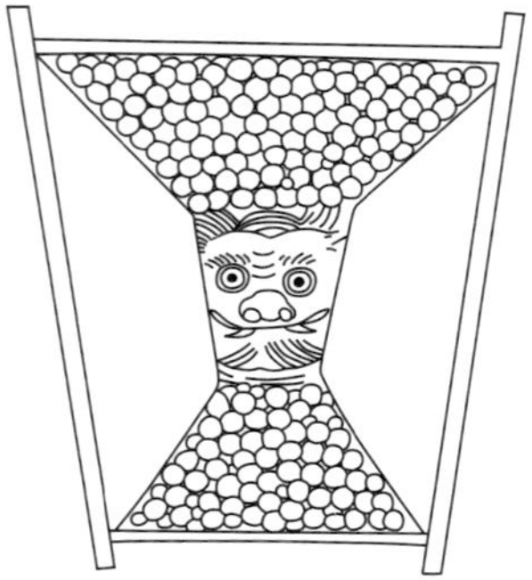	王举行大射、宾射和诸侯举行大射时使用的箭靶		

续表

序号	名称		器物图像	功能	器物出处	备注
4	射侯	麋侯		卿大夫举行大射时使用的箭靶	改绘自《三才图会》	侯分皮侯、兽侯、采侯等多种，行射者的尊卑不同、场合不同，使用的射侯也不同
		犴侯		士助祭国君大射时使用的箭靶		

续表

序号	名称		器物图像	功能	器物出处	备注
4	射侯	熊首兽侯		王举行燕射时使用的箭靶	改绘自《三才图会》	侯分皮侯、兽侯、采侯等多种，行射者的尊卑不同、场合不同，使用的射侯也不同
		麋首兽侯		诸侯从王燕射时使用的箭靶		

续表

序号	名称		器物图像	功能	器物出处	备注
4	射侯	虎豹兽侯		卿大夫从王燕射时使用的箭靶	改绘自《三才图会》	侯分皮侯、兽侯、采侯等多种，行射者的尊卑不同、场合不同，使用的射侯也不同
		豕鹿兽侯	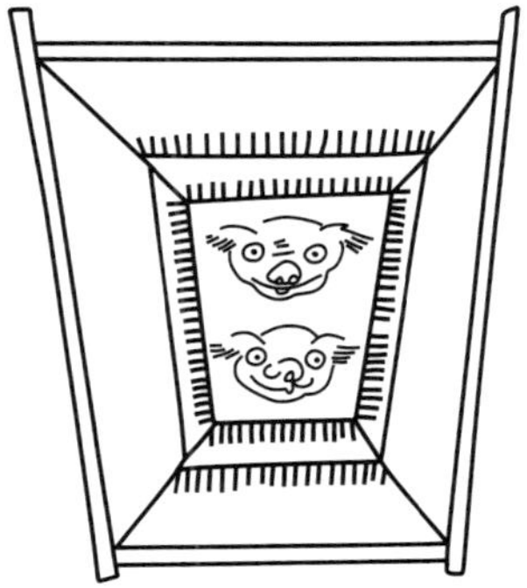	士从王燕射时使用的箭靶		

续表

序号	名称		器物图像	功能	器物出处	备注
4	射侯	二正侯	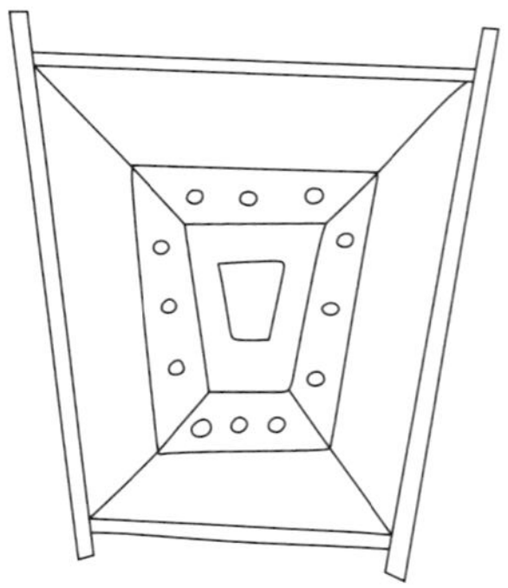	卿大夫举行宾射时使用的箭靶	改绘自《三才图会》	侯分皮侯、兽侯、采侯等多种，行射者的尊卑不同、场合不同，使用的射侯也不同
		三正侯	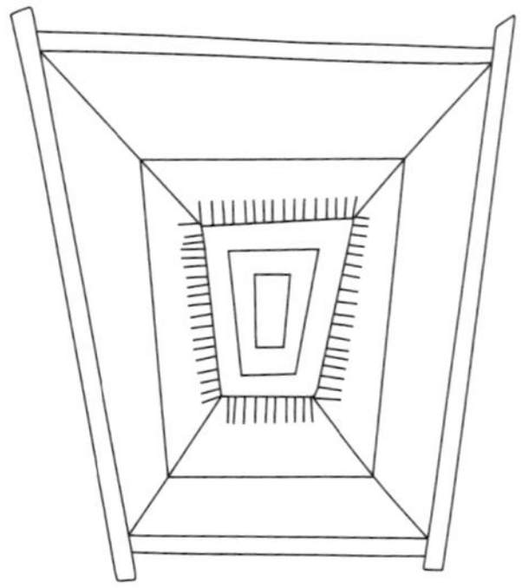	诸侯举行宾射时使用的箭靶		

续表

序号	名称		器物图像	功能	器物出处	备注
4	射侯	五正侯	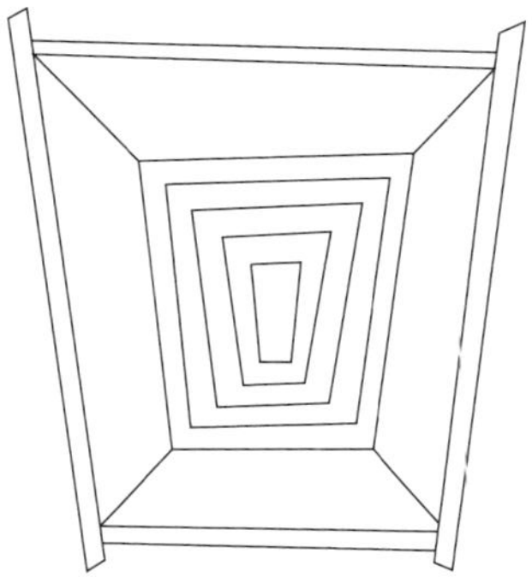	王举行宾射时使用的箭靶	改绘自《三才图会》	侯分皮侯、兽侯、采侯等多种，行射者的尊卑不同、场合不同，使用的射侯也不同
5	决		 	拉弓时用其钩住弓弦，以保护拇指	殷墟妇好墓	即扳指，亦称抉、玦
6	韘			裹于右手拇指，即决的内垫，防止行射时决滑落	依据曹建墩《三礼名物分类考释》	以往文献多将决与韘混为一谈

续表

序号	名称	器物图像	功能	器物出处	备注
7	极	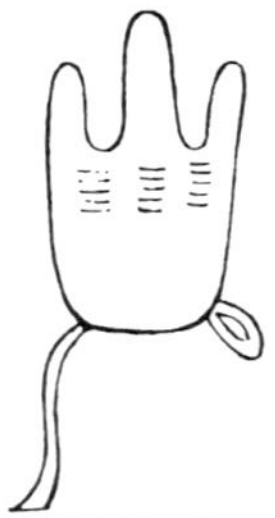	射箭时佩戴的手套	《新定三礼图》卷八《弓矢图》	按《仪礼·大射》郑玄注，即仅有食指、中指和无名指的手套，因射箭时用这三根手指拉弦，故佩戴这种特殊的手套保护手指
8	韝		射箭时用于保护左前臂不被弓弦扫伤	“五星出东方利中国”护臂（新疆博物馆）	即护臂，亦称遂。参加竞射者需袒露左臂，为防止受伤，需在左前臂佩戴护臂

续表

序号	名称	器物图像	功能	器物出处	备注
9	韔		盛装弓的袋子	“中兴四将”鄜王刘光世及其仆从像（《宋画全集》第五卷60）	亦称鞬，有虎皮、豹皮、鱼皮、犴皮等制成。图中刘光世仆从腰间所系
10	箙	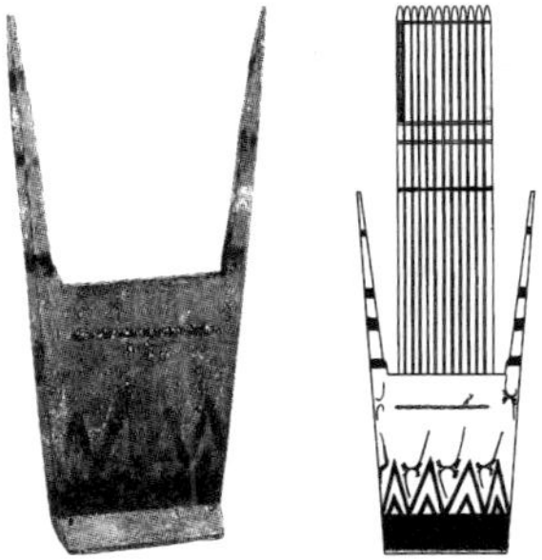	盛装箭矢	马王堆三号墓	有皮、竹、木等材质

续表

序号	名称	器物图像	功能	器物出处	备注
11	楅	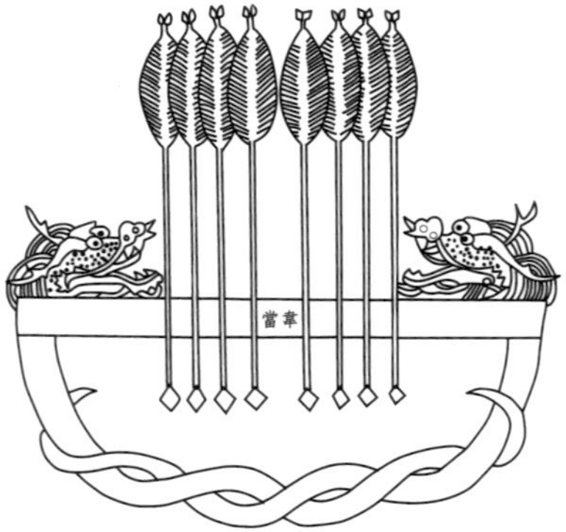	举行射礼时，用以放置箭矢	改绘自《礼书通故》	按《仪礼·乡射礼》郑玄注，楅的两端装饰龙首，中间以蛇身相交。用蛇龙象征君子之类也
12	乏		举行射礼时唱获者躲避箭矢的屏风	改绘自《三才图会》	亦称为“容”，多用皮革制成

续表

序号	名称	器物图像	功能	器物出处	备注
13	旌		举行射礼时用以唱获	改绘自《三才图会》	根据行射者的尊卑和举行射礼的场合，使用不同的旌唱获。如国君在都城举行射礼，用翿旌唱获；在郊外，用旌唱获；在边境与邻国君行射，用龙旜唱获
14	扑		举行射礼时司射所持的起警示性作用的惩罚工具	作者摄于北京民俗博物馆	亦称为楚、刑杖或小杖，多为木竹制品
15	并夹		射礼结束后，拔除射侯上箭矢的钳子	《新定三礼图》卷八《弓矢图》	按《周礼·夏官·射鸟氏》记载，箭在箭靶上比较高的位置，就用并夹夹取下来

续表

序号	名称			器物图像	功能	器物出处	备注
16	投壶	筒型			举行投壶礼时盛矢所用	战国中山王譽墓	通过考古发掘出土的筒型投壶仅此一例
		鼓腹型	战国			改绘自长岛战国投壶纹提链壶图案	纹饰描绘的投壶器形较大，与该提链壶去盖后形制接近

续表

序号	名称			器物图像	功能	器物出处	备注
16	投壶	鼓腹型	汉		举行投壶礼时盛矢所用	里耶秦简博物馆“乐亦智哉——中国古代游艺文化展”	该壶为汉代常见器形，仅在此被认为是投壶。形制与长岛战国投壶纹提链壶所绘投壶接近
		长颈型	春秋	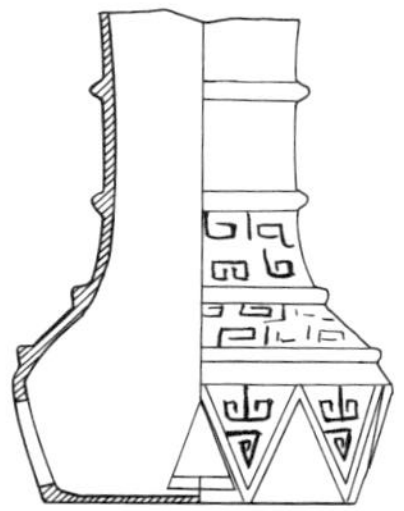		莒南大店莒国春秋墓	年代为春秋中期，是目前所见最早的投壶

续表

序号	名称			器物图像	功能	器物出处	备注
16	投壶	长颈型	战国	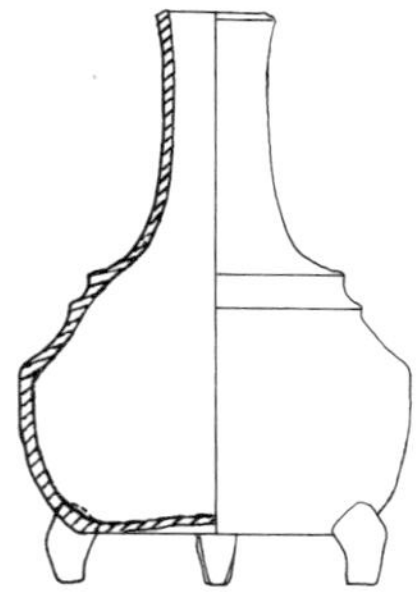	举行投壶礼时盛矢所用	薛国故城五号墓	底部有三足的投壶仅见于战国和汉代
			汉			扬州博物馆	从汉代起，投壶开始出现圈足

续表

序号	名称			器物图像	功能	器物出处	备注
16	投壶	长颈型	魏晋南北朝		举行投壶礼时盛矢所用	（北齐）杨子华《校书图》	依文献记载的投壶方式，魏晋南北朝时期的投壶应开始出现贯耳，但尚未发现实物
			唐			《唐越王李贞墓发掘简报》	自唐代起，开始出现贯耳投壶实物

续表

序号	名称			器物图像	功能	器物出处	备注
16	投壶	长颈型	五代	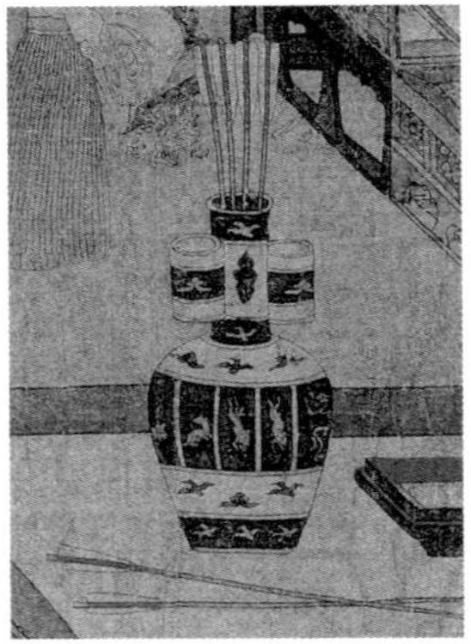	举行投壶礼时盛矢所用	（南唐）周文矩《重屏会棋图》	投壶器身绘制动物、花卉等吉祥图案
			宋			南京博物院	自宋代起，投壶的贯耳上移至与口沿平齐。投壶作为赏器开始大量出现

续表

序号	名称			器物图像	功能	器物出处	备注
16	投壶	长颈型	元		举行投壶礼时盛矢所用	《杵香集·投壶礼赞》	元代投壶古朴厚重，纹饰开始复杂多样
			明			开封博物馆	明代投壶贯耳开始复杂化，反映出投壶仪节的多样性与复杂化

续表

序号	名称	器物图像	功能	器物出处	备注
16	投壶 长颈型 清		举行投壶礼时盛矢所用	故宫博物院	清代皇室专用的投壶制作精良，纹饰繁复，具有较强的观赏性
17	投矢	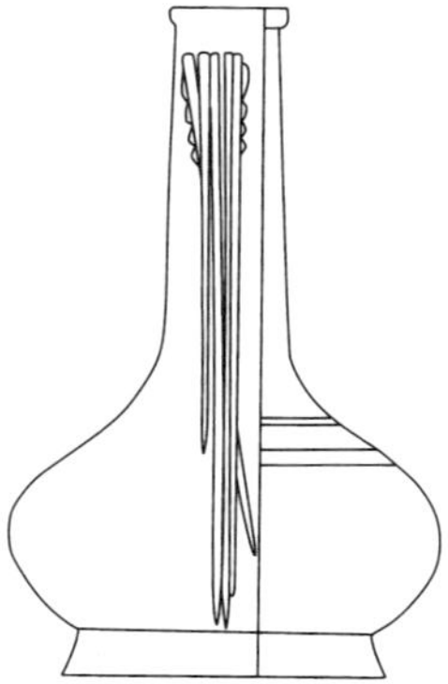	投壶礼中投掷用的箭矢	湖南永州鹞子山刘彊墓	刘彊墓铜投壶内投矢为竹质，用刀削出的前锋朝下，长 18～25.8 厘米

续表

序号	名称		器物图像	功能	器物出处	备注
18	中	皮树中		国君在都城举行射礼或投壶时盛放筭筹的器具	改绘自《三才图会》	根据射礼或投壶参与者的尊卑和举行射礼或投壶的场合，使用不同的中盛装筭筹。皆以瑞兽为形，伏卧于地面上，背部有盛放筭筹的孔洞
		闾中		国君在郊外举行射礼或投壶时盛放筭筹的器具		
		虎中		国君在边境与邻国君举行射礼或投壶时盛放筭筹的器具		

续表

序号	名称		器物图像	功能	器物出处	备注
18	中	兕中		卿大夫举行射礼或投壶时盛放筭筹的器具	改绘自《三才图会》	根据射礼或投壶参与者的尊卑和举行射礼或投壶的场合，使用不同的中盛装筭筹。皆以瑞兽为形，伏卧于地面上，背部有盛放筭筹的孔洞
		鹿中		士举行射礼或投壶时盛放筭筹的器具		
19	筭		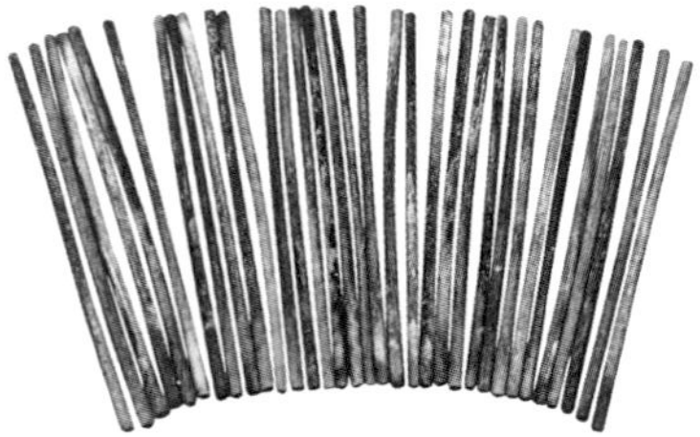	举行射礼或投壶时，用以计算射中或投中的数量	中山成公墓陪葬墓M3：6	即筭筹或算筹，一般为竹制，也有用青铜、骨、象牙制作

参考文献

一　古籍文献

[1]（春秋）左丘明撰，（吴）韦昭注，明洁辑评：《国语》，上海：上海古籍出版社，2008 年。

[2]（战国）吕不韦著，（汉）高诱注：《吕氏春秋》，国学整理社编《诸子集成》六，北京：中华书局，2006 年。

[3]（战国）吕不韦著，陈奇猷校释：《吕氏春秋新校释》，上海：上海古籍出版社，2002 年。

[4]（战国）荀况著，王天海校释：《荀子校释》，上海：上海古籍出版社，2005 年。

[5]（汉）班固撰，（唐）颜师古注：《汉书》，北京：中华书局，1962 年。

[6]（汉）韩婴撰，许维遹校释：《韩诗外传集释》，北京：中华书局，1980 年。

[7]（汉）桓宽：《盐铁论》，《诸子集成》，北京：中华书局，2006 年。

[8]（汉）刘向：《列女传》，沈阳：辽宁教育出版社，1998 年。

[9]（汉）刘向集录：《战国策》，上海：上海古籍出版社，1998 年。

[10]（汉）司马迁：《史记》，北京：中华书局，1982 年。

[11]（汉）宋衷注，（清）秦嘉谟等辑：《世本八种》，北京：中华书局，2008 年。

[12]（汉）王充：《论衡》，上海：上海人民出版社，1974 年。

[13]（三国）张辑：《广雅》，北京：中华书局，1985 年。

［14］（西晋）陈寿撰，（宋）裴松之注：《三国志》，北京：中华书局，1982 年。

［15］（东晋）葛洪撰：《西京杂记》，北京：中华书局，1985 年。

［16］（南朝宋）范晔：《后汉书》，北京：中华书局，1965 年。

［17］（南齐）颜之推：《颜氏家训》，《诸子集成》，北京：中华书局，2006 年。

［18］（南梁）沈约：《宋书》，北京：中华书局，1974 年。

［19］（南梁）萧统：《昭明文选译注》，长春：吉林文史出版社，2007 年。

［20］（北魏）崔鸿：《十六国春秋》，北京：中华书局，1985 年。

［21］（北齐）魏收：《魏书》，北京：中华书局，1974 年。

［22］（唐）杜佑：《通典》，北京：中华书局，1988 年。

［23］（唐）房玄龄等：《晋书》，北京：中华书局，1974 年。

［24］（唐）韩愈：《韩昌黎全集》，北京：燕山出版社，1996 年。

［25］（唐）李百药：《北齐书》，北京：中华书局，1972 年。

［26］（唐）李延寿：《北史》，北京：中华书局，1974 年。

［27］（唐）李延寿：《南史》，北京：中华书局，1975 年。

［28］（唐）刘肃：《大唐新语》，北京：中华书局，1984 年。

［29］（唐）欧阳询撰，汪绍楹校：《艺文类聚》，上海：上海古籍出版社，1965 年。

［30］（唐）魏征等：《隋书》，北京：中华书局，1973 年。

［31］（唐）张鷟：《朝野佥载》，上海：商务印书馆，1981 年。

［32］（唐）中敕：《大唐开元礼》，北京：北京民族出版社，2000 年。

［33］（后晋）刘昫等：《旧唐书》，北京：中华书局，1975 年。

［34］（宋）洪迈：《夷坚志・支甲》，北京：中华书局，1981 年。

［35］（宋）李昉、李穆、徐铉等编著：《太平御览》，北京：中华书局，1960 年。

［36］（宋）罗愿撰，石云孙点校：《尔雅翼》，合肥：黄山书社，1991 年。

［37］（宋）聂崇义撰，丁鼎、孙蕴校释：《新定三礼图》，北京：中华书局，2022 年。

［38］（宋）欧阳修、宋祁：《新唐书》，北京：中华书局，1975 年。

［39］（宋）欧阳修：《归田录》，北京：中华书局，1981 年。

［40］（宋）邵伯温：《邵氏闻见录》，北京：中华书局，1983 年。

［41］（宋）司马光：《司马文正公传家集》六，上海：商务印书馆，1937 年。

［42］（宋）司马光：《资治通鉴》，北京：当代中国出版社，2001 年。

［43］（宋）王辟之：《渑水燕谈录》，北京：中华书局，1985 年。

［44］（宋）王溥：《唐会要》，北京：中华书局，1955 年。

［45］（宋）王钦若：《册府元龟》，北京：中华书局，1960 年。

［46］（宋）吴自牧：《梦粱录》，杭州：浙江人民出版社，1981 年。

［47］（宋）吴自牧、周密撰，傅林祥注：《梦粱录・武林旧事》，济南：山东友谊出版社，2001 年。

［48］（宋）朱熹：《四书章句集注》，北京：中华书局，1983 年。

［49］（元）苏天爵：《滋溪文稿》，北京：中华书局，1997 年。

［50］（元）脱脱等：《宋史》，北京：中华书局，1977 年。

［51］（元）脱脱等：《金史》，北京：中华书局，1975 年。

［52］（明）《大明会典》卷七八《礼部三十六・学校・学规》，续修四库全书史部，第 790 册。

［53］（明）《明实录》之《明世宗实录》卷二七〇，嘉靖二十二年正月壬申，“中研院”1962 年影印版。

［54］（明）《明实录》之《明孝宗实录》卷二一三，弘治十七年六月庚辰，“中研院”1962 年影印版。

［55］（明）《松江府志》卷二十三《射圃》，明崇祯三年刻本。

［56］（明）《尉氏县志》卷五《教训篇》，明嘉靖刻本。

［57］（明）《重修太平府志》卷《宫室志・学校》，明嘉靖刻本。

［58］（明）兰陵笑笑生：《金瓶梅词话》，北京：人民文学出版社，2000 年。

［59］（明）李时珍：《本草纲目》，太原：山西科学技术出版社，2014 年。

［60］（明）宋濂等：《元史》，北京：中华书局，1976 年。

［61］（明）汪禔编辑，（明）周履靖校，王云五主编：《图书集成初编》之《投壶仪节》，北京：中华书局，1985 年。

[62]（明）王圻、王思义：《三才图会》，上海：上海古籍出版社，1988 年。

[63]（明）徐光启：《徐光启集》卷六《钦奉明旨敷陈愚见疏》。

[64]（明）徐光启：《徐光启集》卷三《敷陈末议以殄凶酋疏》。

[65]（明）于谦：《于忠肃公集》卷三。

[66]（明）周晖：《金陵琐事》，北京：文学古籍刊行社，1955 年。

[67]（明）朱权等：《明宫词》，北京：北京古籍出版社，1987 年。

[68]（明）朱元璋：《宝训》，《洪武御制全书》，合肥：黄山书社，1995 年。

[69]（清）爱新觉罗·弘历：《清高宗御制诗文全集》第 1 册，北京：中国人民大学出版社，1993 年。

[70]（清）陈梦雷等：《古今图书集成》卷七百四十九《投壶》，北京：中华书局，1985 年。

[71]（清）褚寅亮：《仪礼管见》，（清）王先谦编：《清经解续编》，上海：上海书店，1988 年。

[72]（清）段玉裁：《说文解字注》，上海：上海古籍出版社，1988 年。

[73]（清）顾嗣立编：《元诗选》初集，北京：中华书局，1987 年。

[74]（清）黄宗羲编：《明文海》，北京：中华书局，1987 年。

[75]（清）李汝珍：《镜花缘》，长沙：岳麓书社，1989 年。

[76]（清）阮元校刻：《十三经注疏》，北京：中华书局，1980 年。

[77]（清）孙希旦：《礼记集解》，北京：中华书局，1989 年。

[78]（清）孙星衍等辑，周天游点校：《汉官六种·汉官仪》，北京：中华书局，1990 年。

[79]（清）孙诒让：《周礼正义》，北京：中华书局，1987 年。

[80]（清）王聘珍：《大戴礼记解诂》，北京：中华书局，1983 年。

[81]（清）吴楚材、吴调侯编选：《古文观止》，郑州：中州古籍出版社，2008 年。

[82]（清）徐松辑：《宋会要辑稿》，北京：中华书局，1957 年。

[83]（清）张廷玉等：《明史》，北京：中华书局，1974 年。

[84]天台野叟：《大清见闻录》上卷《史料遗闻》，郑州：中州古籍出

版社，2000 年。

［85］赵尔巽主编：《清史稿》，北京：中华书局，1976 年。

［86］曾枣庄、刘琳主编：《全宋文》，上海：上海辞书出版社，2006 年。

［87］程俊英：《诗经译注》，上海：上海古籍出版社，2004 年。

［88］何宁：《淮南子集释》，北京：中华书局，1998 年。

［89］马非百：《管子轻重篇新诠》，北京：中华书局，1979 年。

［90］王国维撰，黄永年点校：《古本竹书纪年辑校・今本竹书纪年疏证》，沈阳：辽宁教育出版社，1997 年。

［91］王学奇主编：《元曲选校注》，石家庄：河北教育出版社，1994 年。

［92］徐元诰撰，王树民、沈长云点校：《国语集解》，北京：中华书局，2002 年。

［93］杨伯峻：《春秋左传注》，北京：中华书局，1990 年。

［94］杨天宇：《礼记译注》，上海：上海古籍出版社，2004 年。

［95］杨天宇：《仪礼译注》，上海：上海古籍出版社，1994 年。

［96］杨天宇：《周礼译注》，上海：上海古籍出版社，2004 年。

［97］佚名撰，袁宏点校：《逸周书》，《帝王世纪・世本・逸周书・古本竹书纪年》，济南：齐鲁书社，2010 年。

［98］中华书局编辑部：《全唐诗》，北京：中华书局，1999 年。

［99］朱维铮主编，（西汉）伏生撰，（东汉）郑玄注，（清）陈寿祺辑校：《尚书大传》，上海：上海书店出版社，2012 年。

二　考古报告

［1］崔本信、王伟：《南水北调中线工程南阳夏饷铺鄂国贵族墓地发掘成果》，《中国文物报》2013 年 1 月 4 日第 8 版。

［2］韩伟、曹明檀：《陕西凤翔高王寺战国铜器窖藏》，《文物》1981 年第 1 期。

［3］河北省博物馆、河北省文管处台西发掘小组：《河北藁城台西村商代遗址 1973 年的重要发现》，《文物》1974 年第 8 期。

［4］河北省文物研究所：《𰯼墓——战国中山国国王之墓》，北京：文物

出版社，1996 年，第 130 页。

［5］河北省文物研究所：《河北平山三汲古城调查与墓葬发掘》，《考古学集刊》第五集，北京：中国社会科学出版社，1987 年。

［6］河南省博物馆：《济源泗涧沟三座汉墓的发掘》，《文物》1973 年第 2 期。

［7］河南省南水北调办公室、南阳市文物考古研究所：《河南南阳夏饷铺鄂国墓地 M19、M20 发掘简报》，《江汉考古》2019 年第 4 期。

［8］河南省南水北调办公室、南阳市文物考古研究所：《河南南阳夏饷铺鄂国墓地 M1 发掘简报》，《江汉考古》2019 年第 4 期。

［9］河南省南水北调办公室、南阳市文物考古研究所：《河南南阳夏饷铺鄂国墓地 M7、M16 发掘简报》，《江汉考古》2019 年第 4 期。

［10］河南省南水北调办公室、南阳市文物考古研究所：《河南南阳夏饷铺鄂国墓地 M5、M6 发掘简报》，《江汉考古》2020 年第 3 期。

［11］淮阴市博物馆：《淮阴高庄战国墓》，《考古学报》1988 年第 2 期。

［12］零陵地区文物工作队：《湖南永州市鹞子山西汉"刘疆"墓》，《考古》1990 年第 11 期。

［13］南京博物院：《江苏盱眙东阳汉墓》，《考古》1979 年第 5 期。

［14］山东省博物馆、临沂地区文物组、莒南县文化馆：《莒南大店春秋时期莒国殉人墓》，《考古学报》1978 年第 3 期。

［15］山东省济宁市文物管理局：《薛国故城勘察和墓葬发掘报告》，《考古学报》1991 年第 4 期。

［16］陕西省考古研究所、秦始皇兵马俑博物馆：《秦始皇陵园 K0007 陪葬坑发掘简报》，《文物》2005 年第 6 期。

［17］陕西省考古研究所、秦始皇兵马俑博物馆：《秦始皇帝陵园考古报告（2001～2003）》，北京：文物出版社，2007 年。

［18］陕西省文物管理委员会：《长安普渡村西周墓的发掘》，《考古学报》1957 年第 1 期。

［19］四川省博物馆：《成都百花潭中学十号墓发掘记》，《文物》1976 年第 3 期。

［20］烟台市文物管理委员会：《山东长岛王沟东周墓群》，《考古学报》

1993 年第 1 期。

［21］枣庄市博物馆、枣庄市文物管理办公室、峄城区文广新局：《枣庄市峄城徐楼东周墓葬发掘报告》，《海岱考古》第七辑，北京：科学出版社，2014 年。

［22］枣庄市博物馆、枣庄市文物管理办公室：《枣庄市东江周代墓葬发掘报告》，《海岱考古》第四辑，北京：科学出版社，2011 年。

［23］浙江省文物考古研究所、德清县博物馆：《德清亭子桥——战国原始瓷窑址发掘报告》，北京：文物出版社，2011 年。

［24］中国社会科学院考古研究所沣西发掘队：《1984 年沣西大原村西周墓地发掘简报》，《考古》1986 年第 11 期。

［25］中国社会科学院考古研究所沣西发掘队：《长安张家坡 M183 西周洞室墓发掘简报》，《考古》1989 年第 6 期。

三　学术专著

［1］曹建墩：《三礼名物分类考释》，北京：商务印书馆，2021 年。

［2］常耀华：《殷墟甲骨非王卜辞研究》，北京：线装书局，2006 年。

［3］陈梦家：《西周铜器断代》，北京：中华书局，2004 年。

［4］陈梦家：《殷墟卜辞综述》，北京：中华书局，1988 年。

［5］陈戍国：《中国礼制史・先秦卷》，长沙：湖南教育出版社，2002 年。

［6］陈直：《居延汉简研究》，天津：天津古籍出版社，1986 年。

［7］崔乐泉：《中国古代体育文物图录》，北京：中华书局，2000 年。

［8］冯时：《中国天文考古学》，北京：中国社会科学出版社，2010 年。

［9］甘肃省文物考古研究所、甘肃省博物馆、文化部古文献研究室等：《居延新简》，北京：文物出版社，1990 年。

［10］顾颉刚主编，王煦华整理：《古籍考辨丛刊》第二集，北京：社会科学文献出版社，2009 年。

［11］广东、广西、湖南、河南辞源修订组，商务印书馆编辑部：《辞源》，北京：商务印书馆，1984 年。

［12］郭沫若：《两周金文辞大系图录考释》，北京：科学出版社，1957 年。

［13］汉语大词典编辑委员会，汉语大词典编纂处编纂：《汉语大词典》，上海：汉语大词典出版社，1988 年。

［14］李林、康兰英、赵力光：《陕北汉代画像石》，西安：陕西人民出版社，1995 年。

［15］李零：《中国方术续考》，北京：中华书局，2006 年。

［16］李青、王敦庆：《两汉魏晋南北朝民歌集》，南京：南京师范大学出版社，2014 年。

［17］马承源：《商周青铜器铭文选》，北京：文物出版社，1986 年。

［18］齐航福、章秀霞：《殷墟花园庄东地甲骨刻辞类纂》，北京：线装书局，2011 年。

［19］璩鑫圭：《鸦片战争时期教育》，上海：上海教育出版社，1990 年。

［20］容庚编著，张振林、马国权摹补：《金文编》，北京：中华书局，1985 年。

［21］宋兆麟、黎家芳、杜耀西：《中国原始社会史》，北京：文物出版社，1983 年。

［22］孙海波：《诚斋殷墟文字》，北京：北京修文堂书局，1940 年。

［23］唐兰：《西周青铜器铭文分代史征》，上海：上海古籍出版社，2016 年。

［24］王国维：《观堂集林》，北京：中华书局，1959 年。

［25］王辉：《商周金文》，北京：文物出版社，2006 年。

［26］王书良、方鸣、杨慧林等：《中国文化精华全集——艺术卷》，北京：中国国际广播出版社，1992 年。

［27］魏慈德：《殷墟花园庄东地甲骨卜辞研究》，台北：台湾古籍出版有限公司，2006 年。

［28］谢桂华、李均明、朱国炤：《居延汉简释文合校》，北京：文物出版社，1987 年。

［29］杨宽：《古史新探》，北京：中华书局，1965 年。

［30］杨宽：《中国古代都城制度史研究》，上海：上海古籍出版社，1993 年。

［31］杨宽：《西周史》，上海：上海人民出版社，2016 年。

［32］杨树达：《杨树达文集》五，上海：上海古籍出版社，1996 年。

［33］杨树达：《积微居金文说》，上海：上海古籍出版社，2013 年。

［34］杨志刚：《中国礼仪制度研究》，上海：华东师范大学出版社，2001 年。

［35］于省吾：《甲骨文字释林》，北京：中华书局，1979 年。

［36］袁俊杰：《两周射礼研究》，北京：科学出版社，2013 年。

［37］张文昌：《制礼以教天下——唐宋礼书与国家社会》，台北：台湾大学出版中心，2012 年。

［38］张亚初、刘雨：《西周金文官制研究》，北京：中华书局，1986 年。

［39］章秀霞、齐航福、曹建墩：《花东子卜辞与殷礼研究》，北京：中华书局，2017 年。

［40］郑振铎：《中国俗文学史》上册《六朝的民歌》，北京：作家出版社，1957 年。

［41］中国社会科学院考古研究所：《殷墟花园庄东地甲骨》，昆明：云南人民出版社，2003 年。

［42］中国社会科学院考古研究所：《殷周金文集成》，北京：中华书局，2007 年。

［43］周绍良：《唐代墓志汇编》，上海：上海古籍出版社，1992 年。

四　学术论文

［1］曹定云：《殷墟花园庄东地甲骨——殷代早期的珍贵史料》，《中国教育报》2004 年 3 月 5 日。

［2］晁福林：《作册般鼋与商代厌胜》，《中国历史文物》2007 年第 6 期。

［3］陈春慧：《论射礼兴衰与文化嬗变》，《南京理工大学学报（社会科学版）》2002 年第 1 期。

［4］陈剑：《据郭店简释读西周金文一例》，《北京大学中国古文献研究中心集刊》第二辑，北京：北京燕山出版社，2001 年。

［5］陈剑：《柞伯簋铭补释》，《传统文化与现代化》1991 年第 1 期。

［6］揣静：《古代礼仪文献中所见投壶礼》，《黑龙江史志》2010 年第 9 期。

[7] 揣静:《两汉南北朝时期的投壶游戏》,《新西部(下半月)》2009年第4期。

[8] 崔乐泉:《从汉画看汉代的射箭活动》,《考古与文物》1999年第2期。

[9] 崔乐泉:《我国最早的铜投壶》,《体育文史》1995年第2期。

[10] 冯时:《柞伯簋铭文剩义》,《古文字研究》第二十四辑,北京:中华书局,2002年。

[11] 葛英会:《说甲骨、金文中的“莾”字》,《纪念王懿荣发现甲骨文一百周年论文集》,济南:齐鲁书社,2000年。

[12] 顾颉刚:《周公执政称王》,《周公摄政称王与周初史事论集》,北京:北京图书馆出版社,1988年。

[13] 郭沫若:《臣辰盉铭考释》,《金文丛考》,北京:人民出版社,1954年。

[14] 郭沫若:《周官质疑》,《金文丛考》,北京:人民出版社,1954年。

[15] 郭沫若:《长由盉铭释文》,《文物参考资料》1955年第2期。

[16] 郭贤坤:《刻纹提梁壶与战国时代的投壶礼》,《体育文史》1995年第3期。

[17] 何光岳:《扬子鳄的分布与鄂国的迁移》,《江汉考古》1986年第3期。

[18] 胡新生:《“周人尚赤”说的历史考察》,《文史哲》2005年第2期。

[19] 黄盛璋:《周都丰镐与金文中的莾京》,《历史研究》1956年第10期。

[20] 贾一凡:《小邾国族源与分封探析》,《枣庄学院学报》2017年第1期。

[21] 焦南峰:《也论秦始皇陵园K0007陪葬坑的性质》,《中国文物报》2005年11月25日第7版。

[22] 金爱秀:《投壶考论》,《南都论坛》2011年第4期。

[23] 金祥恒:《甲骨文·牲图说》,《中国文字》第20册,台北:艺文印书馆,1966年。

[24] 李红雨：《六朝的休闲娱乐活动——以投壶和围棋为例》，《中央民族大学学报》2011 年第 5 期。

[25] 李凯：《试论作册般鼋与晚商射礼》，《中原文物》2007 年第 3 期。

[26] 李小成：《投壶考》，《江汉论坛》2005 年第 4 期。

[27] 李学勤：《花园庄东地卜辞的“子”》，《河南博物院落成暨河南省博物馆建馆 70 周年纪念论文集》，郑州：中州古籍出版社，1998 年。

[28] 李学勤：《柞伯簋铭考释》，《文物》1998 年第 11 期。

[29] 李学勤：《谈西周厉王时器伯𢦏父簋》，《安作璋史学研究六十年文集》，济南：齐鲁书社，2007 年。

[30] 李学勤：《作册般铜鼋考释》，《中国历史文物》2005 年第 1 期。

[31] 李亚农：《“长由盉铭释文”注解》，《考古学报》1955 年第 9 期。

[32] 连秀丽：《西周铭文中的射礼及其政教德化意义》，《北方论丛》2019 年第 6 期。

[33] 连秀丽：《西周青铜铭文射礼研究》，《湖南大学学报（社会科学版）》2019 年第 6 期。

[34] 林素娟：《以射观德——先秦射礼中勇德与贤能的教育》，《中国经学》2019 年第 1 期。

[35] 林沄：《花东子卜辞所见人物研究》，《古文字与古代史》第一辑，“中研院”历史语言研究所，2007 年。

[36] 凌媛：《从礼射到投壶看中国古代体育的变迁特征》，《黔南民族师范学院学报》2015 年第 1 期。

[37] 刘红玉：《南阳出土投壶汉画像石赏析》，《中原文物》2002 年第 5 期。

[38] 刘丽琴：《居延汉简所见秋射制度》，《和田师范专科学校学报》2006 年第 2 期。

[39] 刘心源：《奇觚室吉金文述》2 · 9，1902 年。

[40] 刘一曼、曹定云：《论殷墟花园庄东地甲骨卜辞的“子”》，《纪念殷墟甲骨文发现一百周年国际学术研讨会论文集》，北京：社会科学文献出版社，2003 年。

[41] 刘雨：《西周金文中的射礼》，《考古》1986 年第 12 期。

［42］刘雨：《伯唐父鼎的铭文与时代》，《考古》1990 年第 8 期。

［43］刘源：《花园庄卜辞中有关祭祀的两个问题》，张政烺先生九十华诞纪念文集编委会编：《揖芬集——张政烺九十华诞纪念文集》，北京：社会科学文献出版社，2002 年。

［44］刘钊：《论秦始皇陵园 K0007 陪葬坑的性质》，《中国文物报》2005 年 8 月 5 日第 7 版。

［45］卢连成：《周都淢郑考》，考古与文物丛刊第二号《古文字论集》一，1983 年。

［46］芦金峰：《〈诗经〉中的射礼研究》，《体育文化导刊》2014 年第 11 期。

［47］罗明：《秦始皇陵园 K0007 陪葬坑弋射场景考》，《考古》2007 年第 1 期。

［48］罗永义、阳岚、仇军：《从投壶的历史演进看传统体育的复兴》，《成都体育学院学报》2017 年第 5 期。

［49］罗振跃：《"蔑历"一词在金文中的含义即赐食》，《贵州大学学报》2001 年第 5 期。

［50］马平军：《春秋时期由射礼变型而成的投壶活动探微》，《兰台世界》2014 年第 21 期。

［51］马晓玲：《从礼教手段到娱乐方式——"投壶礼"解析》，《语文知识》2009 年第 3 期。

［52］潘友连：《投壶运动对秦汉时期社会的影响》，《兰台世界》2014 年第 24 期。

［53］庞宇：《两汉时期投壶游戏玩法的发展变化研究》，《兰台世界》2013 年第 6 期。

［54］彭林：《立德正己之礼：射礼》，《文史知识》2002 年第 12 期。

［55］秦海生：《我国古代投壶运动考》，《成都体育学院学报》2012 年第 2 期。

［56］裘锡圭：《商铜鼋铭卜释》，《中国历史文物》2005 年第 6 期。

［57］冉万里：《由弋射之矢看秦始皇陵车马坑》，《大众考古》2015 年第 1 期。

［58］任慧峰：《关于先秦射礼的几个问题》，《齐鲁文化研究》第八辑，济南：齐鲁书社，2009 年。

［59］任伟：《西周金文及文献中的“邦君”及相关问题》，《中原文物》1999 年第 4 期。

［60］汝安、张越：《“投壶”历史文化考》，《成都体育学院学报》2009 年第 8 期。

［61］沈建华：《花园庄东地卜辞看“子”的身份》，《中国历史文物》2007 年第 1 期。

［62］石志廉：《中山王墓出土的铜投壶》，《文博》1986 年第 3 期。

［63］宋丽维：《投壶的文化内涵》，《济宁学院学报》2014 年第 2 期。

［64］宋镇豪：《从新出甲骨金文考述晚商射礼》，《中国历史文物》2006 年第 1 期。

［65］唐兰：《论周昭王时代的青铜器铭刻》，《古文字研究》第二辑，北京：文物出版社，1981 年。

［66］涂白奎：《“亡∜”非“无吝”说》，《河南大学学报（社会科学版）》2012 年第 4 期。

［67］王博：《唐宋射礼的性质及其变迁——以唐宋射礼为中心》，《唐史论丛》第十九辑，西安：三秦出版社，2014 年。

［68］王冠英：《作册般铜鼋三考》，《中国历史文物》2005 年第 1 期。

［69］王辉：《西周畿内地名小记》，《考古与文物》1985 年第 3 期。

［70］王建玲：《投壶——古代寓教于乐的博戏》，《文博》2008 年第 3 期。

［71］王龙正、姜涛、袁俊杰：《新发现的柞伯簋及其铭文考释》，《文物》1998 年第 9 期。

［72］王龙正：《令鼎与射礼中的战车》，陕西师范大学、宝鸡青铜器博物馆：《黄盛璋八秩华诞纪念文集》，北京：中国教育文化出版社，2005 年。

［73］王少良：《“投壶”与古代士人的礼乐文化精神》，《沈阳师范大学学报（社会科学版）》2012 年第 3 期。

［74］王慎行：《周公摄政称王质疑》，《周公摄政称王与周初史事论集》，北京：北京图书馆出版社，1988 年。

［75］王伟红：《传统的民间体育投壶溯源及演变》，《兰台世界》2015 年第 9 期。

［76］王文军：《汉代投壶活动考略》，《兰台世界》2012 年第 25 期。

［77］王彦飞：《中国古代投壶诞生的社会学考》，《阴山学刊（自然科学版）》2014 年第 1 期。

［78］王玉哲：《西周葊京地望的再探讨》，《历史研究》1994 年第 1 期。

［79］王媛：《从投壶游戏看传统文化的复兴》，《北京民俗论丛》第七辑，北京：中国社会科学出版社，2020 年。

［80］魏声：《宋代投壶活动述考》，《兰台世界》2012 年第 27 期。

［81］魏巍：《居延汉简中汉代边塞地区的“秋射”活动考》，《兰台世界》2014 年第 10 期。

［82］文晶晶：《中国古代投壶运动考略》，《兰台世界》2012 年第 19 期。

［83］熊纪涛：《投壶活动在两汉魏晋时期的道教化》，《中国道教》2008 年第 5 期。

［84］薛英群：《居延汉简中的“秋射”与“署”》，《史林》1988 年第 1 期。

［85］严嘉岚：《先秦时期射礼研究综述》，《文化学刊》2020 年第 8 期。

［86］杨朝阳：《周公东征史实诠说》，《史学月刊》2000 年第 6 期。

［87］杨升南：《墟花东 H3 卜辞“子”的主人是武丁太子孝己》，王宇信、宋镇豪、孟宪武主编：《2004 年安阳殷商文明国际学术研讨会论文集》，北京：社会科学文献出版社，2004 年。

［88］姚萱：《试论花东卜辞的“子”当为武丁之子》，《故宫博物院院刊》2005 年第 6 期。

［89］叶先闯：《新见贤鼎器铭与西周大射礼》，《宝鸡文理学院学报（社会科学版）》2019 年第 1 期。

［90］佑乾鑫、连梦龙、李宁：《古代休闲体育投壶运动的发展研究》，《体育科技文献通报》2020 年第 10 期。

［91］于省吾：《释蔑历》，《东北人民大学人文科学学报》1956 年第 2 期。

［92］袁俊杰：《作册般铜鼋所记史实的性质》，《华夏考古》2006 年第 4 期。

[93] 袁俊杰：《作册般铜鼋铭文新释补论》，《中原文物》2011 年第 1 期。

[94] 袁俊杰：《再论柞伯簋与大射礼》，《华夏考古》2011 年第 2 期。

[95] 袁俊杰：《论〈宾之初筵〉与燕射礼》，《史学月刊》2011 年第 11 期。

[96] 袁俊杰：《令鼎铭文通释补正》，《华夏考古》2014 年第 3 期。

[97] 袁俊杰：《论令鼎与大藉礼》，《中原文物》2015 年第 6 期。

[98] 张波、姚颂平：《“以德引争”：中国古代体育竞赛的秩序关怀及其当代价值——以射礼为例》，《成都体育学院学报》2018 年第 5 期。

[99] 张德付：《〈仪礼疏〉术语释——以〈乡射礼疏〉为例》，《古籍整理研究学刊》2016 年第 6 期。

[100] 张国权：《“投壶”与古代礼乐精神传承》，《兰台世界》2014 年第 4 期。

[101] 张君贤、戴国斌：《从“国家意志”到“地方行动”：先秦射礼社会治理模式探析》，《沈阳体育学院学报》2020 年第 1 期。

[102] 张亮：《柞伯簋铭文补释》，《河南科技大学学报（社会科学版）》2018 年第 1 期。

[103] 张敏：《东周时期的矢与射——以三晋两周地区考古所见为例》，《文物世界》2008 年第 3 期。

[104] 张婷：《“投壶”活动的秉承传续与增损变迁考略》，《兰台世界》2014 年第 22 期。

[105] 张旭敏：《古代投壶源流考略》，《档案》2010 年第 6 期。

[106] 张艳芳：《〈诗经〉宴飨诗与春秋战国宴乐射礼图》，《中南民族大学学报（人文社会科学版）》2018 年第 3 期。

[107] 张义中：《安徽省寿县工业园区汉墓出土器物赏析》，《文物鉴定与鉴赏》2018 年第 6 期。

[108] 张永、邓丽星：《中国古代投壶发展盛衰考证》，《玉林师范学院学报》2007 年第 5 期。

[109] 张政烺：《伯唐父鼎、孟员鼎、甗铭文释文》，《考古》1989 年第 6 期。

[110] 赵诚：《羌甲探索》，张政烺先生九十华诞纪念文集编委会编：

《揖芬集——张政烺九十华诞纪念文集》，北京：社会科学文献出版社，2002 年。

［111］赵富学、才让卓玛：《投壶四考》，《牡丹江大学学报》2015 年第 11 期。

［112］赵建春：《“体育皇帝”朱瞻基对明朝投壶运动风靡的策动》，《兰台世界》2014 年第 6 期。

［113］赵克生：《国家礼制的地方回应：明代乡射礼的嬗变与兴废》，《求是学刊》2007 年第 6 期。

［114］赵越：《〈仪礼·乡射礼〉音乐考定与重建报告》，《中国音乐》2018 年第 3 期。

［115］郑利辉：《中国古代投壶活动考述》，《兰台世界》2010 年第 19 期。

［116］钟柏生：《释“”》，《中国文字》新 17 期，台北：台湾艺文印书馆，1993 年。

［117］周建邦：《先秦射礼中的“侯”及其相关问题》，《经学文献研究集刊》2018 年第 1 期。

［118］周亚婷：《先秦射礼文化的历史演进与变迁》，《河北体育学院学报》2015 年第 5 期。

［119］朱凤瀚：《读安阳殷墟花园庄东出土的非王卜辞》，王宇信、宋镇豪、孟宪武主编：《2004 年安阳殷商文明国际学术研讨会论文集》，北京：社会科学文献出版社，2004 年。

［120］朱凤瀚：《由伯𢦏父簋再论周厉王争淮夷》，《古文字研究》第二十七辑，北京：中华书局，2008 年。

［121］朱凤瀚：《作册般鼋探析》，《中国历史文物》2005 年第 1 期。

［122］朱海川：《投壶礼异文考辨一则——“矢八分”考辨》，《语文知识》2013 年第 4 期。

［123］朱丽莉：《明代火器的发展及其对军事领域的影响》，《学理论》2011 年第 20 期。

［124］宗德生：《试论西周金文中的“周”》，《南开大学学报（哲学社会科学版）》1985 年第 2 期。

五 学位论文

［1］杨杰：《经学视域下的先秦射礼研究》，南京师范大学博士学位论文，2014 年。

［2］毋燕燕：《〈礼记〉单篇别行研究——以〈檀弓〉〈王制〉〈月令〉〈深衣〉〈投壶〉为中心考察》，华东师范大学博士学位论文，2015 年。

［3］陈新华：《中国古代射箭史研究》，苏州大学博士学位论文，2017 年。

［4］葛鑫远：《我国古代伦理思想与体育的关系研究——以射侯、射礼和投壶的发展演变为例》，广西师范大学硕士学位论文，2008 年。

［5］宋戈：《〈诗经〉中表现出的射礼及其道德寓意与当代价值》，山西大学硕士学位论文，2009 年。

［6］赵红红：《先秦射礼研究》，浙江大学硕士学位论文，2009 年。

［7］揣静：《中国古代投壶游戏研究》，陕西师范大学硕士学位论文，2010 年。

［8］彭慧蓉：《中国射箭文化的研究》，上海体育学院硕士学位论文，2010 年。

［9］郝金芳：《投壶文化历史变迁与继承》，山东体育学院硕士学位论文，2012 年。

［10］吕倩岚：《从古礼到游戏——投壶文献汇纂及研究》，山东大学硕士学位论文，2016 年。

［11］张璐：《中国古代失传传统游戏——投壶游戏的挖掘与传承对策研究》，北京体育大学硕士学位论文，2016 年。

［12］王绍之：《西周大射礼研究》，山东师范大学硕士学位论文，2017 年。

［13］王雪莲：《王权政治视角下的西周射礼研究》，天津师范大学硕士学位论文，2019 年。

［14］余冠宇：《宋代宴射礼研究》，延安大学硕士学位论文，2021 年。

六　海外文献

[1]〔德〕恩格斯著，中共中央马克思恩格斯列宁斯大林著作编译局编译：《家庭、私有制和国家起源》，北京：人民出版社，2018年。

[2]〔德〕马克思：《〈政治经济学批判〉导言》，中共中央马克思恩格斯列宁斯大林著作编译局编译：《马克思恩格斯选集》第2卷，北京：人民出版社，1972年。

[3]〔日〕白川静著，袁林译：《西周史略》，西安：三秦出版社，1992年。

[4]〔日〕赤冢忠：《殷代祈年祭祀形态的复原》，日本《甲骨学》1961年第9号。

[5]〔日〕小南一郎著，秦晓丽译：《论射的礼仪化过程——以辟雍礼仪为中心》，《西周文明论集》，北京：朝华出版社，2004年。

后　记

值此拙著付梓之际，回想其创作的过程，不禁感慨万千。本书的撰写，缘于我的硕士研究生导师、河南大学历史文化学院袁俊杰教授。2018 年夏天，我即将升入博士三年级，由于开始面临毕业的压力，那段时间常常焦虑难眠。临近暑假，袁老师将我和另两位师弟召集在一起，向我们表达了以礼仪文化、军事狩猎文化、民俗文化等为主题，出版“弓箭文化研究丛书”的构想。随后，在袁老师的指导下，我们开始了资料搜集、书稿撰写的工作。那段时间虽然艰苦，但有了具体的科研目标，又可把撰写博士学位论文时遇到的困难暂时放一放，所以还是很充实和愉快的。至 2018 年底，我所负责的“弓箭仪礼文化”部分已撰稿近 20 万字，并基本完稿，但其他几个主题由于种种原因，搁置至今尚未完成。2020 年博士研究生毕业后，我来到河南省文物考古研究院工作。2022 年，适逢我院提供部分经费支持工作人员的学术成果出版，使该稿的出版成为可能。时隔 4 年，我重新对《弓箭礼仪文化研究》的初稿进行梳理校对，添加了近年的新成果、新内容，重新制作、筛选了所用的图片，进行了较大的修改调整，最终形成了现在的版本。

书稿的完成与出版，得到了多方面的帮助。在书稿撰写、修改的过程中，贾亦真、刘洋、王绿阳等同志为书稿制作了部分图片，并对插图进行优化处理。在申请出版阶段，得到河南省文物考古研究院院长刘海旺等全体院领导和院学术委员会的大力支持，有幸把拙著列入“河南省文物考古研究院学术文库”及“河南考古青年学者文库”，并使本书得到我院科研经费的出版资助。我院综合办公室孙凯主任和业务办公室周润山主任为办理审批提供了诸多指导，夏文化科研规划室程媛倩同志在具体审批流程的办理上给予极大帮助，使图书出版工作的各项手续能够顺利完成。在出版方面，文物出版社孙丹女士多次与我交流探讨书稿内容及出版的各种问题，特别是在 2022 年下半年新冠疫情防控形势较为严峻的时期，仍不辞辛劳，付出良多，在此一并致谢！

本书可谓是站在巨人的肩膀上完成的，撰写过程中吸收了一些专家学者的研究成果，在此深表谢意！但也难免会有所疏漏，对于未注明之处，还请多多谅解。经与各考古院所、博物馆、出版社等单位的多方联系协调，书中所用的绝大部分图片获得了版权所有者的使用授权，在此亦深表感谢。

本书从撰写到出版历时虽长，且几易其稿，但仍有诸多遗憾和不足。第一，我在学习和工作期间，基本从事史前及夏商周考古研究，对于秦汉以降的考古成果了解不够深入，因此，本书虽是弓箭礼仪文化的通史性作品，但难免出现结构前后不够均衡的情况。第二，考古发掘出土的与射礼、投壶相关的器具相对较少，已公布发表的则更少，给我们的研究工作造成了一定的困难，故本书增加了大量对出土文献和传世文献的探讨，以弥补考古发掘材料的不足。第三，社会大众对射礼的了解普遍较少，本书加入了大量图片，以期能够将射礼与投壶的发展演变更加直观地呈现在读者面前。但由于有些文献记载的射具缺乏实物资料，还有个别图片涉及版权等问题无法使用，也不尽如人意。尽管如此，我还是决定把拙著奉献出来，抛砖引玉，意在倾听学界的意见，接受广大读者的批评指正，也为日后的研究工作奠定基础。

书稿虽然出版了，但科研工作远没有到可以停歇的地步，随着新资料的不断发现与发布，我们有理由相信，关于弓箭礼仪文化的研究工作必将更加深入。

賈一凡

2023 年 9 月 10 日